부의 공식

금수저도 인플루언서도 아닌
보통의 사람들을 위한

THE ALGEBRA

부의 공식

OF WEALTH

스콧 갤러웨이 지음 | 김현정 옮김

위즈덤하우스

알렉과 놀란에게 이 책을 바친다.

이 책을 읽고 아버지를 잘 돌봐주길 바란다.

Prologue
부자가 되는 방법

자본주의는 역사상 가장 생산적인 경제체제인 동시에 탐욕스럽기 짝이 없는 야수 같은 존재다. 자본주의는 새로운 것보다는 기존의 것을, 가난한 사람보다는 부유한 사람을, 노동보다는 자본을 선호하며 공정하기보다 왜곡된 방식으로 기쁨과 고통을 나눠준다. 자본주의와 투자가 무엇인지 제대로 이해하고 탐색하면 좀 더 많은 선택권과 통제력 그리고 경제적 불안 없는 인간관계를 누릴 수 있다. 이 책은 자본주의가 무엇이어야 하는지가 아니라 자본주의가 무엇인지에 관해 다루며 자본주의 체제에서 성공하기 위한 최고의 비법을 담고 있다.

부자가 되는 방법은 많다. 브루클린에 있는 저소득 대상 공영주택에 거주하며 고등학교를 중퇴한 숀 카터Shawn Carter는 서정적인 노랫말을 만들어내는 재능을 토대로 제이지Jay-Z라는 이름의 제국을 건설하고 세계 최초의 힙합 억만장자가 됐다. 가족 중 처음으로 고등학교를 졸업한 로널드 리드Ronald Read는 평생 청소부로 일했고 검소하게 살았으며 우량주에 투자했다. 92세에 세상을 떠날 때 그는 800만 달러의 유산을 남겼다. 리드보다 좀 더 부유한 집안에서 태어난 워런 버핏Warren Buffett은 어린 시절 오마하의 증권 중개인 사무소에서 배운 교훈을 투자에 적용해 무려 1000억 달러가 넘는 개인 자산을 모았다.

내가 할 첫 번째 조언은 당신이 제이지도, 리드도, 버핏도 아님을 가정해야 한다는 것이다. 이들은 모두 재능이 뛰어날 뿐 아니라 운도 따랐던 아웃라이어outlier다. 덜 매력적으로 들리겠지만 아무리 검소한 청소부와 현명한 투자자라 해도 부의 궤적은 처음부터 폭발적으로 상승하기보다 꾸준히 성장해 나가는 것이 더 일반적이다. 아웃라이어는 사람들에게 놀라운 영감을 주지만 롤모델로서는 형편없다.

20대 시절 나는 아웃라이어가 되고 싶었다. 자본주의 체제에서 성공하겠다는 일념으로 열심히 일했다. 성공을 위해 고군분투하던 중 친한 친구인 리와 돈에 관한 대화를 나눴다. 리는 IRAIndividual Retirement Account(개인퇴직연금)에 2000달러를 넣었다고 말했다. 당시 은퇴 자금이 전혀 없었던 나는 이렇게 답했다. "65세에 2000달러가 소중할 정도라면 그냥 죽어버리고 말 거야."

오만하고 잘못된 생각이었다. 내가 택한 '한 방swing for the fences' 전략은 친구가 택한 전략보다 위험하고 덜 즐겁고 더 스트레스가 심했다. 그러나 결국 내 전략은 통했다. 그저 운이 좋았던 걸까? 대답은 '그렇다'다. 나는 총 아홉 개의 회사를 설립했고 그중

부의 공식

몇 개는 성공했으며 이 성공으로 경제적으로나 정서적으로나 보람 있는 미디어 사업에도 진출했다. 경제적 안정은 목적 달성을 위한 수단에 불과하다. 좀 더 구체적으로 말하면 경제적인 스트레스 없이 인간관계에 집중할 수 있는 시간과 자원을 확보하기 위한 수단이다. 내 친구 리가 경제적 안정을 위해 택한 방법은 내 방법보다 변동성과 스트레스가 적었다. 내가 택한 길도 돈을 버는 데 도움은 됐지만 몇 가지 핵심 원칙을 좀 더 일찍 적용했다면 불안감을 덜 느끼면서도 좀 더 빨리 같은 위치에 도달할 수 있었을 것이다.

부의 공식

경제적 안정을 얻으려면 어떻게 해야 할까? 좋은 소식과 나쁜 소식이 있다. 좋은 소식은 방법이 있다는 것이다. 나쁜 소식은 그 속도가 느리다는 것이다. 이 책에서는 시장과 부의 창출에 관한 방대한 양의 정보를 네 가지 실행 가능한 원칙으로 정리해 소개할 것이다.

부 =
집중력 + (금욕 × 시간 × 분산)

이 책은 전형적인 개인 재무 설계서가 아니다. 스프레드시트도 없고 열 가지 은퇴 계획에 포함된 세부 항목이나 뮤추얼 펀드

수수료 구조를 비교하는 표도 없다. 신용카드를 잘라 버리라거나 동기 부여에 도움이 될 만한 명언을 냉장고에 붙여두라는 조언을 할 생각도 없다. 그런 조언이 가치 없거나 스프레드시트 없이도 얼마든지 경제적 안정에 도달할 수 있어서가 아니다. 역경에서 벗어나 정상 궤도로 복귀하는 데 도움이 되는 건전한 조언을 제공하는 책이나 웹사이트, 유튜브 동영상, 틱톡 계정은 수없이 많다. 이 책은 일관성 있게 행동하고 주어진 행운을 최대한 활용하려는 사람을 위한 것이다. 지금 당장은 같은 돈을 버는 두 사람도 어떤 태도로 경력과 돈에 접근하는가에 따라 몇 년 후에는 확연히 다른 위치에 설 가능성이 크다.

부뿐만이 아니라 유익한 기술, 관계, 습관, 우선순위의 토대를 다져나가는 방법을 살펴보고자 한다. 여기서 소개하는 내용은 이미 과학적 검증과 지지가 뒷받침된 것이다. 하지만 무엇보다 좋은 점은 독자가 그 내용을 토대로 스스로 원칙을 만들어나갈 수 있다는 것이다. 이 책의 뒷부분에서는 우리 금융과 시장 체제의 핵심 개념을 간략하게 소개할 생각이다. 이는 현재 자본주의 체제에서 살아가는 모든 사람이 고민해야 할 중요한 주제지만 학교에서는 이를 제대로 가르치지 않고 대부분의 개인 재테크 서적은 대충 얼버무리고 넘어간다. 나는 그동안 회사를 설립하고 수백 명의 뛰어난 인재를 고용해 함께 일했고 사회에 진출한 각 세대의 제자들이 다양한 분야에서 성공 가도를 달리는 모습을 관찰했다. 이 책에 소개된 모든 내용은 내 커리어에서 인생의 부침을 거듭하며 배운 교훈을 바탕으로 한다.

왜 부를 논하는가?

부는 경제적 안정이라는 목적을 위한 수단이다. 다시 말해 부는 경제적 불안이 없는 상태다. 돈을 벌어야 한다는 압박감에서 벗어나면 어떻게 살아갈지 선택할 수 있다. 돈에 대한 스트레스가 다른 사람과의 관계에 걸림돌이 되지도 않는다. 당연한 이야기처럼 들린다. 심지어 쉽게 들리기도 한다. 그런데 아니다. 전 세계적으로 경쟁 시장은 좀 더 크고 나은 것에 돈을 써야만 해결되는 문제를 끝없이 만들어내는 재주가 있다.

다음이 이 책의 첫 번째 교훈이다. 경제적 안정을 얻으려면 얼마를 버는지가 아니라 얼마를 남겨두는지가 더욱 중요하며 얼마만큼의 돈이 있어야 충분한지 잘 알아야 한다. 훌륭한 철학자 셰릴 크로Sheryl Crow가 말했듯 행복이란 "원하는 것을 가지는 것이 아니라 가진 것을 원하는 것"[1]이다. 다시 말해 더 많은 것을 얻으려고 애쓰기보다 무엇이 필요한지 파악하고 이를 얻기 위해 올바른 전략을 사용함으로써 다른 일에 집중할 수 있어야 행복해진다.

이 책의 목표는 간단하다. 경제적 안정을 얻으려면 소득이 아닌 자산을 충분히 확보해 거기서 발생하는 **불로소득**이 당신이 선택한 지출 수준, 즉 **경비지출률**burn rate을 능가하게 해야 한다. 불로소득이란 다른 사람에게 빌려준 돈에 대한 이자, 부동산 가치 상승, 보유 주식의 배당금, 세입자에게 아파트를 빌려주고 받는 임대료 등 돈이 벌어들이는 돈을 뜻한다. 이를 비롯해 다른 불로소득에 관해 뒤에서 좀 더 자세히 설명하겠지만 간단히 말해 불로소득은 일한 대가로 받는 보수를 제외한 모든 소득을 일컫는다. 경비지출률은 매일, 매달 돈을 얼마나 지출하는지를 나타낸다. 불로소득이 경비지출을 능가하면 비용 충당을 위한 돈이 필요하지 않기 때문에 일할 필요가 없다(그럼에도 일이 하고 싶을 수는 있다).

경제적 안정 =

불로소득 > 경비지출률

이것이 바로 부다. 부를 얻는 방법은 많다. 확실하게 부를 얻으려면 시간이 걸리고 노력이 필요하지만 대부분의 사람은 얼마든지 이를 손에 넣을 수 있다. 또 일찍부터 부를 얻겠다는 목표를 우선순위로 삼아야 한다. 경제적 안정은 곧 통제력이다. 미래를 계획하고 원하는 대로 시간을 활용하고 가족을 부양할 수 있다.

궁극적인 목적

부를 좇는 분위기가 항상 유행하는 것은 아니다. 점점 빨라지는 소득 불평등을 우려하는 사회에서는 부가 조작된 시스템에 의한 불공정한 분배로 여겨진다. "모든 억만장자는 실패한 정책의 산물"이라는 말이 있다. 그럴 수도 있고 그렇지 않을 수도 있다. 하지만 이 책에서는 상관없다. 당신이 해결해야 할 당면 과제는 다른 사람이 아닌 당신 자신의 경제적 안정이다.

밥 딜런Bob Dylan은 "돈은 그냥 말하지 않고 욕을 한다Money doesn't talk, it swears"[2]라고 말했다('돈이 말한다'는 뜻의 영어 문장 'Money talks'는 흔히 '돈이 곧 권력'이라는 의미로 해석된다. 딜런은 돈의 강압적이고 폭력적인 영향력을 설명하기 위해 '돈은 그냥 말하지 않고 욕을 한다'는 가사를 적었다ー옮긴이). 내 경험에 미뤄보면 돈이 얼마나 있는지에 따라 돈의 어조가 달라진다. 돈은 궁핍한 사람에게는 욕설을 퍼붓지만 여유가 넘치는 사람에게는 위로를 안긴다. 하지만 대부분의 사람은 나날이 커지는 욕설을 들으며 살아간다. 미국의 주택 중앙값median home price은 연간 중위소득의 여섯 배[3]에 달하며(50년 전에는 두 배에 불과했다) 생애 첫 주택 구매자 비중[4]은 역사적 평균의 절반에 불과하며 사상 최저치를 기록했다. 의료비 부채는 소비자의 파산을 초래하는 주된 요인이다.[5] 미국 성인의 절반은 빚을 내지 않고는 500달러의 의료비조차 감당할 능력이 없다. 출산은커녕 결혼을 고려할 여유조차 없는 탓에 가장 부유한 계층을 제외한 모든 계층의 혼인율[6]이 1980년대에 이후 15퍼센트나 감소했다. 미국 경제의 기록적인 성장세에도 불구하고 1980년대 태어난 미국인 중 자신과 같은 나이였을 때의 부모보다 더 많은 소득을 버는 사람[7]은 전체 미국인의 50퍼센트에 불과하다. 역대 최저치다. Z세대 중 무려 25퍼센트[8]는 영원히 은퇴할 수 없을 것 같다고 답했다. 거기에다 이혼, 우울증, 장애 역시 재정적 부담을 가중한다.

2020년 딜런은 4억 달러를 받고 자신의 노래를 팔았다. 더는 돈이 그를 향해 거친 욕설을 내뱉지 못한다. 딜런이 해당 가사를

30세였을 때보다 소득이 높은 30대 비중

출처: 기회균등 프로젝트The Equality of Opportunity Project

쓴 1965년에는 중·상류층 역시 부유층이 누리는 삶의 90퍼센트를 누렸다. 가장 부유한 가정은 중·상류층 가정보다 좀 더 큰 집과 좀 더 업그레이드된 옷장을 가졌으며 퍼블릭 골프장 대신 비싼 회원제 골프장에서 골프를 쳤다. 이후 60년 동안 부자와 산업의 복합체가 등장했다. 이제 부자들은 보통의 가족보다 좀 더 좋은 방에 머무는 수준을 넘어 아예 다른 비행기를 타고(딜런 역시 전용 비행기 걸프스트림4Gulfstream IV를 단다) 다른 리조트에 머물며 다른 광경을 본다(주로 폐장 후 일반인 출입이 금지될 때). 상위 1퍼센트는 일반인과는 다른 의사의 진료를 받고 다른 식당에서 밥을 먹고 다른 매장에서 쇼핑한다. 과거에는 부가 더 나은 자리였다면 이제는 더 나은 삶으로 업그레이드됐다.

행복을 결정하는 핵심 요인은 기대이며 비현실적인 기대를 하면 결코 행복해질 수 없다. 하지만 집을 나서거나 휴대전화를 들 때마다 사회와 조직은 당신에게 세레나데를 부르거나 욕설을 뱉는다. 우리는 매일 상위 1퍼센트와 나머지 99퍼센트 삶이 어떻게 다른지 그 차이와 마주한다. 부를 과장하고 과시하는 산업 전체가 '인플루언서'를 중심으로 발전했다. 부의 포르노는 그동안 당신이 무엇을 이뤘는지가 아니라 무엇을 이루지 못했는지 끊임없이 상기시킨다.

시스템을 수정해야 할지도 모른다. 하지만 그전까지는 참고 견뎌야 한다. 이보다 더 좋은 방법은 시스템을 잘 활용하고 그 안에서 부를 일굴 수 있도록 필요한 기술과 전략을 갈고닦는 것이다. 그동안 인류가 시도한 다른 모든 제도를 제외하면 민주주의는 최악의 제도가 틀림없다던 윈스턴 처칠Winston Churchill의 말을 자본주의에도 똑같이 적용할 수 있다. 불평등은 야망을 부추기고 유인은 결과를 만들어내며 바퀴는 돌고 돈다. 이 제도가 당신에게 잘 맞는가? 그렇다면 가능한 한 잘 활용해야 한다. 이 제도가 잘 맞지 않는가? 그래도 최선을 다해서 잘해내야 한다. 이 중 당신 잘못은 없다. 이 사회는 당신이 백만장자가 되는 것보다 훨씬 심각한 위험과 마주하고 있다. 경제적 안정을 얻기 전까지 시간은 온전히 우리 것이 아니며 우리가 받는 스트레스는 대개 비생산적이다. (앞의 내용을 참조하자. 돈은 당신을 향해 욕설을 뱉는다.)

부를 좇는다고 해서 부도덕하거나 탐욕스럽거나 이기적인 사람이 되는 것은 아니며 그럴 필요도 없다. 사실 이런 태도는 경제적 안정을 얻는 데 걸림돌이 되고 일단 거기에 도달한 후에도 행복을 저해할 뿐이다. 부를 얻는 데 방해가 되는 장애물을 넘어서려면 조력자가 필요하다. 일찍 저축과 투자를 시작해야 한다는 말을 들어본 적이 있을 것이다. 조력자와 팬을 만들기 위한 노력도 일찍 시작해야 한다. 인생의 모든 면에서 홈구장에 선 듯한 이점을 누리고 싶을 것이다. "이 일, 이 투자, 이 이사회의 적임자가 누구인가요?"라는 질문을 받았을 때 남들이 가장 먼저 떠올리는 사람이 돼야 하고 또 될 수 있다. 인생의 궁극적 목표는 죽기 전에 은행 잔고를 최대한 늘리는 것이 아니라 풍요로운 관계를 맺으며 살아가는 것이다.

숫자

개인 자산 관리에 관한 조언은 대개 '은퇴'(일하는 삶과 더는 일하지 않는 삶이 명확하게 구분되는 시점)에 중점을 둔다. 하지만 은퇴를 개인 자산 관리의 중요한 기점으로 여기는 것은 시대에 뒤떨어진 생각이며 이 책에서 소개할 부의 철학과도 거리가 멀다. 당신이 은퇴 전에 경제적 안정을 얻길 바란다. 그 시기는 빠를수록 좋다. 일단 경제적 안정을 얻은 다음 일과 직업적 성취에 계속 집중하는 쪽을 택할 수도 있다. 나는 그렇다. 하지만 일이 구명조끼가 아닌 서핑보드가 되면 일로 인한 스트레스가 급격히 감소한다. 자신감이 있으면 좀 더 나은 성과를 낼 수 있다. 이런 점에서 일은 연애와 비슷하다. 우리가 일을 덜 필요로 할수록 일은 우리를 더 필요로 한다.

이 책의 원칙을 잘 적용하며 열심히 일하고 행운도 따른다면 마흔 무렵에는 한 푼도 더 벌지 않아도 얼마든지 카리브해에서 배를 타며 유유자적한 삶을 즐길 수 있다. 혹은 일흔이 넘어서도 이 사회에 자리를 잡고 앉아 시간당 수천 달러를 받으며 CEO에게 조언을 할 수도 있다. 경제적 안정은 선택지를 준다. 그리고 경제적 안정은 숫자, 곧 생활비를 마련하는 데 충분한 자산 기반으로 압축된다. 일이 수명과 행복을 연장해준다는 수많은 연구를 보고 일을 계속하기로 결정할 수도 있다. 당신의 수명을 단축하는 것은 스트레스이며 이 스트레스의 상당 부분은 경제적 안정이 없는 데서 비롯된다. 경제적 스트레스가 없으면 필요가 아닌 목적에 따라 일하게 된다.

은행 계좌에는 얼마나 많은 숫자의 돈이 필요할까? 단 하나의 정답은 없지만 당신에게 맞는 답은 있다. 사실 경제적 안정은 정답보다는 목표에 가까우며 성공과 실패의 문제는 아니다. 목표를 최대한 활용하면 삶이 좀 더 쉽고 보람차게 느껴질 것이다. 미국 작가 토머스 J. 스탠리Thomas J. Stanley는 "부는 지능의 문제가 아니라 연산의 문제"라고 말했다. 불로소득이 경비를 능가해야 한다는 우리의 계산법을 기억하자.

그렇다면 당신의 경비지출률은 얼마인가? 좀 더 정확하게 말해 영구적으로 유지하고자 하는 경비지출률은 얼마인가? 나이가 많을수록 영구성과 가까워지기 때문에 이 질문에 대답하기도 쉬워진다. 하지만 아직 사회 초년생이거나 학생이라도 처음부터 예산을 세우고 가족에게 지출 규모를 묻고 주거비와 식비 등등의 일반적 비용을 조사하면 어느 정도 힌트를 얻을 수 있다. 40년 후의 지출을 달러 단위로 예측할 필요는 없으며 그래서도 안 된다. 가능하지도 않고 필요하지도 않다. 대략적으로만 파악해도 충분하다. 목표가 구체적으로 정해지면 얼마든지 예산을 수정할 수 있다.

이런 활동은 재정적인 동시에 매우 개인적이다. 경험이 쌓이면 당신이 어떤 사람인지 더 잘 알게 되고 무엇이 필요한지 감을 잡을 수 있다. 목표 경비지출률은 저마다 다르다. 내 아버지는 그다지 높지 않다. 아버지에게 필요한 것은 생활필수품, 실버타운 웨슬리 팜스Wesley Palms의 방 한 칸, 토론토 아이스하키 팀 메이플리프스Maple Leafs 경기를 중계해주는 방송 채널 그리고 멕시코 음식과 미첼라다(타바스코 핫소스에 소금, 레몬즙이 어우러진 멕시코 스타일 칵테일—옮긴이)를 곁들인 저녁 외출(귀가는 7시까지)이면 충분하다. 나는 아버지와는 다르다. 지출이 엄청나다. 정말이지 펑펑 써 재낀다. 아무튼 팹스트Pabst 맥주를 좋아하든 명품 프라다Prada를 좋아하든 1년간 예상 지출을 대략 계산해 합산해야 한다. 그런 다음 세금을 감안해 20퍼센트를 더 추가해야 한다(캘리포니아나 뉴욕처럼 세율이 높은 주에 거주할 예정이라면 30피센트). 이것이 바로 연간 경비지출률이다.

이제 이 경비지출률에 25를 곱해보자. 그게 바로 (대략적인) 당신의 숫자, 즉 지출보다 많은 불로소득을 산출하기 위한 자산 기반이다. 왜 25를 곱해야 할까? 그래야 자산 기반을 4퍼센트 웃도는 수준의 소득이 생기기 때문이다. 재무 설계사는 저마다 다른 수치를 내놓지만 대략 4퍼센트 정도면 거의 근접하고 25를 곱하면 계산도 쉽다. 이는 단지 밑그림일 뿐이다. 세금 추정치도 지나치게 단순하다. 경비지출률은 자녀와 함께 살면 올라가고 자녀가 집을 떠나면 내려간다. 30년 후에 존재할지 하지 않을지 모를 사회보장제도는 고려하지 않았다. (존재할 것 같긴 하다. 노인의 수명이 길어지고 있고 그들도 투표를 한다. 그러니 사회보장제도가 없어지기 전에 먼저 학교와 우주 프로그램 그리고 해군 절반쯤이 없어질 가능성이 크다.) 하지만 모든 예술 작품은 밑그림에서 출발한다.

생활수준을 소화하기 위해 연간 8만 달러가 필요하다면 총 200만 달러의 자산이 있어야 한다. 이 정도 규모의 투자자산을 마련했다면 승산이 있다. 자본주의를 이긴다고 볼 수 있다. (그러나 자본주의에는 몇 가지 속임수가 있다. 200만 달러는 **현재** 기준 수치다. 지금부터 25년 후의 자산 기반을 마련할 생각이라면 그 숫자는 500만까지 상승할 수 있다. 이 부분은 나중에 다시 살펴보자.)

동기를 부여하는 가난

몇 해 전 아이들과 스키 여행을 떠났다. 스키는 아이들과 함께 시간을 보내기 위해 내가 억지로 견디는 취미였다. 어느 오후, 일을 구실로 스키 슬로프에서 탈출해 쿠슈벨Courchevel에 있는 호텔 방에서 시간을 보내고 있을 때였다. 당시 열한 살이던 첫째가 호텔로 들어왔고 아들의 얼굴을 보는 순간 뭔가 잘못됐다는 사실을 깨달았다. 보통 두 아들은 방에 들어올 때마다 질문이나 생체 기능으로 자신들의 존재를 알렸다. ("텔레비전 봐도 돼요?", "엄마는 어디 있어요?" 그리고 트림.) 하지만 큰아들은 내 앞으로 다가올 때까지 조용했다. 아이의 얼굴은 눈물투성이였다.

"무슨 일이니?"
"장갑을 한 짝 잃어버렸어요." 아이는 더욱 서럽게 눈물을 쏟았다.
"괜찮아. 고작 장갑 한 짝일 뿐이잖아."
"아빠는 몰라요. 이건 엄마가 방금 사주신 거라고요. 80유로였어요. 비싸잖아요. 엄마가 화낼 거예요."
"엄마도 이해할 거야. 나도 항상 물건을 잃어버려."
"하지만 엄마가 다른 장갑 한 쌍을 사줘야 하는 게 싫어요. 80유로였다니까요."

아이에게 금방 감정이 이입됐다. 아들이 쉽게 물건을 잃어버리는 건 유전이었다. 나는 열쇠를 갖고 다니지 않는다. 어차피 잃어버릴 텐데 무슨 소용이 있겠는가?

그래서 이 상황을 이해했다. 우리는 그가 지나온 길을 되짚어가보기로 했다. 아들과 함께 걸어가는 동안 온갖 생각이 떠올랐다. 아이에게 인생의 교훈을 가르쳐줘야 하는 상황일까? 장갑을 새로 사주면 너무 오냐오냐 키우는 걸까? 아래를 내려다보니 아이가 울고 있었다. 발밑의 땅이 갈라지는 느낌이 들더니 순식간에 나는 아홉 살로 되돌아갔다.

부모님이 이혼한 후 경제적 스트레스는 경제적 불안으로 바뀌었다. 불안은 엄마와 내게 우리가 쓸모없고 실패한 존재라고 속삭이며 신경을 긁어댔다. 당시 비서였던 엄마는 똑똑하고 성실했다. 하지만 우리 집 한 달 수입은 800달러에 불과했다. 나는 아홉 살이었지만 엄마에게 베이비시터가 필요 없다고 이야기했다. 그러면 일주일에 8달러를 아낄 수 있었기 때문이다. 게다가 동네에 아이스크림 트럭이 오면 베이비시터는 자기 자식에게는 한 명당 30센트를 주면서 내게는 15센트밖에 주지 않았다.

엄마는 "이제 겨울인데 너도 재킷이 필요해"라고 말했고 우리는 시어스(Sears, 미국 다국적 유통업체—옮긴이)로 갔다. 엄마는 내가 2~3년쯤 입을 수 있도록 한 치수 큰 재킷을 샀다. 가격은 33달러였다. 그로부터 2주 뒤 나는 컵스카우트Cub Scouts에서 재킷을 놔두고 집으로 돌아갔다. 엄마에게 다음 행사 때 옷을 찾아올 수 있을 거라고 장담했지만 그런 일은 일어나지 않았다.

그래서 우리는 다른 재킷을 사기 위해 이번에는 JC페니JCPenney로 향했다. 엄마는 이건 크리스마스 선물이라며 재킷을 두 벌이나 사고 크리스마스 선물까지 살 돈은 없다고 말했다. 정말로 돈이 없었는지 내게 교훈을 주려고 하셨는지는 모르겠다. 아마 둘 다였을 것 같다. 어쩌다 보니 처음에 산 재킷과 마찬가지로 33달러였던 새 재킷을 크리스마스가 되기 한참 전에 미리 받아 들고 신이 난 체했다.

몇 주 뒤 나는 두 번째 재킷도 잃어버렸다. 학교가 끝난 후 두려움에 떨며 엄마를 기다렸다. 집에 돌아온 엄마가 그렇지 않아도 이미 경제적으로 힘든 우리 집에 또다시 찾아온 충격을 잘 받아들이길 바랐다. 열쇠 소리가 들리고 엄마가 집으로 들어오자 나는 긴장한 목소리로 고백했다. "재킷을 잃어버렸어요. 괜찮아요. 없어도 되거든요…. 진짜예요."

울고 싶었다. 사실 울부짖고 싶은 심경이었다. 하지만 더 나쁜 일이 벌어졌다. 엄마가 울기 시작한 것이다. 그러고는 마음을 추스르고 내게 다가와 주먹을 쥔 다음 회의실에서 화를 내는 사람처럼 내 허벅지를 여러 차례 내려쳤다. 내 허벅지가 엄마가 주먹을 내려치는 책상인 셈이었다. 그 상황에 화가 났는지 어색했는지 잘 모르겠다. 그런 다음 엄마는 방으로 올라갔다. 한 시간 후 엄마가 내려왔고 우리는 다시는 그 사건을 언급하지 않았다.

경제적 불안은 고혈압과 같다. 항상 같은 자리에 도사리고 있다가 경미한 병을 생명을 위협하는 질병으로 바꿔버린다. 은유법이나 비유법이 아니다. 실제로 저소득 가정에서 성장한 아이들은 부유한 가정에서 자란 아이들보다 혈압이 높다.[9]

다시 알프스 이야기로 돌아가서, 아버지와 장갑을 한 쪽만 낀 아들은 기온이 영하 13도나 되는 추운 날 30분 동안 리조트를 헤맸다. 나는 장갑을 잃어버리고 잔뜩 약해진 아들의 마음을 잘 이용해 **물건**은 중요하지 않지만 관계는 중요하다는 내용의 노래를 부르며 춤을 추기 시작했다. 가족 전문 케이블 방송 홀마크 채널 Hallmark Channel에서 볼법한 형편없는 장면이 연출되는 와중 아들이 걸음을 멈추더니 필립 플레인 Philipp Plein 매장 앞에 있는 작은 크리스마스트리를 향해 내달렸다. 바로 전날 여덟 살 난 둘째가 뒷면에 근사한 해골이 그려진 250유로짜리 후드티를 사달라고 조르던 바로 그 가게였다. 크리스마스트리 꼭대기에는 별 대신 남아용 강청색 장갑이 걸려 있었다. 선량하고 창의적인 사마리아인이 장갑을 주워 강렬한 색깔의 분실물을 찾는 소년이 쉽게 발견할 수 있는 곳에 올려둔 것이다. 아들은 장갑을 집어 들고 한숨을 내쉰 다음 가슴으로 끌어당겼다. 안도감과 보람을 동시에 느끼고 있는 것이 분명했다.

우리는 금융 혁신 시대에 살고 있지만 어떤 암호화폐나 결제 앱에도 내가 가장 원하는 기능은 없다. 사랑하는 사람이 돈이 없어 힘들어하던 그 시절로 돈을 보내는 것 말이다. 어린 시절 우리 집을 휘감고 있던 불안감과 수치심은 언제까지나 사라지지 않을 것이다. 하지만 괜찮다. 그 감정이 동기를 부여했으니까.

부를 얻고자 하는 동기는 사람마다 다르다. 어쩌면 인정욕구나 목적의식일 수도 있고 돈으로만 얻을 수 있는 부유한 삶, 사치품, 경험을 향한 열망일 수도 있다. 세상의 병폐를 없애기 위해 뭔가를 하고 싶다는 욕망일 수도 있다. 내 경험에 미뤄보면 고귀한 의도는 열심히 일할 수 있는 훌륭한 동기가 되고 욕망 역시 강력한 동기가 되지만 무엇보다 큰 힘을 발휘하는 것은 두려움이다. 당신에게 동기를 부여하는 바로 그 일을 해야 한다. 동기를 주는 대상을 찾고 키우고 함께 데리고 다녀야 한다.

고생스럽고 힘든 일을 해내려면 동기가 필요하다.

경제적 안정을 얻는 힘든 방법

그렇다면 어떻게 경제적 안정에 이를 수 있을까? 방법은 두 가지뿐이다. 쉬운 길은 유산을 상속받는 것이다. 하지만 대부분의 사람들은 힘든 길을 가야 한다. 단순하다. 열심히 일해서 돈을 벌고 얼마를 저축하고 투자해야 한다. 소득을 극대화하고 지출을 최소화해 차액을 현명하게 투자하면 경제적 안정을 얻을 수 있다고 확신할 수 있다.

이런 계획을 실행하는 것은 말처럼 단순하지 않다. 단순히 재무를 안다고 되는 일도 아니고 가계부를 제대로 적는다고 되는 일도 아니다. 부는 근면하고 검소하며 지혜롭게 잘 살아낸 인생의 산물이다. 이 말이 수도승이 돼야 한다는 뜻은 아니다. 즐기는 순간도 실수하는 순간도 인생의 일부다. 그래도 열심히 일해야 한다는 뜻이며 어느 정도 절제해야 한다는 뜻이다. 그렇게 할 만한 가치가 있다. 부의 공식에는 네 가지 요소가 있다.

금욕stoicism이란 일에서나 개인 생활에서나 의노적이고 질제된 삶을 사는 것이다. 물론 돈을 아끼는 것도 포함되지만 인격을 갈고닦고 공동체와 교류하는 것이기도 하다. 이것이 중요하다.

집중력focus은 주로 소득을 얻는 것과 관련된다. 앞서 설명했듯이 소득만으로는 부자가 될 수 없지만 부자가 되기 위해 반드시 거쳐야 할 첫 단계다. 부자가 되려면 상당한 소득이 필요하다. 따라서 경력을 위한 계획을 세우고 이를 추진하며 일을 통해 벌어들이는 소득을 극대화할 방법을 소개할 것이다.

시간Time은 가장 중요한 자산이다. 시간을 제대로 활용하려면 우주에서 가장 강력한 힘인 복리를 이해해야 한다. 이 책에서 복리를 활용하는 방법을 공유하려고 한다. 시간은 우리 모두에게 태어날 때부터 주어지며 부의 기초가 되는 유일한 자산이자 실질적인 화폐다.

분산diversification은 전통적인 개인 자산 관리 문제에 관한 우리의 의견, 즉 건전한 투자를 결정하고 금융시장의 현명한 참여자가 되기 위한 로드맵이다.

자, 이제 시작해보자.

Contents

집중력

+

(금욕 × 시간 × 분산)

Part 1

금욕

오랫동안 경제적 안정을 얻는 데 걸림돌이 된 것은 내가 특별하다는 고집스러운 믿음이었다. 시장은 이런 믿음을 더욱 강화했다. 나는 잇따라 회사를 세우고 여러 잡지에 등장했을 뿐 아니라 내스타트업에 수천만 달러의 투자를 유치했다. 나는 (분명) 특별한 사람이니 수익까지는 아니라도 수천만 달러 정도는 (분명) 곧 벌 것 같았다. 몇 번쯤 그런 상태에 가까워지자 내가 특별하다는 믿음은 나날이 확고해졌다.

머지않아 전광석화처럼 도약할 것이라는 확신에 사로잡힌 채 생활비를 아끼거나 돈을 모아 투자해야 한다는 생각 따위는 아예 하지 않고 살았다. 언제라도 기업공개나 인수가 이뤄질 것 같

있다. 20~30대에 연간 1만~10만 달러를 저축하는 것쯤은 쉬운 일이겠지만 훨씬 많은 돈이 곧 쏟아져 들어올 게 뻔한데 왜 굳이 희생하겠는가. 그렇지 않은가? 하지만 틀렸다. 2000년의 닷컴버블(IT 산업이 발전하면서 주가가 급격하게 오른 1995~2000년 사이에 발생한 거품경제 현상—옮긴이), 이혼, 금융위기를 차례로 겪으며 마치 홈런이 될 것처럼 펜스 쪽으로 날아가던 공은 번번이 파울로 끝났다. 그러던 중 내 나이 마흔둘에 첫아들이 태어났다.

천사의 노래가 귓전에 맴돌았냐고? 정반대였다. 속이 메스꺼워 제대로 서 있기조차 힘들 정도였다. 나를 쓸모없게 만든 건 피나 비명이 아니라 나를 덮친 수치심의 물결이었다. 나는 완전히 엉망이었다. 은행에 수백만 달러쯤 쌓아두는 건 일도 아니었는데 그러지 않았다. 나는 완전히 실패하고 말았다. 몇 분 전만 해도 망한 사람이 나 혼자였으니 얼마든지 상황을 감당할 수 있었다. 하지만 내 아들의 인생까지 망쳤다는 깨달음은 감당하기가 힘들었다.

실패의 원인은 잘못된 선택이지 지식 부족이 아니었다. MBA 학위도 있었고 수백만 딜리의 자본을 조달한 경험도 여러 번이었으며 매주 직원들에게 급여도 지급했고 분기마다 수익도 냈다. 나는 돈을 잘 알았다. 그저 잘 다루지 못했을 뿐이었다. 이런 사람이 나 혼자만은 아니었다. 영국 소비자를 대상으로 진행한 연구에 따르면[1] 금융문맹financial illiteracy과 자제력 부족 모두 사람들을 빚더미로 몰아넣지만 "금융문맹보다 자제력 부족이 소비자의 과도한 부채에 좀 더 큰 영향을 미친다".

경제적 안정은 지적 활동이 아니라 행동 패턴의 결과다. 과도한 부채로 이어지는 행동 패턴을 피하고 부를 얻는 데 도움이 되는 행동 패턴을 발달시키려면 어떻게 해야 할까? 다시 말해 의도와 행동을 일치시키려면 어떻게 해야 할까? 겉으로는 자제력 문제처럼 보일 수 있다. 하지만 자제력을 발휘하려면 젖 먹던 힘까지 다해 계획을 지키려는 불굴의 의지가 필요하다. 끊임없이 내면의 충동과 싸우는 것은 힘든 일이다. 오랫동안 일관되게 행동과 의도를 일치시키려면 좀 더 심층적인 뭔가가 있어야 한다.

그것이 바로 인격이다. 현대 자본주의의 유혹과 인간의 나약한 본성, 좌절, 불운 앞에서도 의도한 대로 행동하려면 지속성이 필요하며 이는 참된 인격에서 행동이 비롯될 때만 생긴다. 의도만으로 지속적으로 행동을 바꿀 수 있다면 누구나 새해 결심을 지켜내고 감사 편지 쓰기도 잊지 않을 것이다. 우리는 행동을 통해 우리가 어떤 사람인지 드러낸다. 통념과는 반대로 중요한 것은 생각이 아니라 행동이다.

이 파트에서는 인격 수양을 세 부분으로 나눠 탐구해보려고 한다. 첫째로 인격 수양에 필수적인 과정과 원칙을 살펴볼 것이다. 둘째, 이 원칙을 내 인생에 어떻게 적용하고 있는지 소개한 다음 당신만의 강인한 인격을 만드는 데 도움이 되는 방법을 제안할 것이다. 마지막으로 시야를 확대해 이 사회 안에서의 인격을 생각해볼 것이다. 인간은 사회적 동물이기 때문에 타인과의 협력을 통해서만(그리고 이따금 경쟁을 통해) 최대의 잠재력을 발휘할 수 있다.

인격과 행동

인간은 아득한 옛날부터 인격 수양을 위해 노력해왔다. 좋은 소식은 우리도 그 방법을 안다는 것이고 나쁜 소식은 그것이 어렵다는 것이다. 하지만 인격 수양은 불가사의하지도 복잡하지도 않다. 인격과 행동은 서로를 강화하며 순환한다. 행동에 인격이 반영돼 있듯 인격도 곧 행동의 산물이다. 그 순환은 선순환이 될 수도 있고 파괴적인 악순환이 될 수도 있으며 이는 당신에게 달렸다. 단순히 경제적 성공뿐 아니라 그 이상의 경우에도 그렇다. 목적과 일관성 있는 삶이란 부족하더라도 최선의 노력을 기울이며 살아가는 진정성 있는 삶을 뜻한다. 부를 좇는 것은 그 사촌 격인 행복을 좇는 것과 마찬가지로 전인적인 프로젝트다.

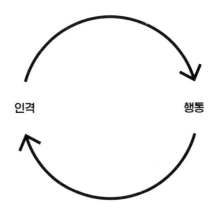

인류는 스토아철학의 가르침을 비롯해 여러 번 그 과정을 배웠다. 고대 그리스에서 시작된 철학 사조인 스토아철학은 로마제

국 시대에 꽃을 피웠으며 최근에는 현대 학자들에게 재조명받고 있다. 스토아학파 철학자들은 인격 수양을 최고의 덕목으로 여기며 이에 관한 많은 글을 남겼다. 파트 1 제목을 '금욕'이라고 정한 것은 스토아학파 철학자와 스토아철학을 연구하는 현대 학자들이 사용하는 언어가 내게 와닿을 뿐 아니라 이들의 가르침이 직업이나 사생활에 접근하는 나의 방식에 영향을 미치기 때문이다. 그렇다고 이 파트의 내용이 스토아철학의 해석이나 가르침에 국한되는 것은 아니다. 로마제국 16대 황제이자 스토아학파 철학자인 마르쿠스 아우렐리우스Marcus Aurelius는 여기에서 내가 제안하는 것과는 달리 "부유한 친구를 사귀라"고 권하지 않았다. 하지만 아우렐리우스가 이 파트를 읽는다면 연신 고개를 끄덕일 것이다.

그리스에서 최초의 스토아학파 철학자들이 덕목을 고민하던 시기, 싯다르타 고타마(Siddhartha Gautama, 석가모니가 출가하기 전 태자 때 불린 이름―옮긴이)의 제자들은 불교의 핵심인 올바른 의도와 올바른 행동, 올바른 마음챙김을 강조하는 스승의 가르침을 자세히 기록했다. 그로부터 몇 세기 후 예수는 정의로움과 유혹으로부터의 저항의 중요성을 설파하며 "육신은 하고자 하지만 영은 약하다"라고 경고했다. 19세기 미국에서는 문학가 헨리 소로 Henry Thoreau가 철학의 목적은 단순히 "형언하기 어려운 생각을 하는 것"이 아니라 "삶의 문제를 이론적으로 그리고 현실적으로 푸는 것"이라고 적었다. 내 생각에 모든 문화와 철학에는 내가 여기서 다루는 것과 비슷한 내용이 담겨 있다. 각자 자신에게 맞는 것을 그 전통에서 찾아 활용하면 된다.

소비를 권장하는 자본주의 사회

캘리포니아대학교 로스앤젤레스 캠퍼스(이하 UCLA)를 졸업한 후 유럽으로 여행을 간 적이 있다. 오스트리아 비엔나 공항에서 300달러어치의 아메리칸 익스프레스 여행자수표를 환전했다(진짜냐고 묻지 마라. 당시에도 말도 안 되는 일이었다). 어쨌든 아메리칸 익스프레스 여행자 사무실에서 달러당 96센트로 환산한 100달러짜리 여행자수표 세 장을 현지 통화로 바꿔달라고 말했다(방금 말했듯 말도 안 되는 짓이었다). 환전이 끝나자 포린트(헝가리는 EU 회원국이지만 유로 대신 자국 화폐를 쓴다—옮긴이) 몇 다발이 손에 들어왔다. 기차를 타고 잠깐 이동하자 부다페스트의 쇼핑 거리가 나를 기다리고 있었다.

쇼윈도 너머로 마음에 쏙 드는 여행용 가죽 가방이 보이는 가게로 들어갔다. 사람들이 실과 바늘을 사고 있는 것이 보였다. 내가 미처 가방에 관해 묻기도 전에 책상 뒤에 앉아 있던 여직원이 가방을 가리키며 "판매용이 아니에요"라고 말했다. 나는 약간 줄어든 포린트화 다발을 가지고 여행자 사무실로 돌아왔고, 환전과 매매가격 차이에 관한 교훈을 얻었다.

자본주의가 35년쯤 더 발달한 지금은 헝가리 부다페스트에 살든 미국 조지아주 부다페스트에 살든(정말로 조지아주에도 부다페스트가 있다), 올리브유가 함유된 민감성 치아용 치약이나 프렌치토스트 맛이 나는 시리얼을 원해도 문제될 건 없다. 이런 제품은 실제로 존재하며 주문만 하면 같은 날 오후 문 앞에서 받아볼 수도 있다. 공산주의에 관한 생각은 사람마다 다르겠지만 공산주의 덕에 검소하게 살기가 쉬워진 것은 틀림없다.

"1달러를 버는 가장 쉬운 방법은 1달러를 저축하는 것"이라는 조언은 훌륭하다. 하지만 우리는 하루에도 수백 번씩 소비를 권장하는 메시지와 마주한다. 자본주의는 사람들의 소비를 부추기겠다는 단 하나의 목적을 위해 사회 전체의 독창성과 에너지를 활용한다. 이것이 자본주의 시스템이 작동하는 원리다. 유혹은 도처에 도사리고 있다. 결제할 때 충동구매를 유도하는 계산대 옆 껌부터 아마존Amazon 장바구니의 물건 추가 기능, 우선 탑승 및 무료 음료 서비스가 제공되는 이코노미 플러스 좌석으로의 업그레이드까지 많은 것이 우리를 유혹한다. 자, 당신은 혹시 모를 상황에 대비해 여행을 '보호'(즉, 여행자보험에 가입)하고 싶은가 그렇지 않으면 "여행을 보호하고 싶지 않다"라고 적힌 네모 칸에 표시를 하고 무책임하고 부주의한 사람이 될 텐가? 전혀 걱정할 필요가 없다. 아메리칸항공American Airlines(혹은 보험 제휴사)에 39.95달러를 추가로 내기만 하면 당신이 부주의한 사람이라는 부담에서 조금이나마 벗어날 수 있다.

유전자에 새겨진 갈망

자본주의에는 많은 문제가 있다. 인류가 존재해온 세월의 99% 동안 대부분의 인간은 서른다섯을 넘기지 못했다. 가장 큰 사망 원인은 굶주림, 즉 '물질stuff' 부족이었다. 당신 귀에 들리는 말은 'YOLO(욜로, "인생은 한 번밖에 못 산다")'가 아니라 이보다 훨씬 강력한 'YNSN(You need stuff now, "지금 당장 물질이 필요하다")… 그렇지 않으면 죽게 될 것'이라는 말이다.

우리는 생물학적으로 설탕, 지방, 소금을 갈구하도록 프로그래밍돼 있다. 인류가 생존해온 대부분의 기간 동안 이런 재료들의 공급이 부족했기 때문이다. 이 물질이 맛봉오리에 닿기만 해도 우리 의식이 쾌락으로 인식하는 일련의 화학반응이 일어난다. 우리 뇌는 이 쾌락의 기억을 초콜릿 포장지 색깔부터 즐겨 찾는 햄버거 가게가 있는 교차로까지 모든 것과 연결한다. 이 과정에서 뇌는 궁극적 보상, 즉 생존이라는 최고의 감정으로 돌아가는 경로를 제시해 우리를 도우려고 노력한다.

이는 상황을 더 심각하게 한다. 일단 '생존' 칸에 표시하고 나면 또 다른 본능적 목소리, 즉 '번식'이 당신을 향해 외쳐대기 시작한다. 젊은이에게 돈을 모으고 투자하라고 말하기는 쉽다. 하지만 20대는 짝을 찾아야 할 시기다. 짝을 찾으려면 신호를 보내고 소비를 해야 한다. 우리에게는 내 유전자가 좀 더 나은 유전자와 혼합돼 영원히 살아남을 수 있도록 좀 더 강하고 빠르고 똑똑한 유전자를 가진 짝을 찾아야 할 진화론적 의무가 있다.

스물셋의 나이에 모건스탠리Morgan Stanley에 입사한 나는 바로 그해에 보너스로 3만 달러를 받았다. 그때까지 내 당좌예금계좌 잔액은 1000달러를 넘은 적이 없었다. 마침내 뭔가를 쌓아 올릴 수 있는 기반이 생겼다. 기반이라고? 그렇다. 나는 곧장 밖으로 나가 BMW320i를 구매했다. (여자들을 꾀는 데 얼마나 도움이 됐겠는가?) 차는 짙은 남색이었고 백미러에는 수경을 걸어뒀다. 왜냐고? 내가 일주일에 한 번 수영을 다녔기 때문이다. 이 두 행동은 이동이나 운동과는 아무 관련이 없었다. 그저 나는 강하고 충분한 자원이 있으니 나와 자는 게 어떻겠냐는 신호를 보냈을 뿐이다. 사실 말은 쉽지만 실천하기는 어렵다. 뿐만 아니라 외모를 가꾸고 짝을 만날 기회가 있는 사회적 환경, 예를 들어 외모를 가꾸고 코첼라Coachella나 클럽, 칸쿤 등을 찾아가는 행위처럼 어느 정도의 신호를 보내는 것은 정당화될 수 있다는 논리도 있다.

현대인은 이중고를 겪고 있다. 우리는 과잉의 세계에 살고 있지만 물질이 부족한 환경에 맞게 프로그래밍돼 있다. 그리고 이 단절을 악용해 경제를 구축해왔다. 이 같은 딜레마에서 벗어날 방법을 찾기는 쉽지 않다.

당신의 행동이 곧 당신이다

직업, 예산, 투자에 관한 조언은 부족하지 않다. 책꽂이나 인터넷, 사교 행사, 가족 모임 등 어디에서나 얻을 수 있다. 하지만 그 무엇도 행동으로 이어지지 않으면 의미가 없다. 의도와 행동의 격차는 정서적으로나 경제적으로 미래의 성공을 예측하는 훌륭한 지표다. 우리는 대개 존경하는 사람을 '용기 있다'거나 '기업가적'이라거나 '혁신적'이라고 묘사한다. 이는 모두 다양한 유형의 행동, 특히 자신의 가치관, 말, 계획에 따라 행동하는 사람을 일컫는 말이다. 칼 융Carl Jung의 말처럼 "당신이 하겠다고 말한 것이 아니라 실제로 당신이 한 행동이 바로 당신이다".

안타깝게도 의도와 행동의 격차를 좁히는 손쉬운 방법이 있다는 메시지가 넘쳐난다. 스티븐 코비Stephen Covey는 자기계발서의 고전《성공하는 사람들의 7가지 습관》을 집필하기 위해 단순히 성공한 사람을 연구하는 데 그치지 않고 성공하는 방법을 연구한 문헌을 검토했다.[2] 코비는 제2차세계대전 이후부터 그가 지칭한 '성품 윤리character ethic'보다 '성격 윤리personality ethic'를 강조하는 추세로 바뀐 분위기를 감지했다. 제2차세계대전 이전 출간된 책들은 독자에게 인격을 갈고닦으라고 권했다. 즉, 절제, 근면, 인내 같은 덕목을 바탕으로 성공할 수 있도록 스스로 원칙과 가치관을 확립해야 한다는 것이다. 반면 전쟁 이후 최근의 조언은 단순히 성격을 바꾸는 방법, 다시 말해 타인에게 자신을 드러내는 방법을 바꾸는 데 초점을 뒀다. 이런 자기계발서의 원조 격이라 볼 수 있는 책《데일 카네기 인간관계론》의 제목만 봐도 알 수 있다(원서 제목《How to Win Friends and Influence People》을 있는 그대로 번역하면 '친구를 사귀고 사람들에게 영향을 미치는 방법'이다―옮긴이).

코비가 활발하게 활동한 시기는 1980년대지만 인터넷을 조금만 뒤져보면 이런 경향이 가속화되고 있음을 쉽게 확인할 수 있다. 소셜미디어에는 '인생 꿀팁', 최고의 '첫인상'을 위한 데이트 정보, 그 외 온갖 '이상한 비법'이 널려 있다. 살을 빼려는 사람이 과학적 근거 없이 유행하는 다이어트 요법을 시도하듯 우리 삶의 모든 측면에 비법이 있다. 끝없이 등장하는 새로운 성격 윤리는 일시적으로 도움이 될지언정 장기적으로는 아무 쓸모가 없거나 만만찮은 반대에 부딪히면 금세 사라진다. (유행하는 최신 다이어트 비법도 마찬가지다. 121개 연구[3]를 분석한 결과 어떤 이론이나 유명인을 내세우든 유행하는 다이어트 비법은 1년 후에는 체중에 영향을 미치지 않는 것으로 밝혀졌다.)

유행하는 다이어트 요법에 집착하면 다이어트 이전 체중으로 돌아갈 수밖에 없듯이 오직 특정 행동에만 뿌리를 둔 성공 전술도 오래 지속되지 않는다. 새벽 5시 30분 기상, 찬물 샤워, 10킬로미터 조깅이 성공 비결이라고 이야기한다면 **나쁜** 조언은 아니다. 아마도 이를 따른 날에는 집중력과 생산성이 높아질 것이다. 며칠 동안 꾸준히 따를 수도 있고 정해진 규율을 매우 잘 지키는 사람이라면 몇 주가 될 수도 있다. 하지만 참신함은 점차 사라지고 어둡고 추운 아침은 계속된다. 그동안 사회생활을 하며 돈 많은 사람을 많이 만났다. 그중에는 5시 30분에 일어나 찬물에 샤워하는 사람도 있었다. 하지만 이것이 그들이 성공한 **비법**은 아니다. 이런 습관은 근면하고 절제된 삶의 산물이다. 인격과 행동은 떼려야 뗄 수 없다.

현대 유혹에 맞서기 위한 고대 방어책

스토아학파는 용기, 지혜, 정의, 절제라는 4개의 덕목을 찾아냈다. 이는 유혹을 견뎌내고 그보다 훨씬 중요한 일을 해내는 데 무엇보다 큰 역할을 한다.

용기는 현대 사상가들이 '그릿grit'이라고 부르는 끈기다. 가난에 대한 두려움, 창피함에 대한 두려움, 실패에 대한 두려움 등 두려움이 행동의 기준이 되도록 내버려두지 않을 때 용기가 생긴다. 두려움을 버리는 대신 열심히 일하고 긍정적인 태도와 자신감을 가져야 한다. 마케터들은 우리의 두려움과 불안감을 능숙하게 활용한다. 용기는 샤넬보다 저렴하지만 더 효과적이다.

지혜는 에픽테토스Epictetus의 말처럼 "문제를 파악하고 구분해 외적이거나 내가 통제할 수 없는 문제는 무엇이고 실제로 내가 통제를 선택할 수 있는 문제는 무엇인지 자신에게 분명하게 말하는" 능력이다. 혹은 소설가 애니 프루Annie Proulx가 《브로크백 마운틴Brokeback Mountain》에서 지적했듯이 "고칠 수 없다면 견뎌내야 한다".

정의는 공익을 위한 약속, 즉 우리가 상호의존관계라는 인식이다. 스토아학파의 대표적 철학자이기도 한 아우렐리우스는 정의가 "다른 모든 덕목의 원천"이라고 믿었다. 정의롭게 행동할 때 우리는 정직해지고 행동이 초래할 모든 결과를 고려한다. 정의 없이 좋은 습관만 기를 수는 없다. 이 파트 뒷부분에서 우리 인격이 공동체와 어떤 관련이 있는지 살펴볼 것이다.

절제는 내가 가장 중요하게 생각하는 덕목이다. 현대사회에서 가장 많이 시험당하는 덕목이기 때문이다. 인간의 부족한 자제력과 사회적 지위, 소비를 향한 집착은 자본주의를 발전시키는 원동력이다. 특대 사이즈 감자튀김과 값비싼 핸드백같이 분명하게 겉으로 드러나는 현상만이 아니다. 사회는 소비뿐 아니라 감정 폭발, 희생자 만들기, 피해의식 등을 부추긴다. 절제는 **모든 탐닉에 대**

한 저항(혹은 적어도 관리)이라고 볼 수 있다.

느리게

이런 덕목을 실천하려면 어떻게 해야 할까? 먼저 속도를 늦추는 것으로 시작할 수 있다.

어쩌면 당신은 아침으로 뭘 먹을지, 헬스장에 갈지 말지, 직장 동료가 업무용 메신저 슬랙Slack으로 보내온 날 선 메시지에 어떻게 대처할지, 하루의 끝에서 마침내 온전한 나만의 시간을 가질 수 있게 됐을 때 뭘 할지 하루에도 적당히 중요한 결정을 100개쯤 내려야 할 수도 있다. 이런 결정에 별다른 생각 없이 본능이나 감정에 따라 반응하는 것이 인간의 본성이다. 그게 가장 빠른 방법이니까. 지나고 나면 우리는 어떤 반응을 한 이유가 상황 때문이었다고 생각하는 경향이 있다. 이를테면 늦었기 **때문에** 아침을 건너뛰었다거나 슬랙 메시지가 불합리했기 **때문에** 쌀쌀맞은 답장을 보냈다는 식이다.

스토아철학이 강조하는 "무엇이 내 통제 범위에 있는지 알라"라는 지혜를 떠올려보자. 아우렐리우스가 "우리에게는 외부의 사건이 아니라 자신의 마음을 통제할 힘이 있다"라고 분명하게 밝힌 대로 그 선은 쉽게 그을 수 있다. 심리학자 빅터 프랭클Viktor Frankl은 이렇게 말했다. "자극과 반응 사이에는 공간이 있다. 반응을 선택하는 힘은 바로 그 공간에 있다. 우리 반응에는 성장과 자유가 있다." 우리는 환경을 통제할 순 없지만 반응하는 방식은 통제할 수 있다.

　매일 내리는 수백 번의 결정 가운데 단 몇 번만이라도 프랭클이 설명한 자극과 반응 사이의 공간을 기억하고 어떤 가치와 계획을 따를지 고민한다면 좀 더 나은 결정을 내리기 위한 근육을 단련할 수 있다. 순간의 감정을 따르기보다 하루 단 한 번이라도 "이건 내가 통제할 수 있어. 내 반응은 내가 선택해"라고 말하며 스스로 옳다고 생각하는 행동을 하면 금욕의 길에 한 걸음 더 가까워질 수 있다.

　그렇다고 절대로 화를 내면 안 된다는 뜻은 아니다. 나도 자주, 아니 너무 자주 화를 낸다. 또 크게 실망하거나 좌절하거나 부끄러워하면 안 된다는 뜻도 아니다. 이 모두가 좌절과 실수에 대한 인간의 정상적인 반응이다. 목표는 분노나 두려움 혹은 탐욕을 인정하되 그 감정에 휘둘리지 않는 것이다.

　인격과 행동은 서로를 강화하는 주기를 만들 수 있다. 몇 개의 선택적 행동에서 출발하자. 그러면 비슷한 행동을 더 많이 하는 인격을 기를 수 있다.

습관을 만들라

　습관을 키워 이 주기를 강화할 수 있다. 건강한 습관은 주어진 자극에 반응하려는 뇌의 성향을 잘 활용해 주도적인 반응을 유도할 수 있다. 지난 수십 년 동안 '습관의 힘'에 대한 과학적, 문화적 관심이 높았다. 같은 제목의 책이 인기를 끌었을 정도다. 우리가 하는 일의 상당 부분이 습관에 의한 것으로 밝혀졌고 이는 좋은 일이다. 모든 결정을 의식적으로 처리해야 한다면 아침 식사를 거르는 일은 생기지도 않을 것이다.

핵심은 자극에 대한 반작용적이고 자동적인 반응이 충분한 숙고 끝에 선택한 반응과 같아지도록 주도적으로 습관을 훈련하는 것이다. 원하는 습관적 반응이 나오게끔 단련된 상황이 많아질수록 가장 중요하고 까다로운 결정과 반응에 좀 더 많은 인지적·정서적 에너지를 쏟을 수 있다.

의도적인 습관 형성에 도움이 되는 몇 가지 틀이 있다. 찰스 두히그Charles Duhigg는《습관의 힘》에서 '신호-반복 행동-보상' 주기를 설명한다.《아주 작은 습관의 힘》의 저자 제임스 클리어James Clear는 '신호-열망-반응-보상' 주기를 선호한다. 분명 다른 주기도 있을 것이다. 하지만 스토아철학과 불교처럼 목적지는 같다.

그냥 하라

2016년 말 목요일 밤, 나는 첫 블로그 게시물을 작성했다. 당시 내 최신 스타트업이었던 L2 팀원들과 우리 회사를 알릴 방법을 논의하던 중 '블로그'라는 획기적인 아이디어가 떠올랐다. 블로그가 등장한 지 20년이나 됐지만 말이다. 나는 일상 업무로 투자자에게 보내는 편지나 고객에게 보내는 홍보 메시지 등 많은 글을 썼고 간결하고 개성 있는 글을 쓰기 위해 노력했다. 하지만 나 자신을 작가라고 표현하지는 않았다. 또 스스로 매주 뭔가를 해야만 하는 사람이라고 여기지도 않았다. 그보다는 늘 '영감이 떠오를 때' 글을 쓰는 사람에 가까웠다. 어쨌든 첫 번째 게시물을 작성하는 건 쉬웠다. 마크 저커버그Mark Zuckerberg를 비난하고 실리콘 밸리에서 일하는 CEO의 데이트 습관을 조롱하는 글을 내놓자 팀원들이 그럴듯한 도표를 갖다 붙였다. 우리는 "자비도 악의도 없다No Mercy / No Malice"라는 제목을 붙여 고객 목록에 있는 수천 명에게 이메일을 보냈다. 심지어 긍정적인 피드백을 받기도 했다.

그리고 매주 그렇듯 어느새 다시 목요일이 됐다. 새로운 글을 써야 한다는 뜻이었다. 더 큰 노력을 쏟아부었지만 덜 참신했다. 그래도 글을 작성해 발송했다. 다시 목요일이 됐고 또다시 다음 목요일이 찾아왔다. "나는 매일 내가 덜 싫어진다"라는 포스트 제목만 봐도 세 번째 목요일 밤 내 기분이 어땠는지 짐작할 수 있을 것이다. 더는 재미가 없었다. 하지만 블로그의 관련성이 높아지고 매주 그럴듯한 글이 나오자 점점 더 보람이 커졌다. 뇌는 글 쓰는 시간과 사람들이 글을 읽고 반응할 때 내가 얻는 만족감 사이에 연결 고리를 만들어냈다. 목요일 밤은 일종의 신호가 됐고 글쓰기 자체가 더 쉬워지지는 않았지만 컴퓨터 앞에 앉아 첫 단어를 끄집어내기로 결심하는 것이 습관이 됐다. 1년이 지나고 2년이 되자 나는 마감을 지키고 고르게 양질의 글을 써내는 사람이 됐다. 그렇게 내 습관은 내 정체성이 됐다. 나는 작가였다.

이제 〈자비도 악의도 없다〉는 좀 더 길고 분석적이며 글도 좋아졌다. 2022년에는 인터넷 분야의 오스카상으로 불리는 '웨비상Webby Award'을 수상했으며 매주 50만 명이 넘는 독자에게 전송된다. 〈자비도 악의도 없다〉에는 '혼자만의 힘으로는 위대해질 수 없다'는 내 신조가 배어 있다. G교수 미디어Prof G Media에는 〈자비도 악의도 없다〉를 비롯한 우리의 모든 채널을 관리하는 팀원들이 있다. 하지만 여전히 매주 목요일 밤이 되면 나는 반려견들과 함께 소파에 앉아 자카파Zacapa를 마시며 일을 시작한다. 나는 작가이기 때문이다.

내 다섯 번째 저서인 이 책은 거의 불가능에 가깝게 느껴진다. 첫 번째 책 역시 그랬다. 실제로 책을 구상하고 글을 쓰고 편집하고 출간본을 받아봤는데도 그렇다. 나는 아주 손쉽게 기획서를 쓰지도 않고 에이전트를 설득하지도 않고 주말과 밤의 여유를 포기하지 않았을 수도 있었다. 그냥 하지 않으면 됐다. 물론 좋은 생각이다. 하지만 이런 일은 중요성의 (최대) 10퍼센트밖에 되지 않는다. 나머지 90퍼센트는 매주 목요일 밤 이뤄진다. 모든 사람은 내가 그냥 **해야** 하는 일이 뭔지 고민해야 한다. 오늘 시작해야 할 일이 뭔가? 약 80억 부가 팔려나간 《아주 작은 습관의 힘》의 저자 클리어는 이렇게 말한다. "정체성은 습관에서 나온다."[4]

곧은 인격

습관은 곧 기술이고 기본 원칙이다. 이를 적용하거나 혹은 하지 않는 방법은 지극히 개인적인 것이지만 그렇다고 사적일 건 없다. 적어도 (아직은) 나는 도덕적 행동과 좋은 습관의 모범이 될 만한 사람은 아니다. 하지만 지난 15년여 동안 내게 도움이 된 몇 가지 사실은 알아냈다. 그 시기 내가 경제적으로 가장 큰 성공을 거뒀을 뿐 아니라 인간관계도 가장 풍요로웠던 건 우연이 아니다.

항상 그렇진 않았다. 마흔 살이 될 때까지는 나는 도파민이 폭발하는 기분을 느끼고 싶어 자극을 좇았다. 앞서 말하지 않았는가. 나는 특별했고(적어도 그렇게 믿었다) 항상 더 많이 원하면서도 항상 부족해했다. 첫 번째 결혼 생활을 하는 사이 두 번에 걸쳐 성공적인 스타트업을 키우는 데 집중하며 한동안 안정감을 느꼈다. 하지만 서른셋이 되던 해 나는 이혼하고 두 회사의 경영 일선에서 물러났다. 회사뿐 아니라 많은 것과 멀어지기로 의식적으로 결심했다. 결혼 생활에서, 지역사회에서 그리고 아내와 내 친구들과의 관계에서도. 이런 충동은 당시 내가 가진 것들이 분명 나와 어울리지 않는다는 통찰력에서 비롯됐다. 하지만 그런 통찰력은 금세 잊어버린 채 이기심에 사로잡혔다.

나는 뉴욕으로 옮겨 가 오직 나 자신에게 몰두했다. 일은 조금 하고 가짜 친구(사실 친구보다 함께 즐기는 파트너가 더 많았다)를 만들었다. 그 누구에게도 의지하지 않았고 누구에게도 의지할 만한 사람이 돼주지 않았다. 나는 섬이었다. 미국 작가 톰 울프Tom Wolfe는 "누구든 순식간에 뉴욕의 일부가 된다"라고 말했다. 나 역시 순식간에 혼자가 돼버렸다. 형제 한 명 없는 외동 같은 기분이기도 했고 서서히 내향적인 진짜 내 모습을 찾아가는 것 같기도 했다. 그 누구와도 교류하지 않고 며칠을 보내도 아무렇지도 않았다.

그때의 내 단점이 이제는 더 명확하게 보인다. 나는 내면의 나침반을 따라 에너지를 사용하기보다 당장 가장 시급한 자극에 반응했다. 가장 시급하게 내 관심을 끈 자극은 돈이었다. 하지만 경제적 안정을 위한 돈은 아니었다. 다른 사람의 인정이라는 중독을 충족하기 위한 돈이 필요했다. 나는 근사한 것을 원했고 엄마를 돌볼 수 있길 바랐지만 다른 사람의 눈을 통해 내 가치를 보고 그들이 생각하는 경제적 성공의 기준을 맹신했다. 그래서 그런 것들을 얻었다. 나는 사회적 지위도 얻고 쾌락도 찾았지만 진정한 경제적 안정과 지속적 행복은 내 것이 아니었다. 다른 방법은 몰랐다.

무엇이 달라졌을까? 첫 아이의 탄생은 외적 자극이 됐다. 하지만 외적 변화는 기회일 뿐이다. 그 기회의 문을 통과하는 것은 여전히 내 몫이다. 나를 덮친 부끄러움과 후회는 나 자신을 돌아보는 계기와 변화를 시도하는 동기가 됐다. 그때 본격적인 여정이 시작됐다. 그 과정에서 통찰력이 뒤따랐다. 먼저 쓸모없는 것부터 살펴본 다음 도움이 되는 것으로 넘어가자.

근면은 인격과 동의어가 아니다

월스트리트에서 실리콘밸리까지 일의 세계에는 거대한 거짓말이 있다. 바로 오래 일하는 사람이 단련돼 있고 도덕적이며 강하다는 것이다. 이 잘못된 등식을 나는 오랫동안 신조로 삼았다. 업무를 숙달했고 많은 돈을 벌지 못할 때도 열심히 일했다. 열심히 일하면 인격이 좋은 사람이라고 나를 속였다.

모건스탠리에서 일하던 20대 시절에는 밤샘 근무가 곧 미덕을 상징했다. 에르메스 멜빵을 한 나이 많은 아저씨들이 "어젯밤

엔 몇 시까지 있었어?"라는 질문으로 대결을 신청했다. 이제 사람들은 칠면조 샌드위치를 만드는 데 드는 3분을 아끼려고 야단법석을 떨며 식사 대용 셰이크를 흔들어댄다.

파트 2에서는 열심히 일하라고 할 생각이다. 경제적 안정뿐 아니라 개인적 성취를 위해서도 반드시 열심히 일해야 한다. '열심히 하라'는 언제든 훌륭한 조언이다. 하지만 열심히 일하는 것은 개인적으로 또 직업적으로 성공하기 위한 **필요조건**일 뿐 **충분조건**은 아니다. 더 중요한 점은 그게 핵심이 아니라는 사실이다. 열심히 일하는 것 자체는 자본주의라는 허공에 에너지를 태워 넣는 일에 불과하다. 다른 사람을 부양하려면 강해져야 하고 정의를 구현하려면 힘을 얻어야 한다. 오직 일 자체를 위해 일하는 것은 경제적 자위행위와 다르지 않다.

열심히 일하는 것을 핑계로 삼는 사람이 너무 많다. 열심히 일하느라 배우자를 무시하고 건강을 소홀히 하고 무례하거나 잔인하거나 착취적일 수밖에 없었다고 핑계를 댄다. 앞서 말했듯 부를 추구하는 것은 언제나 변명에 불과하다.

근면할 필요는 있다. 하지만 대가가 따른다. 당신은 그 대가를 최소화하고 있는가, 외면하고 있는가? 지출 상태를 보면 답을 알 수 있다. 내 20~30대를 돌아보면 지출에 대한 절제력이 부족했다. 나는 너무 열심히 일했으니 좋은 것을 누릴 자격이 있었다(나 자신에게 그렇게 말해줬다). 너무 열심히 일하고 있으니 저축할 필요도 없고 언제든 더 많이 벌 수 있을 터였다(나 자신에게 그렇게 말해줬다). 파트 3 '시간'에 소개된 지출과 저축에 관한 조언을 함께 따르지 않으면 파트 2 '집중력'의 조언을 아무리 열심히 따른들 원하는 목표에 도달할 수 없다.

근면과 인격을 동일시하는 잘못된 풍조에는 나쁜 지출 습관보다 좀 더 중요한 문제가 숨겨져 있다. 사회생활을 시작한 후 첫 20년 동안 내가 저지른 좀 더 큰 죄는 다른 사람, 인간관계에 투자하지 않았다는 것이다. 근면은 그럴듯한 평계가 됐다. 하지만 다 자기만족일 뿐이었다. 거래로 맺어진 우정과 파티를 함께 즐기는 파트너는 결코 내게 책임을 묻지 않았고 지출을 중단하라고 말하지도 않았다.

돈이 목표라면 결코 충분한 돈을 벌 수 없다

1970년대 심리학자 도널드 캠벨Donald Campbell과 필립 브릭먼Philip Brickman은 행복에 관한 연구를 하던 중 계속해서 같은 사실을 발견했다. 새로운 현실에 적응할 때 생활환경의 변화는 행복에 별다른 영향을 미치지 못한다는 사실이었다. 이들은 한 연구에서 고액 복권에 당첨된 사람과 하반신이 마비된 사람을 비교했다. 직관과는 정반대로 복권 당첨자는 대조군보다 더 행복하지 않았다.[5] 하반신이 마비된 사람 역시 아주 미미한 만큼 덜 행복한 것으로 드러났다. 게다가 이들은 미래를 가장 낙관적으로 바라봤다. 다른 복권 당첨자 그룹과 각기 다른 금액의 당첨금을 수령한 당첨자를 상대로 한 후속 연구에서는[6] 때로 행복이 유의미하게 증가하기도 했다. 하지만 갑작스럽게 부자가 됐다고 해서 비약적으로 행복해

쾌락의 쳇바퀴

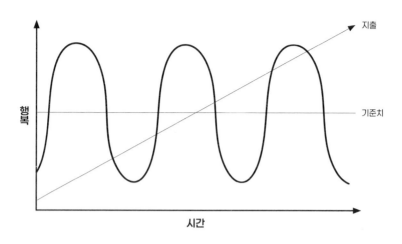

지는 일 같은 것은 없었다.

캠벨과 브릭먼은 그들이 데이터를 통해 확인한 사실을 설명하기 위해 '쾌락의 쳇바퀴hedonic treadmill'라는 용어를 만들어냈다. 즉, 우리는 목표를 향해 얼마나 확실한 진전을 이뤘든 계속 같은 자리에 머물며 쳇바퀴를 좀 더 빠르게 돌린다는 것이다.

《사피엔스》의 저자이자 역사학자인 유발 노아 하라리Yuval Noah Harari는 "몇 안 되는 역사의 철칙 중 하나는 사치품은 필수품이 되고 새로운 의무를 낳는 경향이 있다는 것"이라고 적었다. 인생을 살아가다 보면 예기치 못한 상황의 영향을 받을 수밖에 없으며 이는 군비경쟁과 다르지 않다. 낡은 옷을 입고 출근했다가 디자이너 브랜드 의상을 잘 차려입은 동료 옆에서 초라한 기분을 느낄 수도 있고(재택근무가 우리를 이런 비용에서 구해줄지도 모른다) 초등학교

부의 공식

1학년인 자녀와 경쟁 관계에 있는 아이들이 과외교사를 두 명씩 두고 있어 나도 자녀의 과외교사를 고용해야 할 수도 있다(자식을 위해 쓰는 돈은 끝이 없다). 생활방식을 점진적으로 개선해나갈 때마다 그러지 않은 다른 모든 측면이 초라해 보이고 좀 더 근사하게 바뀌야 할 것 같다. 각각의 개선은 다음 업그레이드와 좀 더 가까워질 테고 그렇게 무리하거나 불합리하게 보이지 않을 것이다. 이건 단지 사소한 업그레이드 문제가 아니다. 아마도 당신은 결혼할 테고 아이도 가질 것이다. 가정을 꾸리고 자녀가 생기면 최고의 건강관리를 받고 건강한 음식을 먹고 좀 더 안전한 자동차를 운전하는 데 자연스럽게 큰 관심을 두게 될 것이다. 소득과 그 돈으로 사들인 근사한 것들을 지키기 위해 보험에 가입하고 싶은 마음이 들 것이다. 새롭게 업그레이드된 수준을 표준으로 인식하는 속도보다 더 빠르게 소득을 늘리는 경우는 드물고 그럴 가능성도 낮다.

나는 기본적으로 보트의 소액 지분만 소유하는 서비스인 바턴 앤드 그레이Barton & Gray 회원이다. 보트 타는 걸 좋아하지 않고 보트를 소유한 지인들이 항상 그게 얼마나 돈이 많이 들고 번거로운 일인지 불평하기 때문에 온전히 내 소유인 보트를 장만할 일 같은 건 없다. 어쨌든 바턴 앤드 그레이 서비스에 가입하면 보트를 예약할 수 있고 EQ가 높은 남자가 자카파와 얼음, 캐슈너트를 가득 실은 멋진 보트를 몰고 나타난다. 그는 오후 내내 당신과 가족을 위해 보트를 운전한 다음 다시 선착장에 내려주고 떠난다.

어느 날 바턴 앤드 그레이의 보트를 타고 팜비치 항구를 떠나는데 멋진 요트가 눈에 들어왔다. 원래 선박은 대체로 싫어하는 편인데도 그 순간 '저 보트를 갖고 싶다' 하는 생각이 들었다. (이제 싸구려처럼 보이는) 보트에 함께 타고 있던 한 친구가 구글의 전 CEO 에릭 슈미트Eric Schmidt가 주인이라고 귀띔해줬다. 나쁘지 않았다. 그런데 그다음, 슈미트의 보트 옆을 지나가는데 바로 옆에 잡스가 의뢰한 요트가 보였다(잡스는 요트가 완성되기 전에 세상을 떠났다). 슈미트의 요트가 좀 더 컸지만 잡스의 요트가 좀 더 멋있었다. 가장 먼저 떠오른 생각은 슈미트가 이 순간 보트 반대쪽에 서서 잡스가 디자인한 배가 물 위에 떠 있는 모습을 바라보며 '저 보트를 정말 갖고 싶다' 하고 생각할 가능성이 0은 아닐 거 같다는 것이었다.

항상 좀 더 근사한 보트, 좀 더 빠른 자동차, 좀 더 멋진 집이 있기 마련이다. 하지만 적어도 이미 충분히 만족하거나 혹은 적어도 현실적인 한계가 있을 가능성이 있다. 결국 보트를 선착장에 대기 위해 낼 돈은 사라지기 마련이다. 정말 해로운 것은 추상적 보상이다. 〈프레이저Frasier〉(천재적인 프로그램이다)라는 미국 가족 시트콤에 이런 심리를 잘 묘사한 훌륭한 에피소드가 있다. 프레이저와 동생 나일스는 고급 스파를 이용할 수 있었지만 매번 한 단계 높은 VIP 등급이 존재한다는 사실을 깨닫는다. 마침내 가장 높은 등급이라고 생각한 것을 선택한 다음 행복에 겨워하던 두 사람은 다른 등급 사람들만 들어갈 수 있는 플래티넘 문을 발견한다. 이들의 경험은 갑작스레 하찮은 것으로 전락했다. 나일스는 "이곳은 진짜 천국에 들어갈 수 없는 사람들을 위한 천국일 뿐"이라고 소리친다.

추상적 보상의 최고봉은 무엇일까? 돈 그 자체다. 돈은 숫자에 불과하고 숫자는 무한하기 때문이다. 바로 이런 이유로 돈은 얼마나 많든 전혀 충분하지 않다. 〈스타워즈〉 시리즈 주인공 루크 스카이워커Luke Skywalker는 한 솔로Han Solo에게 여동생 레아Leia 공주를 구해주면 "상상 이상의" 보상을 제공하겠다고 약속한다. 그 말을 들은 한 솔로는 이렇게 답한다. "글쎄요. 제가 상상하는 금액은 꽤 큽니다." 이것이 바로 돈을 중심으로 돌아가는 사회의 문제다. 우리 모두 더 많은 돈을 상상할 수 있다.

돈은 항상 더 많아질 뿐 아니라 가진 돈이 많아질수록 그 가치는 줄어드는 안타까운 특성이 있다. 경제학자들은 이를 '한계효용체감diminishing marginal utility'이라고 부른다. 은행 계좌에 100달러가 있으면 1달러어치만 늘어도 의미 있게 느껴진다. 1000달러가 생기면 인생이 바뀔 듯한 기분이 든다. 하지만 은행 계좌에 1000만 달러가 있으면 1000달러쯤 늘어나는 것은 아무 의미도 없는 일이 된다.

행복과 소득 수준에 관한 연구가 이를 뒷받침한다. 앞서 공개된 일부 연구 결과와는 반대로 최신 연구(적어도 2023년 기준)에 의하면 소득이 높아질수록 행복이 커지지만[7] 행복은 소득보다 증가 속도가 느리고 또 일부 사람에게서는 소득 수준이 더 높아진 것과 행복 사이에 상관관계가 없다고 나타났다. 소득이 6만 달러에서 12만 달러로 늘어날 때 행복이 증가하는 정도는 소득이 12만 달러에서 24만 달러로 늘어날 때 행복이 증가하는 정도와 맞먹는다. 그다음에는 소득이 24만 달러에서 48만 달러로 늘어나야 같은 크기만큼 행복이 늘어난다. 한계효용체감이라는 잘 알려진 개념과 일치한다. 뭔가를 더 많이 가질수록 단위당 효용은 줄어든다. 더 많이 가질수록 얻는 것은 줄어든다.

돈은 펜에 든 잉크와 같다. 하지만 잉크가 곧 이야기는 아니다. 돈이라는 잉크가 있으면 인생의 새로운 장章을 써 내려가고 몇몇 장은 좀 더 빛나게 만들 수 있다. 하지만 이야기의 흐름을 만들어내는 것은 오직 당신 몫이다.

충분한 돈

쾌락의 쳇바퀴가 꼭 덫이 될 필요는 없다. 쳇바퀴에서 내릴 수는 없지만 그게 어떻게 돌아가는지 깨닫고 나면 노예 노릇을 멈출 수 있다. 한 연구에서 유전자가 우리 행복 수준을 무려 50퍼센트나 결정한다[8]는 사실이 밝혀졌다. 이는 우리가 살면서 체감하는 것과도 일치한다. 주변을 돌아보면 거의 항상 낙천적이고 즐겁게 살아가는 사람이 있는가 하면 언제 봐도 우울해 보이는 사람도 있다. 물론 둘 다 엄청나게 짜증스럽다는 점은 기억해두자. 하지만 유전적 소인이 50퍼센트라면 나머지 50퍼센트는 통제할 수 있다. 환경이나 운 혹은 다른 어떤 것의 산물도 아니라는 뜻이다.

쳇바퀴를 돌리려는 노력은 본능적이며 **유용하기도** 하다. 핵심은 외적 보상을 목표로 삼아 내적 성취에 마음껏 집중할 수 있게 하는 것이다. 젊은 사람은 돈을 동기로 삼을 **수밖에** 없다. 하지만 돈 자체를 목적으로 삼기보다 목적을 달성하는 수단으로 여기고 일정 수준의 경제적 안정에 도달하는 데 집중해야 한다. 경제적 안정을 이룬 후에도 계속 부를 좇을지는 개인의 선택 문제다. 돈이 많으면 더 행복해지고 새로운 기회가 생길 수도 있지만 어느 순간 수익률이 마이너스가 될 수 있다. 돈(쓸 수 있는 금액 이상)과 경력에 집착하면 진정한 만족감의 근원인 인간관계가 나빠지기 시작한다. 스토아학파의 위대한 로마 철학자 세네카Seneca는 "함께 나눌 사람이 없으면 무엇이든 가치 있는 것을 소유해도 그 기쁨을 느낄 수 없다"라고 썼다. 성공한 사람의 다수가 값비싼 것만 남고 인간관계는 모두 사라진 후에야 이 사실을 깨닫는다.

행운

곰곰이 생각해보면 내가 성공할 수 있었던 것은 결국 두 가지 때문이다. 1960년대 미국인으로 태어났다는 것 그리고 맹목적일 정도의 열정으로 내 성공을 지지해준 사람(우리 어머니)이 있었다는 것. 어머니는 그다지 애정이 넘치지 않는 가정에서 자랐지만 아들인 내게는 주체할 수 없을 정도로 큰 애정을 주었다. 누군가는 나를 멋지거나 가치 있다고 생각하길 바랐는데 그런 사람이 있다는 걸 알았을 때 나는 그것이 애정임을 알았다.

성공을 예측하는 데 도움이 되는 가장 신뢰할 수 있는 지표는 언제, 어디서 태어났는지다. 하지만 서구 문화는 독립과 자립의 중요성을 강조하며 좋든 나쁘든 결과는 결국 오로지 개개인의 노력에 따른 것이라는 암묵적인 메시지를 전달한다. 행운(좀 더 보편적으로 말하면 우리의 통제를 넘어선 힘)이 결과에 미치는 거대한 영향력을 깨닫지 못하면 엉뚱한 교훈을 얻게 되고 미래에 성공할 가능성이 줄어든다.

성공한 사람은 행운이 그들의 성공에 기여한 바를 과소평가하는 경향이 있으며 이로 인해 곤경에 처한다. 자기 능력을 과대평가해 알지도 못하는 비즈니스에 재산을 탕진할 수도 있다. 데이트레이딩으로 빈털터리가 되는 연봉 10만 달러의 영업 담당 중역부터 축구 구단을 사들이는 억만장자까지, 어느 정도로 성공했든 이런 일이 일어날 수 있다. 커다란 성공을 거둔 후 그것이 전부 내 능력 덕이라는 잘못된 믿음을 가지면 어마어마한 실수를 저지를 가능성이 커진다. 물론 당신은 똑똑하고 근면하다. 하지만 혼자만의 힘으로는 위대해질 수 없고 타이밍(그리고 행운과 관련된 다른 요소)이 그 무엇보다 중요하다.

개인차는 있지만 평균적으로 우리는 긍정적인 결과가 나오면 좀 더 빨리 우리 자신 덕이라고 여기고 부정적인 결과가 나오면 외부를 탓하는 경향이 있다(이를 '귀인 편향'이라고 부르기도 한다). 직장에서든 사생활에서든 가장 최근 나타난 몇 가지 중요한 결과를 생각해보자. 성공한 일이 있다면 어떻게 성공했는가? 실패한 일이 있다면 그 원인은 뭐였는가? 두 가지가 혼합되지 않은 결과는 드물다. 그러니 모든 인과관계를 하나로 보거나 성공이나 실패를 설명하는 방식에 명확한 편견이 있다면, 아마도 당신이 인간이란 뜻이다.

귀인 편향은 차치하더라도 행운의 역할을 무시하는 것은 성공하지 못한 사람에게도 위험하다. 이것이 바로 '마음만 먹으면 무엇이든 할 수 있다'는 신념의 치명적인 단점이다. 이 말은 당신이 성공하지 못한다면 모두 당신 잘못이라는 의미를 담고 있기 때문이다. 사실 우리는 누구나 실수를 저지르고 실패는 대부분 실수에서 비롯된다. 하지만 운과 우리가 통제할 수 없는 사건이 많은 것을 결정한다. 첫 번째 사업에 실패한 기업가가 실패자는 아니다. 첫 번째 사업에 실패했더라도 얼마든지 좀 더 똑똑하고 성공을 갈망하는 기업가가 될 수 있다.

나는 살면서 많은 실패를 경험했다. 그리고 그걸 견뎌내는 능력 덕에 성공할 수 있었다. 우리는 교육, 위험 감수, 인맥 형성 같은 전통적인 성공 비법에 주목한다. 하지만 윈스턴 처칠Winston Churchill이 말했듯 가장 중요한 자질은 "열정을 잃지 않으면서 실패를 극복하려는 의지"다.

보이는 것만큼 좋거나 나쁜 건 없다

실패를(그리고 성공도) 균형 잡힌 시각으로 바라보면 처칠의 조언을 따르기가 훨씬 쉽다. 우리는 운을 과소평가하듯이 현재의 중요성도 매우 과대평가한다. 젊을 때는 특히 그렇다. 사실 인간은 필연적으로 원초 상태로 돌아갈 수밖에 없는데 현재 감정 상태에서 미래를 추론한다. 고통을 느끼고 쾌락을 즐기면서도 '이 또한 지나가리라'는 영원불변의 진리를 깨달을 수 있는 강인한 인격을 길러야 한다.

노인을 대상으로 한 설문 조사에서 응답자들은 걱정이 너무 많았던 것을 가장 후회한다[9]고 입을 모았다. 실제로 당신을 아무리 힘들게 한 일이라도 뒤돌아보면 그다지 큰 문제가 아니었음을 깨달을 것이다. 마찬가지로 압도적인 성과를 낸 순간 역시 뒤돌아보면 운이 좋았던 덕이 크다는 사실을 깨닫게 된다.

특정한 사건에 대한 인식과 반응을 구별할 수 있으면 이런 관점을 발달시키기가 좀 더 수월하다. 라이언 홀리데이Ryan Holiday는 저서 《돌파력》에서 다음과 같이 설명한다. "원래 좋거나 나쁜 것은 없다. 그저 우리가 인식할 뿐이다. 사건은 그 자체로 존재하는데 우리는 각자 다른 의미를 부여한다."[10] 오해하진 않길 바란다. 사건은 중요하다. 하지만 사건에 대한 우리의 즉각적 인식은 과장되고 반사적이며 감정적일 때가 많다. 현대 미디어는 사건을 둘러싼 모든 변화를 파국으로 몰아가는 경향이 있어 상황을 더욱 악화한다. 이로 인해 판단력이 흐려져서는 안 된다.

더 나은 삶을 사는 것이 최고의 복수

나는 분노와 싸운다. 분노는 나를 망가뜨리고 성공과 성취를 막는 진정한 장애물이다. 뭔가 혹은 누군가가 나를 자극하면 넘어가기가 쉽지 않다. 40대가 될 때까지 가상의 점수표를 어디든 들고 다녔다. 세상을 다시 바로잡기 위해서라도 어떤 모욕이나 무례, 무시든 그에 걸맞은 반격을 가해야 했다. 지금 생각해보면 정말 말도 안 되는 에너지 낭비였다. 이런 실수는 하지 않길 바란다.

상대가 무슨 일을 겪고 있는지 알 길은 없다. 방금 해고당했거나 이혼 서류를 접수했거나 아이가 당뇨병이라는 진단을 받았을 수도 있다. 물론 그냥 잔인한 사람일 수도 있다. 무슨 상관인가? 당신도 신경 쓰지 않으면 된다. 사소하고 대단찮은 불의에 일일이 대응할 필요 없다.

물론 말처럼 쉽지는 않다. 분노를 표출하면 일시적인 효과는 있다. 스트레스가 분출되기 때문이다. 적절히 처리되지 않은 불만의 무게는 불같이 화를 냈을 때의 부담감과 비슷할 수 있다. 당신의 머릿속에 임대료도 안 내고 눌러앉은 사건이나 사람은 불법 거주자나 마찬가지다. 그 에너지와 주파수를 다른 데 쓰는 편이 훨씬 낫다.

스토아철학은 분노에 무관심해야 한다고 설명한다. 다른 사람의 행동은 통제할 수 없지만 우리 반응은 통제할 수 있다. 상념을 떨쳐내려고 명상을 하는 사람도 있는데 내게는 거의 불가능에 가까운 일이다. 대신 나는 사람들을 암흑 속에 밀어 넣는 훈련을 해왔다. 내 정신적 암흑 말이다. 먼저 금융 분석가 린 올던Lyn Alden이 추천한 대로 한다. "당신의 적을 적이 아닌 사람으로 생각하라. 상대방이 당신을 적으로 믿게 놔두되 그로부터 교훈을 얻고 앞으로 나아가라." 나는 교훈을 얻으려고 노력한다(예를 들면 내 무엇이 상대의 행동을 유도했는지, 이런 상황이나 관계를 개선할 수 있을지). 그런 다음 상대를 암흑 속에 던져놓고 다시는 생각하지 않으려고 노력한다.

하지만 이것만으로는 부족할 때가 있다는 사실을 인정할 수밖에 없다. 가만히 암흑 속에 머물러 있지 않으려는 사람도 있다. 괜찮다. 복수할 방법을 알고 있다. 25년 전 부동산 투자신탁 회사 프로로지스ProLogis CEO 헤미드 모하담Hamid Moghadam이 분노 문제를 해결하는 데 큰 도움이 되는 말을 내게 들려줬다. 그날 이후 나는 그 말을 매일 가슴에 품고 산다. 나는 세쿼이아 캐피털Sequoia Capital과 수년간 지루한 싸움을 벌이고 있었고 특히 그곳의 파트너는 나를 심히 하찮게 여겼다(앞서 말했듯 나는 이런 일을 그냥 넘기지 못하는 성격이었다). 불평불만을 듣던 모하담이 내 말을 끊고 이야기했다. "스콧, 최고의 복수는 더 나은 삶을 사는 거야." 훌륭한 조언이었다.

땀 흘리며 운동하라

독자에게 해줄 수 있는 돈에 관한 가장 중요한 조언 중 하나는 돈과 직접적 관련이 없는 것이다. 바로 운동을 충분히 하라는 것이다. 어쩌면 운동은 단기적으로나 장기적으로 삶의 질을 전반적으로 개선하는 데 도움이 되는 가장 효과적인 방법일 수도 있다. 지금껏 같이 일해본 적이 있거나 친분이 있는 사람 중 뛰어난 성과를 내는 많은 사람을 생각해보면 아침형 인간, 저녁형 인간, 책상을 깔끔하게 관리하는 괴짜, 산만한 천재, 내향적인 사람, 외향적인 사람 등 다양한 부류가 있지만 이들에게서 가장 흔하게 관찰되는 특징은 열심히 운동한다는 것이다. 이를 뒷받침하는 과학 연구가 있다. 다양한 환경, 문화, 직종을 대상으로 한 60개가 넘는 연구를 검토한 결과 "직장 내 체력 단련 활동이 생산성에 미치는 영향에 대한 과학적인 증거는 반박할 수 없다"[11]라는 결론이 도출 됐다. 당신이 즐길 수 있는 운동을 찾아야 한다. 운동에 시간을 투 자하면 건강도 좋아지고 생산성도 높아질 것이다.

내 경험에 비춰보면 운동을 하면 그만큼 시간을 되돌려받는 다. 일주일에 4시간 혹은 6시간씩 체력 단련을 하면 에너지가 증 가하고 정신적으로 더 건강해지며 더 열심히 일할 수 있으므로 그 시간들을 돌려받는 셈이다. 다른 많은 것과 마찬가지로 운동과 인 격도 선순환 고리를 형성한다. 운동을 할수록 목적의식이 강해지 고[12] 목적의식이 강해질수록 더 운동을 하게 된다. 열심히 일할 때 받는 스트레스는 신경계에 악영향을 끼치는데 운동이 이를 조절하 는 데 도움이 된다. 운동을 하면 기분이 좋아지는 신경화학물질이 생성돼 숙면을 취할 수 있다. 97건의 개별 연구를 검토한 결과 운 동이 심리 치료나 약물보다 우울증 치료에 50퍼센트 더 효과적[13] 이라는 결론이 도출됐다. 최고의 성과를 내는 뛰어난 사람들을 연 구해온 스티븐 코틀러Steven Kotler는 "최고의 성과를 내기 위해 운 동은 타협 불가능한 필수 요소"[14]라고 간단히 말했다.

가벼운 동네 산책부터 등산까지 무슨 운동이든 하면 도움이 된다. 하지만 운동을 하지 않은 지 좀 됐다면 빠르게 걷기부터 시 작하는 것이 좋다. 심박수가 올라갈 정도로 빠르게 걷다 보면 머 리가 맑아지고 기분이 좋아진다. 이를 토대로 점점 운동 강도를 키워나가면 된다.

개인적으로는 짧고 격렬한 운동과 무거운 역기 들기를 좋아

한다. 역기에 관한 근거 없는 주장을 맹신하는 사람이 많다. 사람들은 역기를 들면 유연성이 떨어지거나(사실은 그 반대다) 지나치게 큰 근육이 생긴다(그 훈련을 해야만 가능한 일이다)고 생각한다.

사실 저항 운동을 하면 기분과 기억력이 좋아지며[15] 장기적으로 건강에 도움이 된다. 내 경험상 운동을 하면 자신감이 생기고 강해진 듯한 기분이 든다.

결정을 잘 내리는 법

인생은 크고 작은 결정의 집합체다. '의사결정'이 하나의 학문, 다시 말해 고등학교 정규 과목으로 인정받지 못하는 것은 너무도 이상한 일이다. 서점에도 의사결정에 관한 도서만 모아놓은 곳이 있어야 마땅하다. '아들 부시'George W. Bush 대통령은 자신의 직업을 "결정권자"라고 표현해 많은 비난을 받았다. 하지만 그의 말에는 그 직업에 관한 심오한 의미가 담겨 있다. 트루먼Harry S. Truman 대통령이 책상 위에 올려둔 명패에 적혀 있던 "모든 책임은 여기서 멈춘다"라는 말도 결국 같은 뜻이다. 백악관에는 모든 쉬운 결정과 대부분의 어려운 결정을 내리는 전문가로 구성된 기구가 있다. 그래서 대통령의 책상에 당도하는 결정은 잔인하고 이길 수 없는 결정뿐이다. 당신도 살다 보면 그런 결정을 내려야 한다. 게다가 당신에게는 덜 까다로운 결정을 내려줄 참모도 없다. 그러니 어떻게 결정을 내릴지, 어떻게 더 나은 결정을 내릴지 생각해볼 필요가 있다.

말하자면 당신은 잘못된 결정보다는 옳은 결정을 더 많이 내리고 싶을 것이다. 본능은 생존과 번식을 돕는 훌륭한 안내자 역할을 한다. 하지만 이 복잡한 세상에서는 감당하기 어려울 만큼 많은 시험이나 보상을 마주하게 된다. 나는 내가 원하는 삶의 방식을 정의하고 내 생각을 걸러내는 렌즈 역할을 해줄 일련의 가치관, 즉 체계가 필요하다는 사실을 깨달았다.

- 내게는 자본주의의 시장 경쟁이 중요한 원리다. 무엇이 가장 큰 가치를 창출하는가? 내 생각과는 다르더라도 가장 성공적인 행동은 무엇일까?
- 내 감정이 하는 이야기에 귀 기울이되 그런 감정의 지시를 따르지 않는 법도 배웠다. 육감은 유용하다. 하지만 잠재의식에서 솟구치는 지혜와 불안 버튼을 눌러대는 편도체의 속삭임을 구별해야 한다. 물론 탐욕(욕망) 버튼도 주의해야 한다. 탐욕에 사로잡히면 정말 큰 실수를 저지를 수도 있다.
- 뒤에서 설명하겠지만 중요한 결정을 내릴 때는 다른 사람의 의견에 귀 기울이는 것이 중요하다.
- 마지막으로 가장 중요한 결정을 내릴 때는 나도 언젠가 죽는다는 사실을 떠올리려고 노력한다. 스토아학파 철학자들은 '당신도 언젠가 죽는다는 사실을 기억하라'는 뜻의 '메멘토 모리Memento mori'를 강조했다. 암울하게 들리는가? 그렇지 않다. 나는 무신론자고 죽으면 그것으로 끝이라고 믿는다. 멕시코 화가 프리다 칼로Frida Kahlo는 "나의 퇴장이 영광스러웠으면

좋겠다. 하지만 다시 돌아오고 싶지는 않다"라고 말했다. 죽음이 가까워졌다고 상상하면 인생을 돌아보고 평화를 안겨줄 결정을 내리는 데 도움이 된다. 종국에 나는 내가 감수한 위험에서 비롯된 문제보다 감수하지 않고 회피한 위험 때문에 더 화가 날 게 틀림없다.

우리는 여전히 많은 잘못된 결정을 내릴 것이다. 하지만 그렇기 때문에 인생을 살아가면서 반드시 익혀야 할 중요한 기술 중 하나가 실수를 처리할 방법을 알아두는 것이다. 어렸을 때 나는 어떤 결정이든 리더십과 설득으로 옳게 만들 수 있다고 믿었다. 내가 끝내주는 사람이라고 믿었기 때문에 최선의 결정을 내리는 것보다 내 결정이 옳다는 걸 증명해 보이는 데 더 집중했다. 물론 결정을 빨리 내리면 좋다. 빠른 속도는 잘못된 방향도 어느 정도 보완해준다. 하지만 단호한 결단력은 경로 수정 기피로 이어진다. 사람들은 원칙을 중요시하기 때문에 이런 결과가 뒤따른다고 흔히 착각한다. 그렇지 않다. **당신의 결정은 안내서이자 행동 계획일 뿐 동반 자살 협정이 아니다.** 새로운 데이터나 설득력 있는 관점, 통찰력이 생기면 기꺼이 경로를 수정하고 마음을 바꿔야 한다. 잘못된 길에서 한 걸음 물러서면 올바른 길로 한 걸음 더 나아갈 수 있다.

최근 중소기업을 성공적으로 키워낸 한 사업가가 내게 최후의 승자는 가장 좋은 결정을 내린 사람이 아니라 가장 많은 결정을 내린 사람이라고 말했다. 많은 결정을 내리면 그만큼 더 많은 피드백을 얻고 결국 좀 더 나은 결정을 내리게 된다. 모든 결정은 방향을 수정할 기회이며 더 많은 결정을 내릴수록 잘못된 결정이 문제를 초래할 가능성이 줄어든다. 올바른 결정이 쌓이면 자신감이 커지고 잘못된 결정이 쌓이면 상처가 커진다.

끈끈한 공동체 구축하기

다른 사람이 필요하고 그들에게 투자해야 한다는 사실을 외면했던 실수는 오랫동안 내 발목을 잡았다. 공동체는 가족부터 멘토, 업무상 인간관계 그리고 무수히 많은 판매회사, 파트너, 직원, 매일 마주칠 불특정 다수까지 여러 층으로 이뤄져 있다. 내가 아는 가장 성공한 사람들은 공동체를 통해 엄청난 가치를 창출하고 더 많은 것을 돌려준다.

인격이 훌륭한 사람에게 공통으로 나타나는 특성이자 성공에 도움이 되는 특성은 상호의존성interdependent을 제대로 이해하고 믿는 것이다. 코비는 《성공하는 사람들의 7가지 습관》에서 사람은 의존성, 독립성, 상호의존성을 통해 다른 사람과 관계를 맺는다고 설명한다. 하지만 독립성은 유지하기도 어렵고 장기적으로 생산적이지도 않다. 게다가 이기심으로 쉽게 변질되는 탓에 오히려 독이 되기도 한다. 코비는 성공한 사람들이 발전시키는 관계를 **상호의존성**이라고 표현한다. 스토아철학 용어로는 '심파테이아 sympatheia'라고 하는데 아우렐리우스는 "모든 것은 서로 엮여 있고 서로 공감한다"라고 설명하면서 그러므로 "다른 사람이 네 팔다리인 것처럼, 그들이 너의 연장인 것처럼 대하라"라고 썼다.

바보같이 굴지 말라

우리 행동은 우리 자신과 주변 사람에게 영향을 미친다. 양쪽 모두에 도움이 되는 행동을 하려고 노력하자. 이탈리아 역사학자 카를로 치폴라Carlo Cipolla는 저서 《인간의 어리석음에 관한 법칙》에서 이 둘의 특성과 우리가 미치는 영향을 가로와 세로 각각 두 칸으로 이뤄진 사분면으로 나타냈다.

치폴라는 왼쪽 아래 사분면에 속하는 어리석은 사람을 '다른 사람에게 손해를 끼치면서 그 어떤 이익도 얻지 못하거나 심지어

치폴라의 어리석음 사분면

무력한 사람	총명한 사람
자신이 부사가 되지 못해도 사회에 기여한다 (예: '굶주린 예술가')	자신과 공익을 위해 지성을 발휘한다
어리석은 사람	무임승차하는 사람
자신과 사회에 파괴적인 영향을 미친다	사회에는 쓸모없으면서 사회가 주는 이익은 누릴 정도로 약삭빠르다

(세로축: 사회에 돌아가는 이익 / 가로축: 우리 자신에게 돌아오는 이익)

스스로 피해를 입기도 하는 사람'으로 정의한다. 우리는 언제나 어리석은 사람의 숫자를 과소평가한다. 누군가가 어리석을 확률이 다른 특징이나 자격(예: 박사 학위 소지자, 대통령 등)과 무관하다는 사실을 모르기 때문이다. 우리(어리석지 않은 사람)는 어리석은 사람들과 그들의 행동 때문에 피해를 입기 쉽다. 합리적인 구조나 예상 가능한 움직임이 없는 공격을 상상하고 이해하거나 합리적인 방어책을 마련하기가 어렵기 때문이다. 독일 시인 프리드리히 실러Friedrich Schiller의 말처럼 "어리석음에 맞서는 신들도 헛된 싸움을 한다".

어리석은 사람이 있다는 사실을 인정하고 어리석은 사람이 되지 않도록 노력하자. 동시에 실제로 존재할 뿐 아니라 고귀하기까지 한 '총명'한 사람이 되기 위해 노력하자.

혼자서는 위대해질 수 없다

사람들은 흔히 부자라고 하면 〈심슨가족The Simpsons〉에 나오는 몬티 번스Monty Burns처럼 누군가를(혹은 수많은 누군가를) 속여 부를 일구는 교활하고 정직하지 못한 사람을 떠올린다. 하지만 내경험에 미뤄보면 반대 경우가 훨씬 더 흔하다. 대부분의 부자는 인격이 고매한 사람들이다. 보통 타인에게 자비롭고 열심히 일하며 소비와 사치를 자제하고 원칙을 지킨다. 놀랄 필요는 없다. 강직한 인격은 부를 축적하는 데 가속기가 돼준다.

예외 없는 규칙은 없다는 걸 보여주듯 인격이 형편없는데도,

심지어 그걸 적극 활용해 부를 쌓는 사람도 있다. 하지만 이들의 선례를 따를 이유가 없다. 게다가 제대로 인격을 갈고닦지 않은 채 부를 일군 사람은 방향성을 잃고 부까지 잃는 경우가 많다. 실수를 저지르기 시작했을 때 지원을 받을 관계망이 없을 뿐 아니라 그들을 바로잡아줄 진정한 친구도 없기 때문이다. 사실 이들 주위에는 아첨꾼이 득실댈 가능성이 크다. 인격은 부를 창출하는 데 도움이 될 뿐 아니라 부를 지키는 데도 무엇보다 중요하다.

유대 관계와 보호책을 찾으라

다른 사람을 위해 봉사할 기회를 찾아야 한다. 대부분의 사람에게 가장 깊고 강력한 유대감을 주는 존재는 가족이다. 모르몬교도는 전통적으로 소득 일부(혹은 재산 일부)를 교회에 헌금으로 내놓는다. 이는 당신이 하는 일을 숭고한 목적과 직접적으로 연결함으로써 강력한 동기를 부여해준다. 내 경험상 좀 더 숭고한 목적을 갖고 일을 하면 좀 더 많은 돈을 벌기 때문에 10퍼센트를 헌금으로 내놓더라도 얼마든지 보상받는다. 민주주의는 지도사가 유권자를 위해 봉사하게 하고 기업은 CEO가 주주의 이익을 위해 일하게 한다(이론적으로는 물론 실제로도 상당 시간을 할애한다).

이런 원리는 성공할수록 더욱 중요해진다. 어떤 분야에서든 성공하면 권력이 뒤따른다. 다른 사람의 경력을 좌지우지하는 권력, 세상을 바꾸는 권력이 생긴다. 권력은 비용은 경시하고 보상은 과장하는 마약이나 다름없다. 권력 있는 사람은 그렇지 않은 사람보다 좀 더 본능에 따라 행동하는 경향이 있다. 이는 직장 내 성희롱의 원인이 되기도 한다. 권력은 성적 흥분에 무의식적인 영향을 미친다. 성폭행이나 성추행을 저지르는 사람에게서 흔히 보이는 공통점은 자신들이 다가가면 상대가 좋아할 것이라고 믿는다는 것이다. 실제로 권력은 사람을 도취시킨다.

해독제는 타인을 위한 봉사에 자신을 바치는 것이다. 개인적인 봉사(자녀 양육)일 수도 있고 기관(교회)이나 조직(이사회)에 의한 봉사일 수도 있다. 영화 〈월스트리트Wall Street〉에서 탐욕의 화신으로 등장하는 고든 게코Gordon Gekko는 후배에게 "친구가 필요하면 개나 한 마리 들여"라고 말한다. 게코가 얼마나 이기적인 인물인지 보여주는 훌륭한 대사다. 하지만 동시에 훌륭한 조언이기도 하다. 개가 충성스럽거나(물론 그렇다) 애정이 많아서(이것 역시 사실이다)가 아니라 개에게 당신이 필요하기 때문이다.

고문단을 꾸리라

우리를 지켜주는 존재는 언젠가 사라질 날이 온다. 그러니 비공식적 길잡이인 고문단, 즉 키친 캐비닛kitchen cabinet을 마련해둬야 한다. '키친 캐비닛'이라는 용어는 정부 소속이 아닌, 믿을 만한 소수의 고문을 종종 만났던 앤드루 잭슨Andrew Jackson 대통령 시절에 생겼다. 이 발상은 거의 모든 성공한 리더에게 친숙하다. 조직의 공식 구조 밖에서 어떤 이해관계에도 얽매이지 않고 솔직하게 조언하는 사람들로 구성된 집단이기 때문이다.

경력을 쌓아나가는 동안 기를 북돋워주는 동시에 현실감각을 주는(앞에서 설명했듯이 스스로 솔직해져라) 사람들로 구성된 키친 캐비닛을 꾸려야 한다. 이들은 당신이 신뢰하는 인물, 당신에게 돌아갈 최선의 이익을 염두에 두는 인물, 당신이 어리석은 행동을 할 때 주저하지 않고 말할 수 있는 인물이어야 한다. 키친 캐비닛을 꾸려두면 경력에 관한 조언이나 업무나 개인적 결정과 관련한 또 다른 의견, 통상적인 아이디어 소통 창구가 필요할 때 도움을 청할 수 있다.

키친 캐비닛 구성원이 경험이 풍부하고 똑똑한 사람이라면 더할 나위 없이 좋다. 하지만 똑똑함이 그들이 갖춰야 할 첫 번째 덕목은 아니다. 이들의 가장 큰 가치는 그들이 당신이 아니라는 점이다. 병 안쪽에서는 바깥쪽에 붙은 라벨을 제대로 읽을 수 없다. 키친 캐비닛 구성원은 당신이 얼마나 재능이 뛰어나고 얼마나 열심히 노력하든 자력으로는 결코 얻을 수 없는 것, 즉 다른 관점을 보여준다. 조언을 구했다고 반드시 그 조언을 받아들여야 하는 것은 아니다. 보통 조언의 가장 큰 가치는 그들이 제시한 대안이 아니라 거기에서 얻는 질문에 있다. 다시 말해 압박면접처럼 당신의 논리가 옳은지 시험해보는 것이다.

나는 가장 이기적으로 행동하던 시절에도 항상 다른 사람의 조언을 소중하게 여겼다(항상 따르지는 않더라도). 내가 신뢰하고 나를 잘 알며 내가 듣고 싶은 이야기가 아니라 진심으로 자신의 생각을 들려줄 사람을 모았다. 그동안 얻었던 가장 귀한 조언 중 일부는 '무엇을 해야 하는지'가 아니라 '무엇을 하지 말아야 하는

지'에 관한 것이었다. 나는 살면서 바보 같은 짓을 참 많이도 저질 렀다. 하지만 누군가 "저기, 하지 않는 게 좋을 것 같아"라고 말해 준 덕에 15중 추돌을 여러 차례 피할 수 있었다.

넉넉하게 보답하라

대체로 옳은 일을 하기는 어렵다. 배신을 당한 뒤 감정적 반응을 관리하거나 생산성이 심각하게 떨어진 팀을 관리하는 일은 우리의 인격을 채찍질하는 가혹한 시련이다. 하지만 옳은 일을 하는 것이 사실 더 쉽다. 너무 쉬워서 그 기회를 간과할 수도 있다. 그건 커다란 실수다. 쉽게 할 수 있을 만한 상황에서 옳은 일을 하면 관대함, 우아함, 이해심 등 실제로 난관에 봉착했을 때 필요한 습관을 익힐 수 있기 때문이다. 잊지 마라, 당신이 하는 행동이 곧 당신이다.

이를 위해 팁은 넉넉하게 줘야 한다. 여기서 팁이란 말 그대로 서비스를 받은 대가로 지불하는 금전적 보상뿐 아니라 좀 더 큰 의미에서의 팁도 포함한다. 식당, 호텔, 병원, 우버Uber 기사, 심지어 가장 힘든 서비스를 제공하는 곳인 공항에서 만나는 모든 사람에게 친절을 베풀어야 한다. 우리는 서비스 경제에 살고 있으며 하루에도 몇 번씩 서비스업 종사자와 마주친다. 이들과의 모든 상호 작용은 미덕을 실천하고 좀 더 나은 인격을 기를 수 있는 기회다. 형편없는 카페라테를 마셨거나 중복 예약된 경우 어떻게 행동할지는 당신 선택이다. 불편을 끼쳤다는 이유로 짜증을 내며 벌을 줄 수도 있고 우아한 태도로 모든 사람의 하루를 조금 더 낫게 만들 수도 있다.

친절하게 굴면 스트레스 호르몬 분비가 줄어들고[16] 더 행복해진다. 다른 사람을 위해 돈을 쓰면 건강한 식단을 유지할 때만큼이나 혈압이 내려간다. 타인을 위하는 이타심은 말 그대로 진통제 역할을 한다. 그러니 감자튀김을 다시 주문한 다음 요리사에게 20달러를 주면 모두에게 득이 된다. 나는 과학 애호가다.

부자 친구를 사귀라

우리는 어린 시절부터 모방을 통해 학습한다. 우리 잠재의식은 주변 사람의 행동을 끊임없이 관찰하고 그에 따라 우리 자신의 행동을 정립한다. 우리는 함께 어울리는 사람들에게서 많은 영향을 받는다. 이 말의 의미는 분명하다. 우리는 잠재의식에 가장 좋은 본보기가 될 만한 사례를 제공해야 한다.

뇌는 우리가 하는 일을 다른 사람이 하는 일과 연결 짓도록 설계돼 있다. 이른바 거울 뉴런mirror neuron은 **우리가** 직접 특정 행동을 하거나 **다른 사람이** 그 행동을 하는 것을 관찰했을 때 모두 발화되는 명확한 생물학적 회로다(다른 사람이 특정 행동을 하는 모습을 상상하기만 해도 발화될 수 있다). 사회적 동물인 우리는 끊임없이 다른 사람을 벤치마킹하고 다른 사람에게서 배우며 행동을 집단 규범에 맞게 조정한다. 심지어 뭔가를 먹고 있는 사람과 같이 있으면 더 많이 먹게 된다.[17]

인간은 모방 능력이 매우 뛰어난 생명체다.[18] 모방은 인간이 유년기에 학습하는 주된 수단이며 성인이 된 후에도 지속된다. 사실 성인이 다른 사람의 행동을 무의식적으로 모방하는 경향이 더 강하다는 근거도 있다. 아이들은 문제를 해결하거나 보상을 얻는 데 도움이 될 행동만 모방할 만큼 똑똑한 반면 성인은 교사의 독특한 버릇까지도 맹목적으로 모방한다. 돈을 대하는 행동도 마찬가지다. 젊은 성인 78퍼센트는 의식적으로 친구들의 금융 습관을 모방한다[19]고 답했다. 실제 수치는 100퍼센트에 가까울 거라고 본다.

많은 과학 분야에서 그렇듯 이번에도 철학이 먼저였다. 2000년 전 세네카는 이렇게 적었다. "당신을 더 나은 사람으로 만들어줄 것 같은 사람과 어울려라. 당신을 더 나은 사람으로 발전시킬 수 있는 이들을 환영하라. 이 과정은 상호적이다. 인간은 가르치면서 배운다."

이 책에는 논란의 여지가 있는 다양한 조언이 있는데 세네카의 가르침이 그중 하나다. 사람들을 특히 짜증 나게 하는 것은 내 발목을 잡는 인간관계에서 우아하게 벗어나야 한다는 필연적 결과다. 분명히 말하지만 어린 시절 친구를 모두 정리하거나 은행 계좌만을 기준으로 누군가와의 관계를 끊어야 한다는 뜻은 아니다. 오래된 관계에는 다른 어떤 방법으로도 복제할 수 없는 고유한 가치가 있다.

진정한 우정은 선물이다. 하지만 불편한 진실은 한때 굳건했던 우정도 독이 될 수 있다는 것이다. 모든 사람이 미성숙하고 흥미를 좇는 이기적인 삶에서 벗어나 성장하진 않는다. 거의 모두에게는 그러지 못한 친구가 있다. 이는 당신이 모방하려는 행동이 아니며 고등학교에서 같은 반이 된 친구나 첫 직장에서 만난 동료와 어울릴 의무 같은 건 없다. 스토아학파 철학자 에픽테토스 Epictetus는 이렇게 표현했다. "무엇보다 이것을 주의하라. 과거 지인이나 친구에게 지나치게 얽매여 그들 수준으로 끌려 내려가지 말라. 그렇지 않으면 파멸할 것이다. (중략) 이들에게 사랑받으며 같은 사람으로 남는 것과 이들을 잃더라도 좀 더 나은 사람이 되는 것 중 하나를 택해야 한다. (중략) 둘 모두를 손에 쥐려고 하면 발전할 수도, 한때 가졌던 것을 지켜낼 수도 없다."

부유한 사람을 만나 교류하면 부를 얻고 살아가는 데 도움이 되는 행동 모델을 얻을 수 있다. 만약 나처럼 부유하지 못하거나 부를 접할 수 없는 환경에서 자랐다면 특히 그렇다. 부자는 다른 부자와 잘 아는 경향이 있으며 이런 네트워크는 매우 중요하다. 인맥에 지나친 기대를 하는 경우도 많다. 능력이나 노력 부족을 인맥만으로 메꾸기엔 충분치 않다. 하지만 인맥이 있으면 그걸 활용할 기회도 늘어난다.

다만 부유한 친구가 해주는 투자 이야기는 주의해서 들어야 한다(사실 투자 이야기를 하는 모든 사람에게 해당하는 말이다). 사람은 누구나 손실보다 성공에 관해 이야기할 가능성이 훨씬 크다. 그러니 투자에 관한 대화를 하다 보면 당신이 돈을 벌지 못한 유일한 사람이라고 생각할 가능성이 크다. 다른 사람의 성공을 통해 배우되 그들 역시 손해 봤다는 사실을 기억하자.

돈에 관해 이야기하라

일단 관계를 맺었다면 돈에 관한 이야기를 나누자. 부유한 사람(고용주들도)은 돈에 관해 이야기해서는 안 되며 그건 무례하다고 생각한다. 말도 안 되는 소리다. 우리는 자본주의 사회에 살고 있으며 원하든 원치 않든 돈은 우리 사회를 지탱하는 운영 체계다. 물론 돈 있는 사람은 다른 사람이 돈 이야기 하는 것을 반기지 않는다. 이야기하다 보면 뭔가를 배울 수 있기 때문이다.

음악가는 음악에 관해 이야기하고 프로그래머는 코드에 관해 이야기하며 골퍼는 골프에 관해 이야기한다(정말이지 끊임없다. 골프를 포기한 걸 후회하지 않는 이유다). 우리는 모두 좋든 싫든 자본주의자인데 돈에 관해 이야기하지 말아야 할 이유가 있을까? 돈에 관해 이야기하면 보상 정보를 수집하고 세금 감면 전략을 수정하고 예산 수립 능력을 벤치마킹하고 비상 계획을 검증할 수 있다. 돈 이야기를 일상화해서 돈을 더 잘 다루길 바란다.

가장 중요한 관계

인생에서 가장 중요한 경제적 결정은 무엇을 전공할지, 어디에서 일할지, 어떤 주식을 매수하거나 어디에서 살지 같은 게 아니다. 누구와 함께할지가 가장 중요하다. 배우자와의 관계는 인생에서 가장 중요한 관계며 경제적 궤적에 지대한 영향을 미친다.

경제적 관점에서 결혼을 하고 유지하는 것은 당신이 할 수 있는 가장 유익한 일 중 하나다. 기혼자는 미혼자보다 77퍼센트 더 부유하다.[20] 결혼 상태가 1년씩 연장될수록 순자산이 16퍼센트 증가한다. 기혼자는 미혼자보다 수명이 길고[21] 통계적으로 더 행복하다. 여기에는 여러 가지 이유가 있다. 하지만 내가 공감하는 이유는 배우자가 있으면 책임감을 느끼게 되고 책임감은 곧 성공의 열쇠라는 점이다. CEO가 이사회와 주주들에 대한 책임을 지듯이 배우자는 당신이 원하는 곳에 도달할 수 있게 도와주는 존재다. 당신의 성공에 가장 많은 것을 건 사람이 바로 배우자이기 때문이다. 내가 아는 가장 성공적인 관계를 보면 서로가 배우자의 기대에 부응하는 삶이 중요하다는 사실을 받아들이고 있었다.

하지만 중요한 결정이 늘 그렇듯 부부 관계에도 위험이 있다. 당신이 취할 수 있는 최악의 경제 행동은 이혼이다. 평균적으로 미국에서는 부부가 이혼하면 남성과 여성 모두 재산이 4분의 3 정도 줄어든다.[22]

결혼을 잘하는 것은 다방면의 일생일대 프로젝트다. 하지만 돈은 우리가 생각하는 것보다 더 큰 문제다. 미국에서 남녀를 막론하고 이혼을 초래하는 가장 큰 요인은 외도나 육아, 경력 문제가 아니라 재정 문제다. 돈은 미국 부부 사이에서 두 번째로 많은 다툼을 초래하는 주제다(첫 번째는 어조나 태도다).[23] 재정적 어려움을 겪는 미국인 절반은[24] 이런 문제가 배우자와의 친밀감에 부정적인 영향을 미친다고 말한다. 생활비 부족은 부부 관계에 가장 큰 영향을 미치는 하나의(혹은 유일한) 원인이다. 미국 저소득층 이혼율이 훨씬 높은 것도 이런 이유 때문이다.[25] 당신보다 돈을 좀 더 잘 아는 사람과 결혼하는 것은 엄청난 이점이 될 수 있다(참고: '돈을 좀 더 잘 안다'는 것은 천박하다는 뜻이 아니다). 돈을 당신보다 잘 모르는 사람과 결혼해도 괜찮다(전체 기혼자 중 절반이 그러고 있다). 하지만 그렇다는 현실을 직시해야 한다. 내게는 놀랄 만큼 돈을 잘 버는 친구가 있다. 하지만 그 친구의 배우자는 병적일 정도로 돈을 쓴다. 농담이 아니라 저녁 파티 장식용 꽃을 사는데 1500달러쯤은 거뜬하게 지출한다. 두 사람은 돈 관리 문제로 결국 헤어졌다. 돈은 두 사람 모두에게 불안의 원인이었다. 돈과의 건강하지 못한 관계는 다양한 형태로 모습을 드러내 관계를 좀먹을 수 있다.

관계를 시작할 때부터 돈 문제에 현실적으로 접근해야 한다. 결혼에는 여러 측면이 있다. 그중 하나가 경제적 계약이다. 다시 말해 돈에 관한 이야기를 나눠야 한다는 뜻이다. 돈을 터부시하는 행태는 최악의 사회규범 중 하나일 수도 있다. 함께 자리를 잡고 앉아 좀 더 거시적인 대화를 나눠야 한다. 우리는 돈을 어떻게 대하는가? 우리 삶에서 이를 확인해주는 증거는 무엇인가?(돈을 어떻게 대하고 싶은지 따져보는 게 아니기 때문이다.) 경제적으로 어떤 부류에 속하고 싶은가? 그 정도 경제 수준을 유지하는 데 두 사람이 어떤 기여를 하고 있는가?(가장 중요한 기여 중에는 돈과 관련 없는 것도 있다.) 특히 상황이 좋지 않을 때 소통하는 것이 중요하다. 이사회를 상대할 때와 마찬가지로 나쁜 소식도 괜찮다. 안 괜찮은 것은 갑작스러운 소식이다.

Part 1 Review | **실행 방안**

- **행동과 의도를 일치시키라.** 경제적 안정은 지적 활동의 산물이 아니라 행동 패턴의 결과다. 계획을 세우는 것만으로는 목표에 도달할 수 없다. 당신의 행동이 곧 당신이다.
- **장기적 관점에서 인격을 갈고닦으라.** 의도와 행동을 일치시키는 데 무엇보다 중요한 것은 인격이다. 인격은 인간의 태생적 약점과 그 약점을 악용하는 자본주의의 유혹에 맞서기 위한 방어책이다.
- **속도를 늦추라.** 아침을 거르거나 모욕에 대꾸하는 등 매일 무의식적으로 내리는 몇 가지 결정에 신경 써야 한다. 행동하기 전에 "통제권은 내게 있으며 내 반응은 내 선택이다"라고 자신에게 이야기하라.

- **감정 반응을 인정하라.** 분노, 수치심, 두려움 같은 감정을 부정하면 안 된다. 이런 감정은 자연스럽고 건강하다. 하지만 그 감정이 당신의 행동을 결정하게 두진 말라. 감정을 분출해야 할 때도 있다. 순간의 감정을 따르기보다 하루 단 한 번이라도 "이건 내가 통제할 수 있어. 내 반응은 내가 선택해"라고 말하며 스스로 옳다고 생각하는 행동을 해보자.
- **습관을 훈련하라.** 하고 싶은 행동을 파악한 다음 본능적으로 그 행동을 할 수 있도록 습관을 훈련해보자.
- **그냥 하라.** 분석의 함정에 빠지지 않도록 주의해야 한다. 계획을 실행으로 착각하면 안 된다. 이론을 세우면서보다 일찌감치 시도하고 실수하면서 좀 더 많은 것을 배우며 발전할 것이다.
- **보상을 추구하되 보상에 의존하지 말라.** 당신에게는 동기가 필요하며 돈, 지위 같은 보상은 강력한 동기가 된다. 하지만 언제나 좀 더 큰 집, 좀 더 독점적인 클럽은 존재한다. 더 많은 돈을 벌수록 돈의 가치는 줄어든다. 이런 보상만이 행복을 안겨줄 거라 기대하지 말라.
- **운의 역할을 인정하라.** 우리 대부분은 긍정적 결과 앞에서는 지나칠 정도로 자신의 공이 크다고 생각하고, 부정적 결과 앞에서는 지나치게 환경을 탓한다. 어떤 사람은 반대로 생각한다. 개인 성향을 인지하고 결과를 평가할 때 이를 고려해야 한다.
- **땀을 흘려라.** 규칙적인 운동과 건강, 성공과 행복의 상관관계는 부정할 수 없다. 체력을 단련하기 위해 시간을 투자하면 결국 일의 생산성이 높아져 더 많은 시간을 확보할 수 있다. 그러니 무거운 것을 들어 올리고 달리고 움직여라.

- **올바른 결정을 내리라.** 의사결정 과정을 인식하고 좋은 결정과 나쁜 결정을 검토한 다음 둘 다를 통해 교훈을 얻자. 최후의 승자는 가장 좋은 결정을 내린 사람이 아니라 가장 많은 결정을 내린 사람이다. 많은 결정을 내리면 그만큼 더 많은 피드백을 얻고 결국 좀 더 나은 결정을 내릴 수 있다. 모든 결정은 방향을 수정할 기회이며 더 많은 결정을 내릴수록 잘못된 결정이 문제를 초래할 가능성이 줄어든다.

- **어리석게 굴지 말라.** 어리석은 사람은 자기 자신뿐 아니라 공동체에도 해를 끼친다. 인간관계가 탄탄하고 생태계가 건전해야 성공한다.

- **유대감과 조언을 구하라.** 당신을 지탱해줄 뿐 아니라 행동에 다른 관점을 제시하는 사람과 조직을 인정하고 소중하게 여기라. 부와 권력을 얻을수록 진짜 생각을 확실하게 말해줄 사람이 줄어들기 때문에 이들의 역할이 더욱 중요하다.

- **넉넉하게 보답하라.** 다른 사람에게 친절하게 굴면 스트레스 호르몬 분비가 줄어들고 더 행복해진다. 다른 사람을 위해 돈을 쓰면 건강한 식단을 유지할 때만큼이나 혈압이 내려간다. 타인을 위하는 이타심은 말 그대로 진통제 역할을 한다. 더 나은 서비스를 받을 것이고 기분이 더 좋아지며 더 오래 살 것이다.

- **부자 친구를 사귀라.** 부자는 돈과 함께 살아가는 본보기를 보여주며 기회를 제공하고 좀 더 큰 야망을 갖게 해준다. 부자는 다른 부자와 잘 아는 경향이 있으며 이런 네트워크는 매우 중요하다. 물론 능력이나 노력 부족을 인맥만으로 메꾸기엔 충분치 않다. 하지만 인맥이 있으면 그것을 활용할 기회도

늘어난다.

- **돈에 관해 이야기하라.** 좋든 싫든 돈은 우리 사회를 뒷받침하는 운영체제다. 돈에 관한 이야기를 당연하게 받아들이라. 회피하기에는 너무 중요한 문제다. 돈에 관해 이야기하면 보상 정보를 수집하고 세금 감면 전략을 수정하고 예산 수립 능력을 벤치마킹하고 비상 계획을 검증할 수 있다. 이를 통해 돈을 더 잘 다룰 수 있기를 바란다.

- **배우자와의 관계에 투자하라.** '누구와 함께, 한 팀으로 인생을 살아갈 것인가'가 당신이 내릴 수 있는 가장 중요한 결정이다. 또 배우자는 당신 인생에서 가장 중요한 관계다. 결혼은 경제적 성취에 도움이 되지만 결혼을 유지하려면 노력과 지속적인 관심이 필요하다.

집중력

+

(금욕 × 시간 × 분산)

Part 2

집중력

우리의 집중력이 우리를 정의한다. 뇌는 매 순간 감각과 잠재의식이 만들어내는 방대한 데이터를 처리한다. 의식, 즉 우리의 자아감sense of self은 거의 모든 데이터를 무자비하게 외면한다. 매 순간 우리는 단 한 갈래의 생각을 좇고 자극의 좁은 흐름을 관찰한다. 집중력이란 무엇에 주의를 기울일지 선택하는 것이다.

매주, 매년 사회는 우리에게 각종 유혹과 공포, 더 푸른 초원과 갈림길을 제시한다. 우리 삶은 우리가 한 선택의 산물이다. 우리는 목표 없이 방황하다가 어떤 해에는 우연히 성공하고 다음 해에는 길을 잃을 수도 있다. 혹은 신중함과 유연성을 갖추고 의도적으로 나아갈 길을 선택할 수 있다. 우리는 의식할 수 있다. 다시 말해 집중할 수 있다.

경제적 안정을 이루려면 수십 년에 걸쳐 꾸준히 노력해야 하며 집중력 없이는 이를 유지할 수 없다. 내 성공은 대부분 내가 통제할 수 없었던 많은 요인이 만들어냈다. 내가 통제할 수 있었던 한 가지는 당신도 할 수 있는 것이다. 바로 열심히 일하는 것이었다. 정말이지 열심히 일했다. 집중력을 갖고 말이다. 열심히 일하면 엄청난 힘이 생긴다. 이 힘은 경력을 발전시킬 수 있게 해준다. 집중력을 발휘하지 못하면 제자리에서 공회전만 할 수도 있다.

집중해야 한다고 잔소리를 늘어놓는 것만으로는 충분하지 않다. 그러니 이 파트에서는 어떻게 집중력을 얻고 발휘할 수 있는지 알려줄 것이다. 특히 에너지의 상당 부분을 사회생활에 집중적으로 투자해야 한다고 생각한다. 앞으로 할 조언은 내 성공과 무수한 실수에서 길어냈으며 동료, 고객, 학생, 친구에게 도움이 됐다. 먼저 진로 방향 선택에 관한 조언에서 시작해 점차 경력 개발에 도움이 되는 통찰력을 얻는 것까지 시간순으로 진행해나갈 생각이다. 직업은 다양하고 끊임없이 변화하지만 이 원칙은 대부분의 영역과 단계에 적용된다.

균형

흔히 모든 것을 가질 순 있지만 한 번에 가질 순 없다고들 한다. 보편적 진리지만 사람마다 이를 경험하는 방식은 다르다. 내 인생은 순차적으로 진행됐다. 20~30대에는 균형이 부족했지만 지금은 제법 균형 잡힌 삶을 살고 있다. 22세부터 34세까지는 경영대학원을 다닌 시간을 제외하면 일한 것 외에 별다른 기억이 없다. 사무실에서 일한 시간, 길에서 보낸 날들, 취소된 계획 그리고 포기한 경험들. 젊은 직업인의 균형감 부족은 결혼 생활과 머리카락 그리고 어쩌면 20대를 잃게 했다. 모두 매우 현실적인 대가였다. 그 뒤에 누린 것들을 생각하면 내게는 그럴 만한 가치가 있었지만 말이다. 다른 선택을 했다면 좋았을 법한 일도 몇 가지 있다. 일을 덜 하는 것은 그중에 없다.

많은 사람이 이런 길을 걷는다. 사실 부모에게 재산을 물려받지 않고 여유 있게 살려면 20년 이상 열심히 일에만 몰두해야 한다. 백만장자 233명을 대상으로 최근에 진행된 연구[1]를 통해 그들의 86퍼센트가 주당 50시간 이상 일한다고 밝혀졌다.

물론 모든 사람이 경력을 발전시키는 데 많은 시간과 에너지를 쏟을 수 있는 것도 아니고 그리고 싶어 하는 것도 아니다. 오랜 시간 열심히 일하지 않고도 경제적 안정을 이룰 (합법적) 방법은 없다고 생각하지만 시간을 최대한 활용하기 위해 당길 수 있는 레버는 있다. 지금부터 시간을 잘 활용하는 방법을 알려줄 생각이다. 근무 시간이 주당 30시간이든 60시간이든 시간을 효율적으로 사용하고 싶을 것이다. 하지만 주당 근무 시간이 30시간에 가깝다면 그 시간을 최대한 활용하는 것이 중요하다.

수용

　업무에 전념할 수 있는 시간에는 우리가 통제할 수 없는 선택과 요인으로 인해 실질적인 제약이 따른다. 여기에 심리적 제약까지 보태진 말라. 다시 말해 중요한 시기(대부분은 20대 초반부터 40대까지지만 반드시 그런 것은 아니다)에 일이 우선순위가 돼야 한다는 사실을 받아들여야 한다. 많은 시간을 일하면서 보내게 될 텐데 정말 내내 억울해만 할 텐가?

　이 파트에서 계속 설명하겠지만 잘하는 일을 직업으로 삼고 충분한 금전적 보상을 얻고 열정을 갖고 점점 더 능숙하게 일을 해내면 일이 중요하다는 사실을 좀 더 쉽게 받아들일 수 있다. 이것이 바로 집중력의 선순환이다. 야근과 주말 근무를 견뎌야 하고 취미 생활을 할 시간조차 빼앗겨 억울하다면(심지어 너무 많은 감정적, 인지적 에너지까지 쏟아부어야 하면) 최선을 다하지 않게 되고 일을 잘할 수도 없으며 무엇보다 나쁜 점은 일을 제외한 나머지 인생도 즐길 수 없다는 것이다. 억울함은 모든 것에 영향을 미치기 때문이다. 당신의 미래 모습이 지금은 실감 나지 않을 수도 있지만 분명 그는 당신의 희생에 감사할 것이다.

　마찬가지로 당신의 본모습을 외면하거나 한계를 억울하게 여기면 안 된다. 사회생활을 하다 보면 인간관계가 돈독하고 건강하며 미국동물애호협회American Society for the Prevention of Cruelty to Animals, ASPCA를 위해 봉사하고 음식 블로그를 운영하고 프로농구 선수로 활약하는 사람을 만날 것이다. 당신은 그런 사람이 아니라고 가정해야 한다(사실 그들도 그렇지 않을 가능성이 크다. 그들이 아무도 모르게 어떤 희생을 치르고 있는지, 어떤 도움을 받고 있는지 절대로 알 수 없다). 나는 내가 그런 사람이 아니라는 사실을 일찌감치 깨달았다. 나도 재능이 있지만 경제적 성공을 위해 열심히 노력하지 않고도 성공할 수 있을 만큼 뛰어나진 않다. (현실적으로) 당신도 마찬가지다. 그러니 한계를 있는 그대로 받아들이자.

유연성

다른 의무에 맞게 업무 시간을 할당하고 마음대로 조정할 수 있으면 더 오랫동안 일할 수 있다. 기술 덕에 지식 노동은 전반적으로 좀 더 유연해졌지만 모두가 동등한 혜택을 받는 것은 아니다. 협업, 관리 역할 그리고 대규모 조직 내 작업 등은 책임이 고정적인 경우가 더 일반적이다. 의뢰인, 환자 혹은 고객과 직접 접촉해야 하는 모든 업무는 본질적으로 유연성이 떨어질 수밖에 없다. 경력에 할애해야 하는 시간이 줄어들수록 유연성은 커진다.

명성이 쌓여도 유연성을 얻을 수 있다. 하지만 명성을 통해 얻은 유연성은 특정 조직 내에서만 유효하니 주의해야 한다. 한 회사에서 5~10년 정도 뛰어난 성과를 내면 (훌륭한) 관리자의 신뢰를 얻고 보통 원하는 대로 일정을 조정하기가 쉬워진다. 하지만 다른 회사로 가면 다시 처음부터 평판을 쌓아야 한다.

직급이 높아지면 훌륭한 관리 능력으로 유연성을 확보할 수 있다. 직장 생활을 하면서 팀원들의 능력을 완전히 믿고 복잡한 업무를 맡기는 것만큼 기분 좋은 일은 드물다(관리는 성격 특성이 아니라 기술이라 얼마든지 학습할 수 있다).

따라서 업무 외적으로 타협할 수 없는 시간을 확보하고 싶다면 개인적 업적을 쌓아나가는 데 도움이 되는 방향으로 경력을 발전시키고 업무를 잘 완수한다는 평판을 쌓고 (조직에 속해 있다면) 관리와 위임을 정말로 잘해내야 한다.

배우자 찾기

효율성을 극대화하는 데 가장 중요한 레버는 적합한 배우자를 찾는 것이다. 가정을 잘 이끌어나가려면 최소 얼마간의 시간과 관심은 고정적으로 쏟아야 하는 만큼 두 사람이 따로 움직이는 것보다 하나의 팀을 이루는 편이 낫다. 그 부담을 누군가와 나누고 싶기도 할 것이다. 물론 아이가 있으면 특히 그렇다. 그럼에도 사람들은 결혼 자체가 경력 개발에 얼마나 도움이 되는지 간과한다.

내가 아는 대부분의 정말 성공한 사람은 파트너가 팀의 일원으로서 가정과 경력에서 다양한 역할을 수행한다. 균형은 단 하루가 아니라 평생에 걸쳐 찾아야 하는 것으로 대부분의 성공적인 부부는 독립적으로 균형을 찾기보다 함께 균형을 맞춰나간다. 당신이 경력을 맡을지, 가정을 맡을지 섣불리 단정 지어선 안 된다. 이는 어느 정도 유연성 문제다. L2 설립 파트너 중 한 명은 남편이 사업을 시작한 덕에 아이들이 어릴 때도 경력(텔레비전 뉴스 분야)을 쌓는 데 전념할 수 있었다. 그의 남편은 업무 시간 동안 많은 일을 처리했지만 시간을 유연하게 활용할 수 있어서 누군가가 학교에 아픈 아이를 데리러 가거나 집에서 손님을 맞이해야 하는 상황이 생겨도 아내인 그가 스튜디오를 떠날 필요가 없었다.

제약의 힘

다른 우선순위가 있더라도 얼마나 많은 일을 하고 끝낼 수 있는지 과소평가하지 말라. 나는 브랜드 전략 컨설팅 기업 프라핏 Prophet을 설립한 후 이를 직접 목격했다. 우리 회사는 처음부터 인력 공급에 애를 먹었다. 고객은 있었지만 우리 역량만큼 빠른 속도로 회사 규모를 키우기에 충분할 만큼 많은 인재를 채용할 수가 없었다. 이유는 분명했다. 경력이 많은 컨설턴트는 갓 경영대학원을 졸업한 대표 밑에서 일하려 들지 않았다. 우리의 (계획에 없던) 해결책은 재취업을 원하는 경력 단절 여성을 고용하는 것이었다. 큰 회사는 유연성 없는 조건을 내걸며 그럴 여유도 있다. 우리는 알려지지 않은 회사고 그러니 좀 더 창의성을 발휘해야 했다. 그래서 조기 퇴근이 가능하고 일주일에 2~3일쯤 재택근무를 해도 좋다는 조건을 내건 덕에 명민하고 노련한 컨설턴트를 채용할 수 있었다.

그들은 가장 생산성 높고 가치 있는 직원이었다. 고객, 하위직으로 구성된 팀, 인지적 업무뿐 아니라 가정에서 주어진 역할까지 많은 것을 관리했다. 그러다 보니 효율적으로 움직일 수밖에 없었다. 마감을 지키지 못한 다른 동료들은 이들만큼 해야 할 일이 많지 않았지만 그것이 오히려 성과를 내는 데 불리한 것으로 드러났다. 그들은 오히려 점심시간을 여유 있게 보내고 책상 앞에서 축구 게임을 즐긴 다음 늦게까지 남아 업무를 처리했다. "일을 마무리하고 싶으면 바쁜 사람에게 맡기라"라는 말이 증명된 셈이다.

모든 것은 집중력으로 회귀한다. 집중력이란 곧 "아니요"라고 말하는 것이다. 스티브 잡스는 CEO로서 자신이 해야 할 가장 중요한 일은 거절하는 것이라고 생각했다. 최고의 자동차를 만들겠다고 다짐한 일론 머스크Elon Musk는 "최고의 부품은 없는 부품"이라는 말을 만트라로 삼았다. 중요한 일에 집중할 수 있도록 당신 삶을 단순화하고 능률화할 방법을 찾아보길 바란다. 그런 다음 그 방법을 따르자.

열정을 따르지 말라

누군가 당신에게 열정을 따르라고 한다면 그건 그 사람이 이미 부자라는 뜻이다. 게다가 그들은 대개 철광석 제련처럼 그다지 매력적이지 않은 산업에서 재산을 모았을 것이다. 당신이 해야 할 일은 잘하는 일을 찾아낸 다음 그 일을 훌륭하게 해내는 데 필요한 수천 시간 동안 투지를 불태우고 희생을 감내하는 것이다. 목표에 도달하면 성장했다는 느낌과 함께 기술 숙련도가 높아지고 경제적 보상과 인정, 동료애가 뒤따르며 '그 일'이 무엇이든 결국 열정을 갖게 된다.

어릴 때부터 "저는 세법에 열정이 생겨요"라고 말하는 사람은 없지만 미국에서 가장 훌륭한 세법 전문 변호사들은 재정적으로 안정돼 있고 원하는 짝을 만날 가능성이 높으며 세법과 관련된 일을 잘하기 때문에 세법에 열정이 생긴다. 싫어하는 일을 훌륭하게 해낼 가능성은 낮지만 숙달되면 열정을 가질 수 있다.

당신이 무엇을 모르는지 당신은 모른다

열정을 따르라는 조언의 가장 나쁜 점은 대부분 실천하기 어렵다는 것이다. 스탠퍼드대학교 심리학자 윌리엄 데이먼William Damon은 26세 미만 응답자[2] 중 인생이 걸린 선택에 영향을 미치는 열정을 명확하게 표현할 수 있는 사람이 20퍼센트에 불과하다는 사실을 발견했다. 다시 말해 우리 다섯 명 중 네 명은 자신이 무엇에 열정이 넘치는지 모르기 때문에 열정을 따르고 싶어도 그럴 수가 없다.

게다가 우리가 '열정을 분명하게 표현'할 수 있을 때조차도 열정은 사회 잣대에 따라 정해지는 경우가 많으며 이는 우리가 타고난 뭔가가 아닌 문화가 우리에게 기대하는 바를 반영한다. 젊은이의 열망을 연구하는 전문가들은[3] 강의실이 어떻게 꾸며져 있는지 같은 요소들로 인해 이들의 열정이 "매우 쉽게 커다란 영향을 받는다"는 사실을 발견했다. 우리 대부분을 인도하는 열정, 즉 수평선 위의 북극성 같은 열정은 타고나는 것이 아니다. 근면을 통해 발견하는 것일 뿐이다.

칼 뉴포트Cal Newport는 《열정의 배신》이라는 책에서 '열정 가설passion hypothesis'을 조목조목 반박했다. 먼저 그는 열정이라는 신화를 널리 알린 유명한 인물, 잡스의 주장을 반박했다. 2005년 잡스는 스탠퍼드대학교 졸업 연설에서 졸업생에게 "사랑하는 일을 찾고" 그 일을 직업으로 삼아야 한다고 조언했다. 유튜브에 올라온 이 연설의 조회 수는 4000만 회를 넘었다. 하지만 뉴포트가 지적하듯 잡스의 경력은 연설에서 한 조언과 상충한다. 잡스는 애플Apple을 창업하기 전 명상, 서예, 과식주의fruitarianism, 맨발 걷기 등 수많은 열정에 사로잡혀 있었다. 잡스가 맨 처음 관심을 가진 기술은 무료 장거리전화가 가능한 기기를 만드는 것이었다(무슨 말인지 모르겠다면 부모님에게 물어보길 바란다). 하지만 잡스가 마침내 찾아낸 천직은 이런 것들과는 아무 관련이 없었다. 그건 바로 다른 누군가, 즉 친구인 스티브 워즈니악Steve Wozniak이 만든 취미용 컴퓨터를 홍보하는 일이었다. 잡스는 사랑하는 일이 아니라 재능을 찾은 것이다. 그는 '마음의 자전거bicycles for the mind'라고 명명한 소비자용 컴퓨터 마케팅에 열정을 쏟게 된다. 그 일을 매우 잘했기 때문이다.

열정을 좇는 삶의 끝은 가난

숙달에 이르는 험난한 여정을 시작하기 전 뭔가에 열정적이어야 한다고 믿으면 열정적인 근로자의 공급이 수요를 훨씬 웃도는 일, 다시 말해 직업보다는 취미[4]에 좀 더 적합한 활동을 하게 된다. 전문 배우 중 연기로 생계를 유지하는 사람은 2퍼센트에 불과하고, 상위 1퍼센트 음악가만이 음원 판매로 전체 소득의 77퍼센트를 벌어들이며, 모든 시각예술가의 절반은 예술 활동으로 벌어들이는 돈이 수입의 10퍼센트가 채 되지 않는다. 디지털 미디어의 등장은 예술의 대중화에 도움을 주리라 기대했지만 오히려 승자 독식 경제를 군건히 했다. 유튜브 채널의 상위 3퍼센트가 유튜브 플랫폼 전체 조회 수의 85퍼센트를 독식하며 크리에이터가 조회 수 기준치(월간 약 100만 회)를 달성하더라도 그 열정으로 연간 1만 5000달러를 벌어들일 수 있을 뿐이다.

엔터테인먼트를 비롯해 겉에서 보기에는 매력적인 산업에서 활동하는 캐스팅 담당자, 프로듀서, 수석 부사장 등 권력을 쥔 소수의 사람들은 미숙한 재능은 저렴하며 끝없이 유입된다는 사실을 잘 알고 있다. 이들은 이미 돈벌이가 되는 스타가 아닌 사람에게 투자하거나 멘토가 돼줄 이유가 거의 없다. 투자은행, 스포츠, 음악, 패션 등 모든 분야가 이 문제로 어려움을 겪는다.

한때 내 고객이었던 샤넬은 전 세계에서 가장 막강한 브랜드 중 하나로 수천 달러의 가격에 총 마진은 90퍼센트 이상이다. 샤넬을 소유한 가문은 억만장자다. 그리고 그들은 무급 인턴을 채용한다. 억만장자가 패션업계에서 일하고 싶어 하는 젊은(대개 그렇다) 여성에게 시간당 7.25달러를 지급할 수 없다고 판단한 것이다. 왜 그럴까? 그래도 일할 사람이 있기 때문이다. "열정을 따르라"라는 말은 라틴어로 "착취당할 준비를 하라"라는 뜻이다.

이 조언은 당신의 열정이 적어도 인생 초기, 잠재적 경력과 잘 맞더라도 어전히 유효하다. 로스쿨에는 미국 드라마 〈로앤오더 Law & Order〉를 보며 자라 변호사를 꿈꿨지만 몇 년만 지나면 그 선택을 후회하며 법조계를 뛰쳐나갈 사람들이 가득하다. 어떤 직업이든 외부에서(혹은 더 최악의 경우 텔레비전에서) 보는 모습이 실제 내부 모습과 일치하는 경우는 거의 없다. 더 나쁘다는 것이 아니라 그저 다르다. 프로 운동선수, 그중에서도 특히 팀 스포츠 선수는 경쟁을 좋아한다. 하지만 경기장 밖에서는 승리가 아니라 동료애, 아무 욕심 없이 집중하던 순간, 연습장에서 동료들과 함께 열심히 일할 때의 유대감 등이 가장 그립다고 이야기할 때가 많다. 우리 같은 팬은 보기 힘든 모습이다.

일은 열정을 망가뜨린다

열정을 좇는 것은 경력 개발뿐 아니라 열정 그 자체에도 나쁜 영향을 미친다. 일은 힘들고 좌절감, 부당함, 실망감을 달고 다닌다. '열정' 때문에 어떤 분야에 뛰어들면 그 열정이 시들해질 수도 있다.《불변의 법칙》을 쓴 모건 하우절Morgan Housel이 말한 것처럼 "사랑하는 뭔가를 스스로 통제할 수 없는 일정에 맞춰 하다 보면 싫어하는 일을 할 때와 같은 기분이 들 수 있다". 제이지는 자신의 열정을 따랐고 억만장자가 됐다. 당신이 제이지가 아니라고 가정하고 열정은 주말에 좇길 바란다.

재능을 따르라

열정과 달리 재능은 실제로 관찰할 수 있고 확인할 수 있다. 재능은 고소득 일자리로 쉽게 전향할 수 있게 해주며 활용할수록 점점 나아진다. 뭔가에 열정이 있으면 그 일을 잘하게 될 수도 있지만 재능이 있으면 반드시 잘하게 된다. 경제학자들은 근로자의 재능과 일자리 간 적합성을 '일치 속성match quality'이라고 표현한다. 이미 여러 연구를 통해 일치 속성이 높은 일[5]을 하는 사람이 더 뛰어난 성과를 내고 더 빨리 발전하며 더 많은 돈을 번다는 사실이 밝혀졌다. 당신이 잘하는 일을 하면 선순환이 일어난다. 성취 속도가 빨라지고 그 결과 자신감이 커지며 훨씬 집중해서 일하게 된다. 뿐만 아니라 보상을 제공하는 신경화학물질이 분비돼 기억력과 기술이 향상됨으로써 두뇌 작용도 더욱 활발해진다.[6] 이 모든 경험이 고되기보다 즐거우므로 매일, 매년 반복해서 하기가 더 쉽다.

"재능"

나는 재능을 폭넓게 정의하고자 한다. 일반적으로 훌륭한 정의는 이렇다. 다른 사람은 어렵다고 하는데 당신에게는 쉬운 일. 사실 재능, 곧 다른 사람은 할 수 없는데 당신은 할 수 있는 일은 비즈니스 전략의 핵심이기도 하다. 사람들은 대개 '재능'이라고 하면 훌륭한 악기 연주 솜씨나 정말 뛰어난 수학 실력 같은 것을 생각한다. 하지만 훨씬 더 광범위한 기술이 직업적 성공에 영향을 미친다.

내가 프라핏 컨설턴트로 가장 먼저 고용한 사람 중 한 명은 코니 홀퀴스트Connie Hallquist였다. 그는 우리 회사에 합류하기 전 프랑스어 학자, 프로 테니스 선수, 외환 딜러로 일했다. 모두 뚜렷하고 분명한 재능을 활용하는 데 도움이 되는 길이었다. 하지만 프라핏에서 일을 시작한 코니는 자신이 진정으로 잘하는 것이 인적자원 관리라는 사실을 깨달았다. 나는 계획을 수립하고 팀원에게 동기를 부여하고 공동의 목표를 향해 나아가도록 모두를 독려하는 일을 코니만큼 능숙하게 해내는 사람을 거의 본 적이 없다. 코니는 그럴 수밖에 없었다. 코니가 입사한 첫 주부터 나는 가능한 한 가장 크고 야심 찬 프로젝트를 팔겠다는 계획을 세운 후 코니에게 그 일을 맡겼다. 그리고 그는 해냈다. 코니는 자기 사업도 시작했고 여러 회사 CEO로도 채용됐다. 테니스나 외환 거래와는 달리 '인적자원 관리'는 확실한 형태가 없는 일인 데다 재능이 있다는 사실을 알아내기도 쉽지 않다. 하지만 이를 확인하고 길러나가면 사람이 가질 수 있는 가장 가치 있는 재능이 된다는 건 틀림없다. 사람들은 흔히 똑똑하고 좋은 사람이 훌륭한 관리자가 된다고 가정한다. 그렇지 않다. 인적자원 관리는 확실한 기술이고 훈련 가능하다. 하지만 대부분의 다른 기술과 마찬가지로 재능을 타고난 사람이 가장 훌륭하게 이를 꽃피운다.

무엇이든 다른 사람은 할 수 없거나 하지 않을 일을 할 수 있다면 그게 바로 당신 재능이다. 대학 졸업 후 얻은 첫 직장인 모건스탠리에서 나는 애널리스트로 일했다. 대부분의 동료는 나보다 일할 준비가 잘돼 있었다. 그들은 자질이 있어 일자리를 얻었지만 나는 우연찮게 그 자리에 앉았다. 나를 뽑은 부서장이 나처럼 대학에서 조정을 했던 사람이라 나도 훌륭한 투자은행가가 될 수 있는 재목이라고 판단한 것이다. 동료들은 금융과 월스트리트 문화를 좀 더 편하게 대했고 '우주의 주인'처럼 구는 상사와 공통점이 더 많았으며 결정적으로 자신들이 왜 거기 있는지 잘 알고 있었다. 나는 폴스처치Falls Church 출신 쳇이나 그리니치Greenwich 출신 섀넌보다 더 나은 투자은행 애널리스트가 될 수 없었다. 하지만 나를 고용한 부사장의 판단이 하나는 옳았다. 대학 조정 팀에 들어가면 새벽 5시에 기상해 토할 때까지 노를 저어야만 했다. 즉, 나는 고통을 견디는 법을 배웠다. 그래서 거기에 의지했다. 쳇과 섀넌이 새벽 2시에 퇴근할 때 나는 사무실에 남아 있었다. 두 사람이 아침 8시에 출근할 때도 나는 여전히 사무실에 있었다. 책상 서랍에 여분의 셔츠를 하나 넣어두고 그 옷을 꺼내 입었다. 화요일마다 아침 9시부터 36시간씩 쉬지 않고 일을 했다. 나는 이걸로 이름을 알렸다. 그리고 그 환경에서는 이런 태도가 높은 평가를 받았다. 다 망쳤는데 유난만 떠는 것처럼 들리는가? 그 판단은 옳다. 내 조언은 "야근을 위한 야근을 하라"는 것이 아니다. 더 자면서도 쳇이나 섀넌과 경쟁할 수 있었다면 얼마든지 그렇게 했을 것이다.

핵심은 다른 사람은 할 수 없거나 하고 싶어 하지 않지만 당신은 할 수 있는 일이 무엇인지 찾아내는 것이다. 열심히 일하는 것은 재능이다. 호기심도 재능이다. 인내심과 공감도 재능이다. 레슬링이나 권투 선수에게는 체급을 맞추는 것도 재능이다. 말을 타는 기수라면 작은 키가 재능이다. 시야를 넓혀 특별한 기술뿐 아니라 장점, 차별점, 견딜 수 있는 점, 독특한 점이 무엇인지 생각해보는 것이 중요하다. 여기에는 시간과 유연성, 자아 성찰이 필요하다.

내 재능 찾기

내 진정한 재능(고통을 견디는 것을 넘어서는)을 찾기까지 오랜 세월이 걸렸고 많은 실패를 겪었다. 컨설팅에서 전자상거래, 헤지펀드까지 다른 사람에게 깊은 인상을 줄 수 있는 일이라면 뭐든 했다. 이런 진로도 모두 내 진짜 재능, 즉 의사소통 능력과 연결돼 있었기에 완전히 틀린 길은 아니었다. 지금 생각해보면 분명히 그렇지만 그때는 그렇게 생각하지 않았다.

38세에 뉴욕대학교 교수진에 합류하면서 나는 재능에 한발 더 가까워졌다. 이때 내 경력이 본격적으로 시작됐다. 15명 앞에서, 다음에는 50명, 그다음에는 300명에 달하는 MBA 2학년 학생들 앞에서 140분짜리 강의를 12번 하면서 마케팅 원리를 설명하는 동안 의사소통 재능을 갈고닦았다. 그 후 주간 뉴스레터(《자비도 악의도 없다》)를 작성하기 시작했고 주간 유튜브 프로그램을 제작했으며 첫 책을 썼고 유료 강연도 시작했고 팟캐스트도 두 개나 개설했다. 그 과정에서 내 재능은 내가 경제적 안정을 이룬 후에도 오랫동안 일할 수 있는 진정한 경력으로 꽃폈다. 읽는 것만큼이나 쓰는 것도 어색한, 내 열정이 된 것이다.

재능을 발견하기 위해 먼 길을 돌아온 시간에도 장점은 있었다. 그중 기업가와 컨설턴트로 일한 경험이 소통할 이야깃거리가 됐다는 것이 가장 큰 수확이다. 하지만 사치스러운 시간이기도 했고 가장 효율적인 길도 아니었다. 당신은 훨씬 더 효율적으로 재능을 발견할 수 있다.

당신의 재능 찾기

그렇다면 재능을 발견하려면 어떻게 해야 할까? 우리는 대개 인생의 첫 20년 정도를 학교에 건다. 하지만 지금의 교육 시스템은 우리가 누구인지보다 우리가 무엇을 만들어낼 수 있는지에 초점을 맞춘다. 요구받지 않는 한 재능은 거의 드러나지 않고 교실에서는 직장에서 활용할 수 있는 재능 중 극히 일부만 나타난다.

다양한 상황, 직책, 조직에 뛰어들어보자. 자원봉사, 학생회, 과제, 스포츠 등 서로 다른 환경에서 재능이 드러난다. 그러니 일찌감치 여러 가지를 탐구하는 것이 좋다. 다시 한번 말하지만 효과가 없는 일, 잘하지 못하는 일을 알아내는 것은 잘하는 일을 알아내는 과정의 일부다. 학창 시절과 사회생활 초기에 이런 탐색이 가장 유용하다. 이 시기에 시간 여유가 있기 때문이다. 20대는 실습하는 시기, 30대는 선택한 분야에서 유능해지는 시기, 40~50대는 결실을 거두는 시기라고 생각하면 도움이 된다.

성격검사도 재능 탐색에 도움이 될 수 있다. 개인적으로 이런 유의 성격검사를 그리 좋아하진 않는다. 이런 검사의 과학적 근거는 제한적이고[7] 논란의 여지가 있다. 하지만 성격검사를 하는 데는 시간이 오래 걸리지 않고 사회생활 초기에는 경로를 약간 수정하거나 변경하는 것만으로 막대한 이익을 얻을 수도 있다. 억만장자 헤지펀드매니저 레이 달리오Ray Dalio는 성격검사를 신뢰하며 자신이 설립한 세계 최대 규모 헤지펀드인 브리지워터 어소시에이츠Bridgewater Associates에서도 활용한다. 브리지워터는 직원의 재능을 더 잘 이해하기 위해 달리오가 '야구 카드baseball card'라고 이름 붙인 도구를 활용한다. 직원들은 야구 카드를 이용해 '창의성', '외향성'을 비롯한 다양한 측면에서 서로를 평가한다. 나는 이것이 너무 멀리 떨어져 있는 가교bridge라고 생각하지만 달리오는 내가 틀린 이유를 2000억(브리지워터가 관리 중인 자산 규모가 이 정도다) 개 이상 댈 수 있을 것이다.

가장 잘 알려진 도구는 MBTI다. MBTI는 일련의 질문을 사용해 네 가지 차원으로 성격을 평가한다. MBTI 점수를 받아 들고 놀라는 사람은 많지 않겠지만 질문에 답하고 결과를 읽는 과정에서 깨달음을 얻을 수 있다. 단순히 알파벳 네 개만 읽는 차원을 넘어 그 유형의 특성을 잘 읽어보라. 또 다른 도구로 좀 더 명쾌하게 재능 파악을 목적으로 하는 갤럽Gallup의 강점 진단Clifton Strengths이 있다. 이 검사는 35개 강점 영역을 찾아낸 다음 평가 검사를 통해 가장 뛰어난 다섯 개 강점 영역으로 범위를 좁힌다.

정형화된 설문지 너머에 있는, 당신의 진정한 재능을 알려주는 증거를 찾아보자. 다른 사람은 당신이 어떤 역할을 맡길 바라는가? 어디에서 성공했고 어디에서 어려움을 겪었는가? 이런 경험의 표면만 살펴보기보다 경력에 적용할 수 있는 더 심오한 재능을 찾는 것이 중요하다. 이런 경험이 왜 그렇게 진행됐는지 질문을 던져야 한다. 근사한 파티를 열었다고 (반드시) 파티 플래너가 돼야 하는 건 아니다. 하지만 이는 당신이 창의적이고 조직적이며 홍보와 판매에 능하거나 기업가적 능력이 있거나 당신이 원하는 것(파티 참석)을 다른 사람이 하게 하는 능력이 있다는 뜻일 수도 있다. 누군가는 이런 능력을 리더십이라고 부른다.

요약하자면 그동안 당신이 이뤄낸 성공(그리고 실패)을 돌아보고 어떤 기술 덕에 그런 결과가 나왔는지 분석해보라. 그다음 각 기술 수준을 스스로 평가해보자. 성공이나 실패 원인은 무엇인가? (당신이 무엇을 못하는지 아는 것은 무엇을 잘하는지 아는 것과 동전의 양면이다.) 열정을 느끼는 대상이 있다면 이유를 분석해보라. 구체적으로 어떤 부분이 마음에 드는가? 아마 재능이 있는 분야일 것이다. 그 재능으로 할 수 있는 다른 일은 무엇인가?

항상 원하는 것을 얻을 수는 없다

불공평하지만 일찍이 품었던 야망에 걸맞은 재능이 있는 경우는 드물다. 비단 어린 시절 가졌던 "다저스 선발 투수가 되고 싶다"라는 식의 꿈만이 아니다. 사회생활 초창기에도 최소한의 데이터만을 토대로 무엇이 되고 싶은지 생각을 발전시켜나가는 경항이 있다. 부모님이 직접 했거나 소중하게 여겼던 일일 수도 있고 친구들이 뛰어난 능력을 발휘하는 일, 대학 졸업 후 어떤 직업이었든 가치 있다고 느낀 일일 수도 있다. 그러면 막상 내 재능이 다른 데 있다는 사실을 받아들이거나 심지어는 이를 깨닫기조차 힘들 수도 있다.

때로 사람들은 바로 옆에 문이 있는데 벽에 머리를 부딪힌다. 프라핏 설립 초기 내가 직접 뽑은 직원 중 금융 분야에서 경력을 몇 년 쌓은 후 우리 회사에 합류한 젊은 남자가 있었다. 조니 린 Johnny Lin은 마치 음악가가 악기를 들고 노래를 만드는 방법을 알 듯 숫자와 정량분석을 자연스럽게 여겼다. 완벽하게 들어맞지 않는 데이터세트를 건네고 그에 관해 아무 질문이나 던지면 린은 그 데이터를 정확하고 논리적인 스프레드시트에 기반한 답변으로 바꿔놨다. 린의 타고난 재능에 감명받지 않은 사람은 그 자신뿐이었다. 린은 파워포인트 슬라이드에서 이야기를 엮는 '전략 전문가'가 되고 싶어 했다. 린은 소매업계에서 경력을 쌓았고 숫자를 다루는 능력을 인정받아 여러 회사에서 승진을 거듭했다. 결국 그는 자신의 재능을 받아들인 다음 이를 발판 삼아 최고 마케팅 책임자로서 더 폭넓은 역할을 해내는 법을 익혔으며 이후 다양한 소매업체에서 사장을 역임했다. 그 과정에서 린은 약점을 보완하기 위해 열심히 노력했고 편안한 소통 능력도 갖추게 됐다. 즉, 내가 하려는 조언은 당신의 재능을 따르되 그 재능에 국한될 필요는 없다는 것이다.

우리가 숫자를 다루는 린의 재능을 바라보는 방식과 그 자신이 대하는 방식의 간극은 흔하다. 우리는 자신의 재능을 낮춰보는 경향(반면 타인의 재능은 더 분명하게 알아챈다)이 있다. 그 일을 너무 잘하기 때문에 그렇다. 우리는 뭔가 쉽게 해낸 것은 높이 평가하지 않는다. 반면 내게는 어려운 일을 다른 사람이 해내는 모습을 보면 그들의 재능에 감탄한다. 그들 역시 우리를 보며 같은 생각을 할 가능성이 크다.

온갖 것이 재능을 찾아내는 능력에 나쁜 영향을 미칠 수 있다. G교수 미디어 편집장 제이슨 스테이버스Jason Stavers는 성공한 변호사였지만 지금은 뛰어난 작가이자 편집자다. 하지만 스테이버스는 자신이 프로그래머가 돼야 했다고 주장한다. 왜 그는 프로그래머가 되지 않았을까? 어렸을 적 코드에 매료된 그는 자연스럽게 코드에 빠져들었지만 멋지지 않다는 이유로 그 길을 가지 않았다. "인정하려니 창피하긴 하지만 열세 살 때 실제로 실리콘밸리에 살면서도 컴퓨터실에 있는 모습을 보일 자신이 없었어요. 인기를 얻는 데만 너무 신경 썼거든요." 세상은 시끄러운 곳이고 소음을 차단한 채 심장 뛰는 일에 귀 기울이기란 어렵다.

당신의 모든 꿈을 짓밟기 전에 한 가지 짚고 넘어가고 싶은 것이 있다. '열정 카테고리passion category(운동, 예술 등)'에서 일찌감치 재능을 보이는 1퍼센트 미만의 사람은 그 재능을 발전시켜 나가는 것이 합리적일 수도 있다. 당신이 그런 사람일지 모른다는 증거가 있다면 무슨 수를 써서라도 그 일을 해나가길 바란다. 하지만 정말로 재능이 있는지, 세상이 그 재능을 인정하는지(이것이 더 중요하다) 일찍 평가할 수 있도록 냉정한 기준을 적용해야 한다. 대부분의 열정 카테고리에서 생계를 꾸리려면 상위 0.1퍼센트에 속해야 한다. 다른 직업(어른이 돼서 무엇이 되고 싶으냐는 질문을 받은 다섯 살 아이 입에서 절대 나오지 않을 일)을 가지면 출근하기만 해도 안정적으로 생계를 유지할 수 있다. 전혀 낭만적이지 않은 일을 하면 생계를 유지하기가 1000배는 쉽다. 경제적 안정을 확보한 다음 열정은 주말에 불태우자.

열정 찾기

재능을 찾기 위해 노력하다 보면 열정을 찾는 행복한 결말을 맞을 수도 있다. 어린 시절 야망 같은 풋사랑이 아니라 의미 있는 경력을 쌓아나가기 위한 지속적인 열정, 즉 수년에 걸친 끈질긴 노력을 통해 얻을 수 있는 일이다. 이런 열정은 숙달을 통해 얻어진다. 뭔가 매우 어려운 일을 잘해낼 수 있다고 느끼고 실제로 잘해내야 한다. 빌 버넷Bill Burnett과 데이브 에번스Dave Evans 교수는 스탠퍼드대학교에서 진행한 매우 인기 있는 강의 내용을 바탕으로 동명의 책《디자인 유어 라이프》라는 저서를 집필했다. 버넷과 에번스는 이 책에서 열정은 원인이 아니라 바람직한 인생 디자인의 결과라고 설명한다.

(재능＋집중력) → 숙달 → 열정

숙달의 가치는 강조하지 않기가 더 어려운데 아직 뭔가를 숙달할 시간이 없었던 젊은이에게 그 가치를 제대로 알려주기는 그보다 훨씬 더 어렵다. 내 경험상 25~30세가 채 되지 않는 사람 중 복잡한 과정을 거쳐 숙달 단계에 다다른 사람은 매우 드물다. 젊음을 운동에 바친 엘리트 선수도 첫 번째 프로 계약을 맺을 때는 '신인'이며 대개 신인같이 경기한다. 성인이 된 프로 선수조차 기술을 제대로 습득하려면 오랜 시간이 걸린다. 작가이자 저널리스트인 말콤 글래드웰Malcolm Gladwell은 한 분야에서 전문가가 되려면 1만 시간이 걸린다는 개념을 널리 퍼뜨렸다.

재능을 숙달하는 방법은 훌륭한 제품을 디자인하는 것과 비슷하다. 혁신은 점진적이다. 핵심은 뭔가를 출시하고 그다음 개선하기 시작하는 것이다. 내가 설립한 모든 회사에서 처음으로 선보인 제품은 2년 후에는 전혀 다른 모습이 됐다.

나는 텔레비전 산업에서 성공하고 싶다는 비이성적 강박에 사로잡혀 수년간 이를 숙달하기 위해 노력해왔다. 우리가 맨 처음 제작한 유튜브 동영상은 끔찍했다. 하지만 중요한 것은 우리가 제작했다는 점이다. 그리고 거기서 멈추지 않고 다시 또다시 만들어냈다. 수년에 걸쳐 조명과 음향, 통일된 디자인 언어, 콘텐츠 준비나 스크립트 작성 방법 등 수백 가지에 달하는 내용을 조금씩 개선해나갔다. 마침내 2020년 미국 케이블 채널인 바이스 티브이Vice TV가 내 이름을 건 프로그램을 제안할 만큼 영상의 질이 좋아졌다. 첫 번째 에피소드가 완성됐고(다시 말해 전문 방송인 입장에서 첫 계약서에 서명했다) 나는 그걸 아내에게 보여줬다. 아내는 눈물을 터뜨렸다(행복에 겨운 그런 눈물은 아니었다). 우리는 신인이었다.

하지만 점차 나아졌다. 2년 후에는 블룸버그Bloomberg에서 프로그램 진행을 맡아달라는 요청을 받았고(성사되지는 않았다. 이유를 설명하자면 이야기가 너무 길어진다). 그로부터 1년 후 CNN+에서 진행을 맡은 프로그램은 전보다 훨씬 나았다. CNN+가 문을 닫자 BBC가 새로 선보이는 스트리밍 네트워크에서 프로그램을 맡아달라고 제안했고 나는 역시 전보다 더 나아질 것이었다. 다만 미디어 시장이 조정 국면에 접어들어 네트워크가 개설되지 못했다. 그래도 괜찮다. 프로그램은 매번 더 좋아졌으며 그 결과 우리는 여러 방송사에서 정기적으로 프로그램 제안을 받는다.

중요한 점은 숙달 단계에 이르는 것이다. 아직 텔레비전을 정복하지는 못했지만 나는 많은 사람 앞에 서서 관심 있는 비즈니스와 이슈에 관해 소통하는 일을 한다. 이런 일을 할 때면 숙달의 대표적 감각인 몰입 상태가 된다. 심리학자 미하이 칙센트미하이 Mihaly Csikszentmihalyi가 만든 '몰입flow'이라는 용어는 활동에 완전히 몰두해 자의식과 시간 개념조차 모두 상실할 만큼 고도로 집중한 상태를 뜻한다. 몰입은 단순히 성과를 개선하는 상태가 아니라 가장 잘 배우는 상태다. 몰입은 즐거우며 이 상태가 끝난 후에는 우리가 갈망하는 신경화학물질이 분출돼 숙달하고 있는 그 대상으로 우리를 돌려놓는다. 이것이 바로 성공적인 경력을 쌓아가는 핵심 비법이다. 재능을 찾고 숙달 단계에 이를 때까지 개발하면 열정이 뒤따른다. "열정을 따르라"라는 말은 틀린 말이 아니라 뒤에 와야 할 말이다.

선택 가능한 경력

투자은행에서 실패한 후 나는 기업가의 길을 택했다. 혹은 더 솔직한 표현으로 내가 그 길의 선택을 받았다. 내게는 투자은행에서 성공할 기술이 없었기 때문이다. 나는 다른 사람 밑에서 일하기에는 너무도 관계에 자신이 없었고 특별히 그런 일을 잘하지도 않았다. 알고 보니 나만 그런 게 아니었다. 연구진은 전통적인 근로자와 기업가[8]를 대상으로 설문 조사를 실시해 '우호성 agreeableness' 항목(이른바 빅5Big Five 성격검사의 하나다)에서 전통적인 근로자보다 기업가의 점수가 상당히 낮다는 사실을 발견했다. 충격적이지 않은가! 뿐만 아니라 기업가 정신이 위험 감수 성향[9] 및 유전과 관련이 있다[10]는 증거도 있다. 이것이 시사하는 바는 무엇일까? 당신이 어떤 사람인지 아는 것은 직업 선택에 도움이 될 수 있고 또 돼야 한다.

당신이 어떤 사람인지 지각하고 재능이 무엇인지 파악한 후 이를 직업과 연결하려면 어떻게 해야 할까? 먼저 선택지를 지우는 데서 출발하면 도움이 될 수 있다. 자신에게 적합하지 않은 직업을 피하는 것이 올바른 길을 찾는 것보다 훨씬 중요할 수도 있다. 나는 맨 처음 투자은행업계에서 일을 시작했지만 내가 투자은행 일도, 사람도, 고객도 좋아하지 않는다는 사실을 알았다.

하지만 잘못된 이유로 뭔가를 포기하지 않도록 주의해야 한다. 버넷은 직업이 다양한 다른 사람들과의 대화를 권장하며 이것이 "시간 여행과 같다"라고 말한다. 대화를 통해 어떤 일에 한창 빠져 있을 때의 모습을 한발 먼저 내다볼 수 있고 이는 사회생활 초창기에 경험하는 것과 다를 때가 많기 때문이다. 당신이 일을 시작한 지 얼마 되지 않았다면 시작점이 아니라 목적지를 기준으로 경력을 쌓아나가고 싶을 것이다. 버넷은 이를 "스물두 살의 당신이[11] 마흔 살의 당신에게 뭘 해야 할지 말해주길 원하는가?"라고 표현한다. 당신 미래에 귀를 기울이자. 사회 초년생 때는 고된 잡일이 많다. 아마 모든 일에 지루한 요소가 있을 것이다. 기본을 익히고 나면 특히 그렇다. 버넷은 업무를 처리하느라 지루한 것은 괜찮다고 지적한다. 승진하면 대개 다른 일을 할 것이기 때문이다. 다만 업무의 본질이 지루하게 느껴지는 일은 피해야 한다.

경력에 관한 몇 가지 기본 사항

당신의 직업, 직종, 업계는 모두 다르다. 같은 디즈니에서 일하더라도 재무 담당 부사장과 애니메이션 감독의 업무는 다르다. 디즈니 재무 담당 부사장과 전 직원이 21명인 스타트업 재무 담당 부사장의 업무도 다르다. 검사와 특허법 변호사는 모두 법조인이지만 로스쿨을 졸업한 후(대개는 그 이전부터) 매일 경험하는 일상은 완전 딴판이다. 산업, 영역, 고용주, 지역 그리고 다른 요인들이 더해져 당신이 실제로 하는 일(그리고 활용하는 재능)에 영향을 미친다.

여러 선택지를 평가할 때는 상승잠재력이 중요하다. 모든 일이 뜻대로 흘러가면 어떤 경제적 결과를 얻을까? 그 결과가 당신이 경제적으로 원하는 목표에 도달하기에 충분치 않다면 기대나 진로를 수정해야 한다.

상승잠재력 이야기를 해보자면 일부 업계는 다른 업계보다 빠르게 성장하며 보상도 마찬가지다. 당신은 이윤이나 가치 상승에 따라 보상이 늘어나는 직무를 찾을 것이다. 금융이 전형적인 예다. 트레이딩, 투자은행, 기타 투자 관련 분야의 많은 일자리가 투자 비즈니스의 상승잠재력과 관련 있다. 호황기에는 매출, 특히 성장 기업의 매출은 큰 폭으로 증가한다. 부동산도 종종 포함된다. 소프트웨어 역시 첫 번째 소프트웨어를 만드는 데 노력 대부분이 투입되고 그 후 판매하는 것은 다 수익이 되기 때문이 확장성이 뛰어나기로 유명하다. 반면 배급을 인간의 노동에 의존하는 상품은 확장이 힘들다. 병원이나 법률회사는 의사나 변호사 수만큼만 환자나 고객을 응대할 수 있다. 산업 자체는 확장성이 있더라도 보너스나 지분 등을 통해 연봉이 수익과 연결된 경우에만 보상이 커지기도 한다. 요컨대 당신 몫을 알아서 챙겨야 한다.

시장 역학은 개인 실적보다 더 중요하다. (얼마나 끔찍한 말인지 잘 안다.) 지난 10년간 구글의 평범한 직원이 제너럴모터스의 훌륭한 인재보다 뛰어난 성과를 냈다. 특히 사회생활을 갓 시작할 무렵에는 당신이 올라타려고 하는 파도를 신중하게 생각해야 한다. 젊을 때 다양한 길 중 하나를 선택할 기회가 있다는 것은 크나큰 축복이다.

가장 큰 파도가 치는 최고의 해변을 찾으라. 25년 전 나는 전자상거래라는 파도를 선택했다. 첫 시도였던 레드 엔벨로프Red

Envelop는 실패했다. 더 최악인 것은 무려 10년에 걸쳐 서서히 실패했다는 점이다. 하지만 나는 제대로 된 파도를 택했다. 노를 저어 물러난 다음 다른 기업의 디지털 전략 수립을 돕는 회사 L2를 설립했다. 시간이 좀 걸렸지만 파도의 강도와 크기가 나를 계속 앞으로 움직이게 했고 사람들은 나를 실제보다 더 재능 있는 서퍼로 여겼다. 나는 그저 서퍼의 성지인 나자레Nazaré만 한 파도에 올라탔을 뿐이었다.

거시경제 주기는 괜찮은 서퍼가 위대한 서퍼가 될 기회를 만든다. 내가 보기엔 경기 침체기가 창업하기 가장 좋은 시기다. 나는 지금까지 총 아홉 개의 회사를 설립했고 성공한 회사들의 유일한 공통점은 불황기에 시작했다는 점뿐이다. 나뿐만이 아니다.

마이크로소프트Microsoft는 1970년대 중반 불황기에 설립됐고 애플은 이 시기가 끝난 직후 설립됐다. 2008년 대침체가 끝난 후에는 에어비앤비Airbnb, 우버, 슬랙, 왓츠앱WhatsApp, 블록Block 같은 기업이 생겨났다. 여기에는 몇 가지 이유가 있다. 경기 침체기에는 회사를 그만두는 사람이 없어 급여가 괜찮은 일자리를 찾기 힘들다. 그러다 보니 좋은 인재(그리고 값싼 자산)가 넘쳐난다. 값싸고 쉬운 자본이 없다는 것은 사업 아이디어가 처음부터 제대로 먹혀야 한다는 뜻이다. 경기 침체기에 창업하는 사람들은 조직 문화에 좀 더 절제된 DNA를 새길 수밖에 없다. 호황기에는 자신이 해오던 일 외의 다른 일을 할 동기를 좀처럼 느끼지 못하던 고객과 소비자도 불황기에는 변화에 마음이 더 열린다.

거시적 관점에서 다른 사람의 투자를 활용할 방법을 찾는 것도 좋다. 정부투자나 휴면 자산을 활용하는 기업은 좀 더 쉽게 막대한 부를 창출할 수 있다. 그들의 특별한 재능은 연구와 인프라에 대한 정부의 대규모 투자에 기대 혁신을 거듭한 것이다. 혹은 유리한 조세나 규제 정책을 잘 활용하는 것도 부를 촉진한다. 예를 들면 부동산이 있다. 실리콘밸리는 근본적으로 역사상 가장 성공적인 정부투자 사례다. 실리콘밸리에서 탄생한 어떤 중요한 기술 제품이나 기업을 분석하든 정부자금이 투입됐음을 알 수 있다. 애플, 인텔Intel 테슬라Tesla, 퀄컴Qualcomm은 모두 연방 정부 대출 프로그램의 수혜 기업이었다. 테슬라는 연방 정부의 지원이 없었다면 파산했을 가능성이 크다. 구글은 미국국립과학재단National Science Foundation의 보조금이 있었기에 핵심 알고리즘을 개발했다.

경제학자 마리아나 마추카토Mariana Mazzucato는 저서《기업가형 국가》에서 미국 정부 기관이 초기 단계 기술기업에 필요한 총 자금의 약 4분의 1을 제공한다고 추정한다. 또 제약업계(막대한 실험이 필요하고 실패를 각오해야 하는 분야)를 살펴보면 공공자금이 투입되는 연구소나 정부 기관에서 신물질의 75퍼센트[12]를 발견했다. 당신도 세금을 낸다. 그러니 얼마든지 이런 투자를 활용할 수 있다.

앞서 언급했듯이 열정을 좇아 택한 직업은 덫이 된다. 겉보기에 매력적인 산업일수록 직업적 보람은 적을 수 있다. 배우가 되기 위해 로스앤젤레스로 이주하는 것은 낭만적이지만 막상 그곳에 도착하면 각 고등학교에서 가장 잘생기고 카리스마 넘치는 수만 명의 아이가 수백 개의 똑같은 배역을 놓고 싸우는 모습을 볼 것이다. 여기서 생기는 문제는 경쟁이 아니라 착취다.

많은 사람(특히 사회 초년생)에게 최고의 경력 경로는 그다지 매력적이지 않은, 기업이라는 사다리를 오르는 것이다. 미국 기업은 여전히 역사상 가장 많은 부를 창출하는 수단이다. 골드만삭스 Goldman Sachs, 마이크로소프트, 구글 같은 곳에 취업할 만큼 운이 좋다면 그 기회를 잡아야 한다. 대기업의 안정성을 가소롭게 여기기 쉽다. 하지만 평생 그곳에 머무를 필요는 없으며 많은 것을 배우고 많은 돈을 벌 수 있으면 된다. 앞에서 말했듯 미국 기업은 역사상 가장 큰 부를 창출했다. 이런 곳에서 일하려면 조직을 탐색하는 정치적 역량을 기르고 고위급 경영진의 지지를 받고 기업 세계에서 으레 나타나게 마련인 부당함을 용인할 수 있는 성숙함과 우아함을 갖춰야 한다. 이런 역량이 있다면(혹은 이를 키우기 위해 노력 중이라면) 속도가 느리더라도 틀림없이 부를 일굴 수 있다.

점점 더 줄어드는 예외를 제외하면 어떤 일을 하든 아이디어 전달 능력은 성공의 촉매가 된다. 반드시 타고난 재능이 있어야 하는 것은 아니다. 얼마든지 익힐 수 있다. 내 두 아들이 사회생활을 시작할 무렵 반드시 가졌으면 하는 능력이 하나 있다면 그건 컴퓨터나 중국어 능력이 아닌 소통 능력이다. 소통의 역사나 언어학이 아니라 다양한 매체를 통해 자신을 표현하는 방법을 알아야 한다는 뜻이다. 얼마 전 영상 촬영을 좋아하는 둘째 아들에게는 인스타360 Insta 360 카메라를 사줬고 첫째 아들과는 팟캐스트를 함께 녹음한다. 팟캐스트는 한 주제에 관해 내가 아들을 인터뷰하는 형식으로 진행되며 아들은 2~3분짜리 원고를 직접 작성하고 녹음한다. 소통은 주로 언어적 재능이지만 시각적 소통의 중요성도 과소평가하면 안 된다. 디자인의 중요성은 나날이 커지고 있다. 에어비앤비나 스냅Snap의 CEO가 각각 로드아일랜드 디자인스쿨 The Rhode Island School of Design과 스탠포드 디자인스쿨Stanford's Design School을 졸업한 것도 우연이 아니다.

마지막으로 특정 성격유형이 모여 조직 환경이 형성된다는 점에서 조직도 하나의 문화라는 사실을 명심해야 한다. 물론 법률 사무소마다 차이는 있지만 법률사무소와 영화 세트장 혹은 법률 사무소와 응급실보다는 법률사무소끼리 훨씬 공통점이 많다. 당신은 싫어하는 사람과는 너무 많은 시간을 보내면서 사랑하는 사람이나 적어도 함께 있는 것이 즐거운 사람과는 충분한 시간을 보내고 있지 않을 가능성이 크다. 당신에게서 최고를 이끌어내는 사람이 누군지 생각해보길 바란다.

진로 안내서《나의 색깔 나의 미래》에서 저자 리처드 볼스 Richard Bolles는 총 여섯 가지 유형(현실적, 탐구적, 예술적, 사회적, 진취적, 전통적) 중 당신이 성공할 수 있는 환경을 찾기 위한 '파티 훈련The Party Exercise'을 제안한다. 훈련은 간단하다. 먼저 파티에 초대받았다고 상상해본다. 파티에는 여섯 개 범주에 해당하는 사람들이 범주별로 서 있다. 당신은 어떤 부류의 사람들에게 가장 먼저 다가갈 것인가? 누구와 함께 어울리고 싶은가? 어떤 사람을 피하고 싶은가? 당신과 함께 일하는 사람들에게는 당신이 속한 환경을 만들거나 망가뜨릴 힘이 있다. 볼스는 이들이 "에너지를 고갈시키는 사람 혹은 에너지를 창조하는 사람"이라고 이야기한다.

당신에게 어울리는 직업은 무엇인가?

모든 직업에서 성공으로 이어지는 요소가 무엇인지 아는 척할 생각은 없다. 고려하고 있는 직업이 있다면 중요한 성공 요인을 직접 파헤쳐야 한다. 밖에서도 알기 쉽거나 명백하게 보이리라고 가정해선 안 된다. 다양한 분야에서 성공하는 데 도움이 되는 성격 특성이나 기타 요인을 개괄적으로 확인하고 싶다면《성격에 맞는 일을 하라Do What You Are》를 읽어보길 바란다. 이 책은 MBTI를 바탕으로 수백 개 직업을 성격유형별로 분류한다. MBTI를 좋아하지 않는 사람에게도 상상할 수 있는 모든 돈벌이 방법을 파악하는 데 도움이 된다.

그래도 내가 다른 사람보다 좀 더 잘 아는 분야가 있다. 이어지는 내용에서 그에 관한 내 생각을 적어볼까 한다. 먼저 내가 가장 잘 아는 분야, 기업 경영, 학계, 미디어 순서로 시작할 것이다. 첫 번째 분야에서는 그럭저럭 잘해냈으며 두 번째 분야에서는 날이 갈수록 실력이 나아지고 있고 세 번째 분야에서는 뒤늦게 놀랄 만한 성과를 내고 있다. 이 세 분야와 그 외에 내가 잘 아는 몇 개 분야에 관해 설명할 생각이다. 당신에게는 여기서 소개되는 것 외에도 많은 기회가 있다.

기업가

모건스탠리에서 일하면서 얻은 많은 깨달음 중 하나가 나는 모건스탠리나 다른 어떤 대형 조직에서도 일하고 싶지 않다는 것이었다. 아니면 다른 어떤 사람 밑에서라도 말이다. 나는 나보다 직급이 높은 사람들에게 분개했으며 비판을 잘 받아들이지 못했고 사소한 부당함에도 기분이 상했다. 또 직접적인 보상이 이어지지 않는다는 생각이 들면 그 어떤 동기도 갖지 못했다. 앞에서 설명한 대로 내게는 대형 조직에서 일하는 데 필요한 역량이 부족했다. 이것이 바로 기업가의 특징이다. 사회는 기업가 정신을 낭만적으로 묘사하는 경향이 있다. 나는 지금껏 수백, 수천 명의 기업가를 만났다. 그리고 그중 대다수는 해낼 수 있어서 창업했다기보다 다른 선택지가 없어서 창업했다고 확신한다.

이런 이야기를 하면 젊은이들은 풀이 죽는다. 하지만 조직이나 플랫폼에서 일하면 위험조정수익률이 좋아진다. 조직이 존재하는 이유는 자원을 모아 협력하면 각 부분을 단순히 더한 것보다 더 큰 성과를 낼 수 있어서다. 조직의 일부가 되면 당신도 초과 가치를 공유할 수 있다. 장애물과 정치적 문제를 헤쳐나가기 위한 기술과 인내심, 불공정성을 견뎌내는 성숙함이 있다면 중·장기적 보상을 얻을 수 있다. 나와 같이 모건스탠리에 입사한 동기는 지금 부회장이 됐다. 경제적으로는 비슷한 수준이 됐지만 그 친구가 견뎌낸 스트레스와 변동성은 나보다 적을 것이다.

우리 경제는 정통성에 도전하고 기존 비즈니스를 뒤흔드는 방식으로 미래를 이끌 사람이 필요하기에 기업가 정신을 신화화해 이익을 얻는다. 하지만 우리가 기업가 정신에 관해 우리 자신에게 하는 이야기는 거의 전적으로 경이로운 성공을 거둔 벤처 사업을 근거로 하고 있다. 스타트업의 20퍼센트는 첫해에 실패하는 데[13] 어떻게 보면 그게 오히려 운이 좋은 편이다. 이후 10년 동안 또 다른 45퍼센트가 불행에서 벗어나지 못하며, 20년 동안 살아남는 신생 기업은 15퍼센트 미만이다.

언론의 관심은 아웃라이어 중의 아웃라이어, 즉 우리에게 친숙하거나 이해하기 쉬운 소비자 앱, 제품/서비스에 집중돼 있다. 예외적으로 대성공을 거둔 기업 중 창업자와 투자자에게 부를 안겨주는 스타트업은 대부분 그저 훌륭한 아이디어나 야망만이 아니라 경험과 전문성이 요구되는 덜 매력적인 업계(유틸리티와 제조 분야 기업이 가장 높은 생존율을 보인다)에 속해 있다. 차고에서 컴퓨터를 만지작거리는 두 아이는 세상을 바꿀 수 있다. 어쩌다 한 번은 말이다. 하지만 경제적 안정성을 원한다면 구글에서 일하면서 주말에만 차고에서 컴퓨터를 만지작거리는 전략이 낫다.

게다가 이기든 지든 기업가로 도전하는 것은 24시간 내내 일하고 스트레스를 받는다는 뜻이기도 하다. 초기에 큰 성공을 거둘수록 더 큰 스트레스를 받는다. 매력적인 제품 아이디어로 자금을 조달받았다고 생각해보자. 여기서 '자금'이란 정말로 다른 사람을 고용하기 위한 돈을 뜻한다. 첫날 아침, 새 사무실(아마도 감당하지도 못할 24개월 임차 계약을 체결했을 가능성이 크다)로 걸어 들어가 당신의 비전을 실현해준 어리고 야심 찬 젊은이들을 보면 기분이 좋다. 이 기분은 점심때까진 유지된다. 이쯤엔 현실을 자각하기 시작한다. 경제적 안정이 당신의 말도 안 되는 아이디어에 달려 있을 뿐 아니라 이제는 다른 사람의 경제적 미래까지 당신이 짊어지고 있다. 직원을 뽑고 고객이 생길 때마다 책임감과 스트레스는 커진다. 직원에게는 건강보험과 급여가 필요하고 간신히 비용을 감당할 수 있는 신입 사원은 출근 이틀 만에 '일시적 노동 불능 휴가'를 떠나며 핵심 고객사의 주요 인물이 해고당한다. 게다가 당신의 핵심 직원은 심각한 정신 질환의 징후를 보여 저녁 내내 그들의 부모에게 연락해야 할지 말아야 할지 고민한다. 또 CFO는 진정제에 중독된 비서가 맨해튼 곳곳의 약국에서 당신 신용카드로 12만 달러를 청구했다며 이사회를 소집해야 한다고 알린다.

이 모든 일이 한 회사에서 한 달 만에 벌어졌다. 와, 기업가 정신이란. 그런데 아직 이 글을 읽고 있다면 성공적인 창업에 도움이 되는 자질은 무엇이라 보는가?

성공한 기업가는 대개 팀에 동기를 부여하고 투자자가 나서도록 설득하고 고객의 참여를 유도할 수 있는 강력한 의사소통 능력이 있다. 기업가는 곧 영업사원이다. 여기에 논의의 여지는 없다. 우리는 투자자, 직원, 고객에게 비전을 판다. 처음엔 비전이 전부다. 비전을 팔 수 있을지 어떻게 알까? 만약 당신에게 이런 재주가 있다면 아주 어릴 때부터 알 수밖에 없다. 숙제를 빼먹고도 벌을 받지 않고 엄마가 차를 빌려주도록 설득하고 모르는 남자나 여자한테 다가가 전화번호를 받아내는 것까지 모든 일이 어린 시절 영업 훈련인 셈이다.

당신은 고난이 닥쳐도 다시 일어설 수 있어야 한다. 기업가는 날린 샷보다 더 많은 미스를 한다. 그리고 수없이 샷을 날린다. 내 경우에는 고등학교 때부터 시작됐다. 3년 내내 반장 선거에 나갔지만 세 번 다 낙방했다. 그 기록을 바탕으로 학생회장 선거에 출마하기로 결정했고 (두구두구) 낙방했다. 에이미 앳킨스Amy Atkins는 무도회에 함께 가자는 내 제안을 거절했고 야구 팀과 농구 팀에서도 탈락했다. 그다음에는 내가 집에 살면서 다닐 수 있는 유일한 학교였던 UCLA도 떨어졌다.

하지만 나는 열정을 잃지 않았다. 불합격 결정에 이의를 제기했고 UCLA는 내 입학을 허가했다. 대학 졸업반 때는 남학생사교클럽 위원회Interfraternity Council 회장이 됐다. 대단한 자랑거리가 아닌 건 안다. 하지만 그때는 중요하다고 느꼈다. 졸업 학점은 2.27에 불과했지만 모건스탠리에 취직하거나(23개 회사에 지원해 한 곳에 합격했다) UC버클리 대학원에 입학하는 데(아홉 개 학교에 지원해 일곱 개 학교에 불합격했다) 걸림돌이 되지 않았다.

요약하자면 내 성공의 비밀은 거절이다.

소규모 비즈니스를 운영할 때는 현금흐름이 매우 중요하다. 매일 들어오는 돈 그리고 더 중요하게는 나가는 돈을 관리할 의지와 능력이 없으면 파산할 것이다. 기회보다 의무가 많아도 파산할 것이다. 기술업계에 있는데 호황기에 접어든다면 당신 사업에 거액의 현금을 내놓겠다는 벤처투자자가 등장할 것이다. 이런 속임수에 넘어가지 말라. 결코 호의에서 비롯된 것이 아니다. 지출이 늘어날수록 필요한 돈도 늘어난다. 결국 회사는 투자자 손에 넘어가고 당신은 기업가에서 직원으로 전락할 것이다. 일해서 벌어들인 돈으로 비즈니스를 꾸려나갈 수 있는 단계에 가능한 한 빨리 접어들어야 한다. 제품도 중요하고 시장 적합성market fit도 필수적

이며 기업 문화와 인재 보유도 대단히 중요하지만 현금흐름이야
말로 회사의 생명줄이다.

　마지막으로 창업자는 정반대되는 두 가지 시각을 동시에 가
질 수 있어야 한다. 당신은 결국 성공할 것이라고 비이성적으로
낙관해야 한다. 이는 영업이나 실패 후 회복에서는 물론이고 좀
더 근본적으로 매우 중요하다. 당신이 생각해낸 스타트업 아이디
어가 합리적이라면 구글이나 GE가 이미 그 비즈니스를 하고 있
을 것이다. 시장 선도 기업이 당신에게 가지 않은 길을 남겨둔 이
유는 당신의 아이디어가 비합리적일 가능성이 크기 때문이다. 당
신은 이를 넘어설 수 있도록 낙관해야 한다. 동시에 매일 조직에
서 가장 가차 없는 비관론자가 돼 모든 것을 걱정해야 한다. 고객
이 부족한가? 핵심 직원이 떠날 것 같은가? 당장 한 달 뒤만 해도
급여를 주지 못할 것 같은가? 대답은 '그렇다'다.

　기업가 정신의 장점은 육아의 장점과 비슷하다. 뭔가를 만들
어내고 보살피고 사랑해야 한다. 경력을 쌓아나가는 동안 이만큼
많은 스트레스를 유발하거나 많은 기쁨을 주는 일은 없을 것이다.
일이 잘 풀리면 제대로 된 뭔가를 시작했다는 진정한 성취감을 느
낄 수 있다. 사람들은 그게 얼마나 힘든지 인정하고 사랑받는다는
느낌에 가까울 만큼 감사와 존경을 표한다.

　뿐만 아니라 당신이 벌 수 있는 돈에 한계가 없다. 직원이 받
는 급여는 CEO라 해도 '공정하거나 합리적으로 보이는' 범위에
따라 결정되기 마련이다. 여러 해 동안 나는 내 회사들을 매각해
수천만 달러를 벌었다. 하지만 내가 아무리 뛰어난들 내게 그렇게

많은 돈을 줄 고용주는 없었을 것이다.

학계

먼저 한 가지 분명하게 짚고 넘어가야 할 부분이 있다. 나는 현재 뉴욕대학교 스턴경영대학원에서 마케팅 교수로 재직 중이며 이 관계가 자랑스럽다. 하지만 학교에서 내가 하는 일은 연구하고 지식의 경계를 넓히는 것이 아니라 가르치는 것이다. 내 역할은 직접 회사를 운영한 경험을 시장에서 통용되는 전문 지식으로 변환해 학생들에게 제공하는 것이다. 결국 기업가와 전문직을 20년 간 우회해 학계에 도달한 셈이다. 훌륭한 일이다. 하지만 (똑똑한) 동료 교수들의 경력과 내 경력의 의미는 다르다. 어쨌든 훌륭한 경력인 것만은 틀림없다. 캠퍼스 환경은 멋지고 업무 일정도 유연하다. 그리고 결국 이 직업은 얼마나 범위가 좁든 상관없이 특정 주제에 관해 세계에서 가장 많이 아는 사람이 되는 것이다. 비록 그 지식이 상업적으로 활용되지 않더라도 그 목표를 추구하는 것만으로 지적 자양분이 된다.

보상은 꽤 넉넉할 수도 있지만 그 폭이 매우 넓다. 학계에 몸담고 있다 보면 급여 수준이 모욕적일 정도로 낮은 몇몇 학과를 제외한 거의 모든 분야에서 수년간 터무니없을 정도로 낮은 급여를 견뎌야 한다. 민간 영역과 경쟁이 치열한 분야(응용과학, 법학, 의학, 경영 등) 교수들은 더 낫고 제법 괜찮은 성과를 낼 수도 있다. 진짜 돈은 부업으로 벌 수 있다. 대학은 다른 곳(예를 들어 집필, 강연, 컨설팅, 이사회 등)에서 돈을 버는 데 도움이 되는 훌륭한 플랫폼이다. 다시 한번 이야기하지만 민간 영역에서 많은 돈이 굴러다니는 분야 이야기다. 어디에서나 그렇듯 학계도 '부익부 빈익빈'이다.

이런 대중적 분야에서 활동하는 학자라면 의사소통 기술, 그중에서도 특히 매체를 통해 설득력 있게 지식을 전달하는 능력이 있으면 좋은 성과를 거둘 수 있다. 나와 같은 뉴욕대학교 스턴경영대학원 교수 조너선 하이트Jonathan Haidt(내 롤모델이다)는 사회문제에 독특한 통찰력을 지니고 있다. 하지만 하이트 교수에게 많은 부를 안겨준 것은 매력적인 장문의 글을 쓰는 능력(하이트 교수가 쓴 기사는 〈디 애틀랜틱The Atlantic〉 역사상 가장 많이 읽혔다)이다. 애덤 알터Adam Alter 교수는 99퍼센트의 학술 연구와 달리 베스트셀러 목록에 오르는 책을 쓴다. 스턴경영대학원 재무학 교수 애스워드 다모다란Aswath Damodaran과 경영학 교수 소니아 마르치아노Sonia Marciano는 (강의실에서) 세계 최고 교수다. 예일대학교 제프리 소넨펠드Jeffrey Sonnenfeld 교수는 다른 누구와도 다르게 케이블 뉴스에서 자신만의 6분짜리 코너를 진행한다.

하지만 이는 빙산의 일각에 불과하다. 나머지 교수들은 훨씬 더 알려지지 않은 환경에서 고생한다. 물론 그게 더 좋을 수도 있다. 당신에게 당신보다 덜 똑똑한 사람과 어울리는 재능이 없다 하더라도 당신이 지식의 최첨단을 달리는 한 아무도 문제 삼지 않는다. 하지만 체계가 별로 없기 때문에 스스로 동기를 찾아야 할 것이다. 결국 어느 정도는 외톨이가 돼(연구는 외로운 여정이다) 좁은 영역을 파고들고 탐구할 수 있는, 진정으로 호기심 넘치고 체계적이며 절제력 있는 사상가가 돼야 한다. 학창 시절을 얼마나 잘 보내는지도 중요한 지표지만 그게 전부는 아니다. 숙제와 학점이라는 안전장치가 사라진다면 집중력이 얼마나 유지되겠는가? 뉴욕대학교에서 학생들을 가르치는 사브리나 하월Sabrina Howell은 매우 똑똑한 사람 중 기업가 정신은 있지만 경영이나 영업 능력이 부족한 사람에게 학계가 잘 어울린다고 설명한다.

미디어

미디어 분야에는 많은 직업이 있다. 이들은 대개 많은 투자가 필요하며 생계유지가 쉽지 않다. 철 지난 소리처럼 들릴지 모르지만 미디어는 착취적이라고 느껴질 만큼 불안한 분야라고 말하고 싶다. 출판, 텔레비전, 저널리즘 같은 미디어 분야는 열정을 좇는 사람들이 모이는 곳이며 왜 그러면 안 되는지 보여주는 사례다. 매력적인 산업의 일자리는 노력 대비 투자수익률이 낮다. 투자하려는 사람이 많으니 수익률이 낮아질 수밖에 없다. 일요일 새벽 3시에 일기예보를 하고 싶진 않은가? 괜찮다. 일요일 새벽 일기예보가 저녁 뉴스 앵커 자리를 꿰차기 위한 지름길이라고 생각하는 사람이 많다.

미디어 분야에 뛰어들기 위해 기다리는 사람들의 줄은 끝이 없다. 미투 운동의 시초가 미디어 산업인 이유가 있다. 미디어 업계 남자들이 다른 분야 남자들과 달라서가 아니다. 힘의 역학이

터무니없이 불균형해 힘 있는 소수가 너무도 오랫동안 혐오스러운 행동을 하고도 살아남을 수 있었기 때문이다. 저널리즘 전공자의 87퍼센트가 자신의 선택을 후회하는데 컴퓨터과학 전공자의 72퍼센트는 그렇지 않다.[14]

전문직

전문직이란 의사, 간호사, 변호사, 건축가, 엔지니어처럼 고등교육과 수습 기간을 거쳐 면허를 따고 특수한 기술을 익혀야 하는 직업을 뜻한다. 전문직은 대개 학교에서 공부를 잘한 사람들에게 좋다. 대부분의 전문직에 진출하려면 학교에서 훌륭한 성적을 내야 한다. 많은 학교에서 그것이 필요하기 때문이다. 학습 능력, 사고력, 의사소통 능력 등 공적이고 대부분 문자를 사용하는 기술은 여전히 대개의 전문직에서 중요하다.

재판 변호사는 법정에서 설득력 있고 유창하게 변론해야 하지만, 매일 법정 미스터리 드라마 주인공 페리 메이슨Perry Mason처럼 증인을 심문하려면 몇 주 동안 각종 문서와 판례를 뒤지고 변론서를 준비하는 등 숙제처럼 보이는 일을 해야 한다. 마찬가지로 의사도 전공 분야에 따라 육체적, 정신적으로 다양한 기술을 사용하지만 기본적으로 공부, 암기, 구조적 사고로 구성된 심층 토대 위에서 하는 일이다. 친절한 태도와 사람을 도우려는 열정(다시 이 단어를 언급할 수밖에 없다)으로 좋은 의사가 될 수 있다고 생각한다면 언젠가 훌륭한 의사가 될 수도 있지만 오랫동안 도서관에 앉아 공부하고 빽빽한 교재를 열심히 읽어내는 데 능숙하지 않다면 그 날은 결코 오지 않을 것이다.

요약하자면 전문직은 대체로 좋은 직업이다. 자격증이 요구되는 탓에 인력이 (상대적으로) 부족하기 때문이다. 변호사가 되려면 고등학교를 졸업한 후 7년 동안 공부해야 하고 심장이식 전문의가 되려면 20년은 족히 걸린다. 따라서 그 수가 많지 않을뿐더러 서비스 요금도 비싸게 책정할 수 있다. 당신이 고등교육의 기회를 누릴 만큼 운이 좋다면 전문 서비스업계로 진출하는 것도 실속 있는 계획이다. 게다가 전문 서비스 산업은 수요가 많고 다양한 많은 근육(고객, 연구, 영업 등)을 사용하기 때문에 훌륭한 훈련을 할 수 있다. 전문 서비스업계에서 활동하는 상당수가 고객 반대편에 있는 서비스 제공업체에서 혹독한 훈련을 받은 다음 고객 측으로 넘어가 성공하고 있다.

전문직 경력에는 경제적 단점이 있다. 이들은 보통 급여에 의존하는데 상승 여력이 제한적이다. 파트 4의 '고소득 함정'에서 좀 더 자세히 설명하겠지만 미국의 소득세 제도는 연봉이 수억대인 고소득자에게 가장 높은 세율을 적용한다. 당신이 이 소득 구간에 속한다면 이 책에 소개된 절제, 저축, 장기투자 관련 내용이 실질적인 경제적 안정을 창출하지 않는 장시간 노동으로부터 당신을 보호하는 데 꼭 필요할 것이다.

경영 컨설팅

컨설턴트는 대개 자격증이 없다. 누구든 간판을 내걸고 자신을 컨설턴트라고 부를 수 있다. 나 역시 관련 경력이 고작 2년밖에 되지 않은 스물여섯에 그렇게 했다. 그 후 어떤 형태로든 컨설턴트 일을 하며 대부분의 경력을 쌓았다. 컨설턴트 일은 흥미롭고 멋진 훈련(뭐랄까 대학원 공부의 연장선상에서)이 될 수 있으며 분석, 고객, 창의력, 프레젠테이션 등 다양한 기술을 필요로 한다. 다양한 분야와 역할을 접하는 만큼 당신이 '정말로' 원하는 일을 파악하는 동시에 경력을 발전시키는 길이 되기도 한다. 컨설팅은 보수도 좋다. 하지만 시간을 파는 모든 비즈니스와 마찬가지로 확장이 어렵다는 저주를 받았기 때문에 막대한 부를 일구는 길은 아니다. 게다가 다른 사람(즉, 고객)의 우선순위나 일정에 매여 있어야 해서 젊은 사람에게 적합하다. 같은 도시에 있다 해도 가족과 떨어져 있어야 할 때가 많기 때문에 육체적으로나 정신적으로 타격도 크다. 컨설팅 일 자체를 좋아하지 않는다면 이 일은 다른 일로 가는 진입로다. 일반적으로 컨설팅은 엘리트이면서 방향을 잃은 사람, 즉 내가 뭘 원하는지 제대로 알지 못하는 재능 있는 사람에게 어울리는 일이다. 라틴어로 '20대인 사람'이라는 뜻이다.

금융

전문직에 가까운 또 다른 분야로 금융이 있다(일부 하위 분야는 자격증을 요구한다). 금융보다 (말도 안 되게) 크나큰 보상을 받을 산업은 드물다. 돈은 다른 어떤 물질보다 논란의 여지가 적다. 결과적으로 금융 비즈니스만큼 확장성이 뛰어난 분야도 없다.

내 첫 컨설팅 회사 직원 수를 열 명에서 100명으로 늘리는 일은 정말 힘들었다. 초반 10년간 행동주의 투자 자본을 모을 때 1000만 달러에서 1억 달러로 늘리는 일도 쉽지 않긴 했지만 서비스 사업을 10배로 확장하는 일보다는 훨씬 덜 어려웠다. 먼 훗날 우리는 이 시대를 돌아보며 어떻게 몇 안 되는 사람이 그렇게 적은 돈으로 많은 돈을 벌었는지 의아해할 것이다. 힘든 직업이긴 하지만 금융만큼 투지와 재능의 투자수익률이 일치하는 분야는 없다.

금융업계에서 일하려면 똑똑하고 근면하며 숫자에 익숙해야 한다. 하지만 그 무엇보다 시장에 흥미를 느껴야 한다. 주식, 금리, 투자수익 그리고 이런 요소의 상관관계에 흥미가 없으면 금융업계에서 성공하기 힘들다. 금융 비즈니스에는 다양한 측면이 있다 (투자은행, 트레이딩, 소비자금융). 변동성과 스트레스를 견딜 수 있어야 할 것이다. 한 지역에서 모든 은행이 철수하거나 밤사이 한 부서가 사라질 수도 있다. 금융에 경력이란 없다. 통제할 수 있는 일과 할 수 없는 일을 구별하기 위해 애쓰는 일련의 업무와 플랫폼이 있을 뿐이다. 다시 한번, 스트레스와 변동성을 견딜 수 있다면 쇼 비즈니스만 한 비즈니스는 없다. 쇼 비즈니스가 금융이라면 말이다.

부동산

부동산보다 부를 쌓기 좋은 방법은 드물다. 부동산은 미국에서 가장 세금 혜택이 많은 자산이다. 자본의 80퍼센트 이상을 빌리고 부채비율에 따라 이자를 탕감받을 수 있는 자산은 거의 없다. 게다가 양도세 유예 제도인 1031 교환1031 exchange을 활용해 거래를 하면서도 무기한 과세를 유예받을 수 있는 몇 안 되는 자산 중 하나다.

당신은 언젠가 적어도 시간제 부동산 투자자가 될 가능성이 크다. 집을 구매한다면 말이다. 주택 가격은 전체 재산에서 상당히 큰 비중을 차지하며 결국 은퇴 자금이 된다. 내 집을 소유하는 것은 일종의 강제저축(담보대출)이며 장기적 사고방식이 필요하기 때문에 많은 특징을 이해해야 한다. 미국은 주택 부족 현상이 심각한 나라라 10년 이상 보유할 수 있다면 주거용 부동산에 투자해 손실을 입을 가능성은 낮다.

기업가 경력의 한 형태가 임대 부동산 포트폴리오를 구축하는 것이다. 주택이나 아파트, 소규모 소매점이나 물품 보관 서비스 공간 같은 상업용 부동산을 구매하는 것이 결국에는 수익성 좋은 직업이 될 수 있다. 나는 부동산 분야에 늦게 뛰어든 편이고 재산과 타이밍 덕에 소규모로 시작해 포트폴리오를 늘려가는 지루한 과정을 건너뛸 수 있었다. 스타트업, 기술, 헤지펀드, 미디어 등 다양한 분야에 있었지만 최고의 투자 대상은 부동산이었다.

2008년 금융위기가 터진 이후 플로리다 부동산 가치가 폭락했다. 나는 언어 발달장애가 있는 세 살 난 아들이 다닐 사립학교가 없던 뉴욕을 떠나 마이애미로 갔다. (참고: 이 아들이 지난 학기 우등생 명단에 이름을 올렸다.) 아무튼 2010년 플로리다주 델레이비치Delray Beach로 이사해보니 곳곳에 압류나 매도 딱지가 붙어 있었다. 그래서 압류된 콘도를 사들이기 시작했다. 장인어른과 장모님도 델레이비치로 이사했고 두 분은 능숙하게 관리를 도왔다. 콘도는 유지 보수가 필요하고 세입자는 에어컨 수리를 원했다. 그래도 수익률은 감격적이었다. 부동산에 관심이 있다면 기본적인 금융 수업을 듣고 현재 거주 중인 지역(또는 인근)의 부동산에 대한 감각을 익히고 계약금 마련을 위해 저축을 시작하자. 나는 이걸 다 다시 할 수 있다면 젊었을 때 더 많은 돈을 모아 수리하고 빌릴 수 있는 임대 자산에 투자해 그것으로 더 많은 집을 구매할 수 있도록 노력할 것이다.

경제적 안정을 얻는 데 수익성 좋은 전략은 수리가 필요한 집을 사서 2년간 직접 거주하며 개수하고(신중해야 한다) 매도하는 과정('결혼한 부부'라면 양도소득세를 최대 50만 달러까지 절약할 수 있다)을 반복하는 것이다. 세탁하고 헹구고 반복한다. 자본 기반과 기술 그리고 네트워크를 늘린 다음 한 번에 두 집 이상을 시도해보자. 쉬운 문제는 아니다. 현지 시장을 이해하고 접근 방식을 갈고닦으며 무엇을 개수해야 투자수익률을 극대화할 수 있을지 직접 느껴야 한다. 뿐만 아니라 매도인을 잘 관리할 수 있어야 하며 스스로 집을 잘 손볼 줄 알면 훨씬 뛰어난 성과를 거둘 수 있다. 부동산 투자는 책상머리 투자 전략과는 거리가 멀다.

비행기 조종사

(이런 이야기가 나올 거라고는 전혀 짐작하지 못했을 것이다. 계속 들어보길 바란다.) 나는 항공기에 푹 빠져 있다. 머리 위로 어떤 비행기가 날아가든 제조사와 모델을 알아챌 수 있을 정도다. 누군가는 신발을 검색하고 다른 누군가는 휴양지를 검색한다. 나는 제트기를 검색하고 시간이 나면 제트 엔진 추진력과 항공 전자공학에 관한 글을 읽는다. 내 전용 비행기를 구입했을 때 사실상 자그마한 항공사 관리자가 된 셈이다(고객은 나다). 당연한 일이지만 사람들은 비행기 조종을 배우고 싶지 않은지 묻는다.

전혀 그렇지 않다. 앞서 열정을 따르지 말고 재능을 따르라고 말한 것 기억나는가. 비행기를 향한 내 열정과 비행기를 조종하는 잠재적 재능의 간극은 어마어마하다. 비행기 조종은 어떤 면에서 신체적 능력이다. 기술의 도움을 받더라도 비행기 조종사는 뛰어난 공간 인식 능력과 좋은 시력, 청력을 갖춰야 한다. 하지만 이것이 내가 조종석에 앉지 못하는 이유는 아니다.

조종사가 되려면 서로 매우 다른 두 상황에서 실수하지 않아야 한다. 먼저 경로 계획과 점검 항목을 확인하는 루틴 속에서 날카로움을 유지해야 한다. 지루함에 면역력이 있어야 한다는 것이다. 나는 그런 사람이 아니다. 나는 능숙함이 아니라 참신함을 갈망한다. 두 번째가 진짜로 중요한데 매우 드문 일이긴 하지만 위기 상황이 생겨 루틴이 깨졌을 때 훌륭한 조종사와 죽음에 이르는 조종사를 가르는 것은 상황이 아무리 나빠도 프로토콜을 준수하고 동일하게 점검 항목을 사고할 수 있는 능력이다. 하늘에서는 온갖 일이 벌어질 수 있다. 이 책을 쓰는 동안 남아프리카공화국의 한 조종사가 겪은 황당한 일을 읽었다. 1.5미터 길이의 케이프 코브라가 비행 중인 조종사의 셔츠 위로 기어올랐다는 것이다. 우리의 영웅은 가장 가까운 공항을 찾아 비상착륙을 준비하고 비행기를 착륙시켰고 승객이 안전하게 비행기에서 내릴 수 있도록 도왔다. 독을 품은 밀항자는 이 모든 일이 진행되는 동안 조종석 곳곳을 돌아다녔다.[15]

조종사의 롤모델은 개성 강한 사람Maverik이 아니라 어떤 순간에도 냉정을 잃지 않는 사람Iceman이다.

메인 스트리트 경제

마지막으로 설명할 분야인 메인 스트리트 경제Main Street economy, 실물 경제를 직접 경험해본 적은 없다(고객 입장이었던 것을 제외하면). 메인 스트리트 경제에는 엄청난 잠재력이 있는데도 흔히 간과된다. 메인 스트리트 경제는 노동시장에서 가장 투자가 부족한 분야(사람들이 진입하지 않기 때문이다)일 가능성이 높다. 다시 말해 필요한 투자 규모에 비해 큰 기회가 있다는 뜻이다. 여기에는 기술직(전기공, 배관공 같은 숙련노동자)과 소규모/지역 사업체(보통 이런 기술직 종사자의 기업)가 포함된다.

14만 명이 넘는 미국인이 연간 150만 달러가 넘는 소득을 올리며 이들 대다수는 기술기업 설립자나 변호사, 의사가 아니라 자동차 대리점, 음료 유통업체 등 지역 사업체를 운영하는 사람이다. 소기업(직원 수가 500명 미만)이 매년 새로 생겨나는 전체 신규 일자리의 3분의 2를 담당하며 GDP Gross Domestic Product, 국내총생산의 44퍼센트를 생산한다.[16] 물론 모든 자동차 대리점이나 세탁소가 그런 것은 아니다. 혁신 기업을 대상으로 한 연구에서는 직원 수가 평균 140명인 소규모 기업이 직원 수가 수만 명인 기업보다 직원 1인당 15배 많은 특허를 출원[17]한 것으로 드러났다. 글로벌 공급망의 안정성에 대한 우려가 커짐에 따라 국내 전문 제조업체의 기회가 늘어나고 있다.

규모를 좀 더 줄여 생각하더라도 숙련노동자에 대한 수요 경쟁은 치열하다. 주택 시장이 활황일 때 태양광 패널을 설치하거나 주방을 개조해본 경험이 있는 사람을 붙잡고 물어보라. 전기기술자를 구하는 고용 시장은 전체 고용 시장보다 40퍼센트 빠르게 성장할 것으로 전망된다(친환경 에너지 프로젝트는 주로 전기화 프로젝트다).[18] 뿐만 아니라 2027년이 되면 배관공이 무려 50만 명이나 부족할 것으로 예상된다.[19] 하지만 고등학생이나 대학생 중 건축 업계에서 일하고 싶어 하는 사람은 17퍼센트에 불과하다.[20]

명문대학 자격증이 필요한 분야에서 일하는 사람은 때로 이런 직업을 얕잡아보기도 한다. 우리는 자녀가 MIT에 들어가 구글에 입사하지 못하면 부모로서 그리고 하나의 사회로서 실패했다고 생각한다. IT업계에 맹목적으로 집착하는 사람이 너무도 많아 한 세대 전체가 기술직 노동자는 잘못된 결과라는 부끄러운 신념을 갖기에 이르렀다.

가용 자본만 있다면 이런 업체를 인수할 기회는 점점 늘어날 것이다. 은퇴 시기를 맞이한 베이비붐 세대가 전기 설비 사업을 매각하려 하기 때문이다. CNBC에서 언급한 적은 없지만 이 분야는 진정으로 부를 일굴 수 있는 길이다. 연방 기관인 미국 중소기업청U.S. Small Business Administration은 이런 사업을 시작하고 확장하는 데 재정 지원을 비롯한 다양한 프로그램을 제공한다. 당연히 실제로 메인 스트리트에 살 생각이 있다면 도움이 될 것이다. 미국 GDP의 절반은 가장 규모가 큰 대도시권 25개 지역 밖에서 담당하고 있다.

이 책에 소개된 사례와 조언(다음에 이어질 도시로 가는 방법을 포함해)은 대개 지식 근로자로 일하며 내가 직접 경험한 내용을 바탕으로 한다. 하지만 이 책의 핵심 메시지와 부로 이어지는 길은 모든 직업에 적용된다. 뿐만 아니라 메인 스트리트 경제는 수백만 미국인의 경제 엔진이다. 절대로 간과하면 안 된다.

최고의 방법

도시로 가서 사무실로 출근하라

처음 일을 시작하면 실습과 멘토 그리고 도전 과제가 필요하다. 가상의 삶이 아무리 훌륭하다 한들 실제로 똑똑하고 창의적인 사람에 둘러싸여 뭔가를 만들어가는 삶을 대체할 수는 없다. 사람들과 어울리고 관심 분야를 탐색하고 멘토와 잠재적 동료를 찾고 인맥을 쌓을 기회는 많을수록 좋다. 테니스를 칠 때처럼 나보다 실력이 나은 사람과 맞붙으면 실력이 는다. 도시에 살면 어쩔 수 없이 가장 뛰어난 사람과 경쟁할 수밖에 없다. 반드시 뉴욕일 필요는 없다. 물론 나는 (20~30대인) 전문직 젊은이들에게 뉴욕보다 좋은 곳은 없다고 생각하지만 기회와 경쟁이 넘치는 곳이기만 하면 된다. 재택근무의 편리함은 사생활 면에서나 직업적 면에서나 다른 사람과 같은 공간에 있을 때 얻을 수 있는 기회와 비교 대상이 못 된다. 전문가들은 아마도 교외에 이층집이 등장한 이래 줄곧 도시의 몰락을 예견했을 것이다. 대도시는 더 많은 특허를 내고 더 많은 연구를 수행하며 더 혁신적인 기업의 본거지로 복잡성이 나날이 증가하고 있다.[21] 전 세계 GDP 역시 80퍼센트 이상이 도시에서 생산된다.[22]

또 도시는 재밌고 흥미로우며 사교적이다. 당신은 상상도 못한 배경과 당신 인생을 통째로 바꿔놓을 가치관을 가진 사람을 만날 것이다. 도시에 있는 동안 새로운 것을 시도하고 새로운 상황을 접하면 가장 중요한 주제인 '당신 자신'에 관해 많은 것을 배울 수 있다. 도시에 살려면 돈이 많이 들지만 괜찮다. 초기 경력은 경제적 안정을 이루는 데 중요하지만 그 이유는 대체로 이 시기에 내게 꼭 맞는 일을 찾고 성공에 필요한 기술을 쌓고 관계를 형성할 수 있기 때문이다.

파트 3에서 살펴보겠지만 지금 모으는 돈보다 돈을 모을 힘을 기르는 것이 더 중요하며 부양가족이 없을 때 나 자신을 위한 삶을 사는 것도 괜찮다. 감당할 수 있는 범위에서 가장 저렴한 아파트를 구한 다음 가구는 들이지 말고 집에서 시간을 보내지도 말고 "예"라고 말하는 연습을 하자.

사무실로 출근하라. 이상적인 곳은 본사다. 사무실은 관계를 쌓고 멘토를 찾을 수 있는 장소다. 멘토는 멘티의 성공에 정서적으로 몰입하는 사람들이며 어떤 조직에서든 성공하기 위해서는 이런 존재가 핵심이 된다. 승진 대상자를 결정할 때 최종적으로 선택되는 사람은 결정권자와 관계를 맺고 있는 사람이다. 원격으로도 얼마든지 관계를 맺을 수 있는 건 맞지만 친밀감은 떨어질 수밖에 없다.

사무실과의 근접성(즉, 실제로 사무실에 있는 상태)은 승진 궤적과 직결된다. 2022년 최고 경영진을 대상으로 실시한 어느 설문조사[23]에 의하면 경영진의 40퍼센트 이상은 원격 근무를 하는 직원은 승진 가능성이 낮다고 생각했다. 여러 연구를 통해 이들의 믿음이 옳다는 사실이 드러났다. 반대로 대량 해고를 할 때는 대변인이 없거나 인지도가 낮은 직원이 대거 포함된다. 영상으로만 만난 사람은 해고하기가 더 쉽다.

이런 현실이 공평하거나 바람직할까? 아마 아닐 것이다. 하지만 당신이 경력을 쌓아나갈 곳은 있는 그대로의 현실 세계이지 있을지 모를 세계가 아니다. 요컨대 할 수 있을 때 멋진 셔츠를 차려입고 사무실로 출근해야 한다.

시간이 흐르면 능력이 발전하고 인맥도 늘어나 도시환경은 물론 물리적 사무실의 필요성까지도 줄어들 것이다. 그러면 대개 자기 사람(배우자와 자녀, 반려견)과 많은 물건을 소유하게 되고 대도시의 값비싼 물가와 제약이 훨씬 부담스러워진다. 어느 순간 균형은 뒤집힌다. 당신은 경력에 필요한 집중력은 유지하면서 이상적이게도 세율이 낮고 훌륭한 학교가 있는 작은 도시나 교외, 심지어 시골로 옮겨 갈 수도 있다.

욕망은 최소한의 판돈이다

학교에서든 스타트업에서든 기업에서든 사람은 누구나 다 같은 것, 즉 성공, 인정, 기술, 경제적 안정을 원한다. 그리고 이 세상은 그런 욕망을 신경 쓰지 않는다. 욕망은 필요하지만 그것만으로는 충분치 않다.

일과 인생에 관한 조언 다수는 목표 설정에 관한 것이다. 목표는 좋은 것이다. 심지어 필요한 것이기도 하다. 비즈니스를 할 때 측정 가능한 목표는 중요한 경영 도구다. (연구를 통해 목표를 적는 단순한 행위가 결과에 엄청난 영향을 미친다[24]는 사실도 밝혀졌다.) 하지만 목표에 도달하겠다는 욕망은 당신을 그곳에 데려다주지 못한다.

먼저, 진전은 일직선이 아니라 울퉁불퉁하다. 사람들은 내게 다가와 하루아침에 성공했다며 축하를 건넨다. 그렇지 않다. '하루아침에 성공하기'까지 무려 35년이 걸렸다. 그 세월 동안 나는 열심히 일했고 역경에도 다시 일어섰다.

당신이 일을 하는 동기가 궁극적 목표에 도달하겠다는 욕망이라면 부단히 노력했지만 목표에 가까워지지 않을 때 좌절감을 느낄 수밖에 없다. 목표가 클수록 이를 달성하기까지 오랜 시간이 걸리고 그 지점에 도달하기 전에 욕망이 소진될 가능성이 크다.

게다가 마음속 욕망이 충족돼도 문제다. 그다음에는? 뭔가를 얻기 위해 고군분투하고 이를 위해 더 희생할수록 목표를 이뤘지만 삶이 근본적으로 달라지지 않았을 때 실망감이 더 커진다. 당신은 여전히 전과 같은 모든 불안과 공포, 후회를 끌어안고 살아가는 당신일 뿐이고 지독하게 원하던 것을 손에 넣고 나면 상황은 더욱 나빠진다. 이제 무엇이 당신에게 동기를 부여한단 말인가?

"인생에서 중요한 것은 종착점이 아니라 여정 그 자체다"라는 유명한 말이 있다. 혹은 습관 전문가 제임스 클리어의 말을 되새겨보는 것도 좋다. "더 나은 결과를 원한다면 목표 설정은 잊어버려라. 대신 시스템에 집중하라."[25] 욕망과 야망, 그 밖에 당신에게 동기를 부여하는 모든 것(참고로 두려움은 탁월한 동기다)을 총동원해 기술을 갈고닦고 자격을 갖추고 인맥을 늘리고 열심히 일해야 한다. 정말 열심히 일해야 한다. 그 일을 해냈다는 사실 자체에서 보람을 느끼고 향상과 중간중간의 성취에 자부심을 느끼면 당신이 욕망하는 일이 실현될 것이다. 샌프란시스코 포티나이너스San Francisco 49ers가 슈퍼볼에서 세 번이나 우승하게 하고 미식축구의 판도를 바꿔놓은 빌 월시Bill Walsh는 자신의 운영 철학을 담은 책을 발표했는데, 그 신념이 고스란히 담긴 책의 제목은《점수는 알아서 올라간다The Score Takes Care of Itself》였다.

그릿

　재능과 욕망이 적절한 직업과 맞아떨어지면 훌륭한 출발점이 된다. 이를 경제적 안정으로 바꾸려면 여러 해에 걸쳐 열심히 일해야 한다. 비결이나 지름길은 없다. 경제적 안정을 원하면 수고롭게 일해야 한다. 그릿은 알아주는 사람도, 눈에 띄는 결과도 없고 지치고 산만할 때도 매일 한 걸음씩 앞으로 나아가 일을 해내는 능력이다. 이것이 바로 성공이다.

　'그릿' 구루인 신경과학자 앤절라 더크워스Angela Duckworth는 그 특성을 "열정과 인내의 교차점"이라고 정의한다. 더크워스는 우리 사회가 그토록 강조하는 지능보다 그릿이 개인의 성공에 더 큰 영향을 미친다는 놀라운 사실을 발견했다. 더크워스의 그릿 척도는 다양한 환경에서의 성공을 예측한다.[26]

　내게 열심히 일한다는 것은 곧 오랜 근무 시간과 거의 완전한 헌신이다. L2를 키울 당시 나는 낮에 사무실에서 일한 다음 아이들 목욕 시간에는 집으로 갔다가 다시 사무실로 돌아왔다. 일요일에도 반나절은 일했다. 고객이 전화를 걸어 만나자고 하면 보통 다음 날 비행기를 탔다. 모든 사람에게 이 정도로 헌신할 수 있는 특권(혹은 욕망)이 있는 것은 아니다. 110퍼센트를 쏟아붓는다고 성공이 보장되는 것은 아니며 90퍼센트만 일한다고 성공이 막히는 것도 아니다. 비즈니스 특전사가 되고 싶지 않다 해도 얼마든지 집중하고 성공할 수 있다. 다음 사람보다 더 기여할 수 있는 방법을 찾으면 된다. 야구 통계학자가 활용하는 지표 중 대체 선수 대비 승리 기어도Wins Above Replacement, WAR라는 것이 있다. 스타 선수가 경기를 뛰었을 때 팀이 얼마나 더 이겼는지를 평범한 선수가 같은 포지션에 섰을 때의 승리 횟수와 비교하는 통계다. 당신의 WAR을 높일 방법을 찾아야 한다.

투지를 강화하기란 쉽지 않다. 대개 투지는 유전자와 어린 시절의 산물이라고 알려져 있다. 하지만 투지는 성장 마인드에서 나온다고 생각하는 것이 가장 좋다. 아니면 스티븐 코틀러의 "재능은 그저 출발점일 뿐이며 모든 차이는 연습에서 비롯된다"[27]라는 말에 공감하는 것이다. 처음에는 좌절감이 들고 어려웠던 뭔가가 꾸준히 노력한 끝에(핵심은 '꾸준히 노력한 끝에'다) 점점 쉬워진 경험이 있다면 당신만의 배움과 진보의 역사라고 생각하라.

바꿀 수 없다면 견뎌야 한다

우리의 모든 행동에는 통제할 수 없는 힘이 작용한다. 우리가 진정으로 영향을 미칠 수 있는, 시간과 에너지를 투자할 일은 많다. 그러니 이길 수 없는 싸움에 자원을 낭비하지 말자.

데이브 에번스와 빌 버넷은 《디자인 유어 라이프》에서 '중력 문제gravity problem'를 어쩔 수 없는 장애물이나 반대로 작용하는 힘으로 정의한다. 이들은 "어떻게 할 방법이 없다면 그건 문제가 아니라 상황이다"라고 지적한다. 한창 고군분투 중인 상황에서 끈기, 투지, 집중력에 관한 조언을 들으면 절대로 포기해서는 안 된다는 뜻으로 오해하기 쉽다. 더 최악은 머리가 아플 정도로 벽에 머리를 박아놓고 뭔가를 제대로 하고 있는 게 틀림없다고 착각하는 것이다. 하지만 한 걸음 물러나 상황을 고려하는 것이 중요하다. 뚫을 수 있는 벽을 들이받고 있는 것인가? 아니면 중력과 싸우고 있진 않은가?

시장에는 "연준Fed, 연방준비제도과는 싸울 수 없다"라는 말이 있다. 이는 연준이 특정 방향으로 경제를 움직이고 싶어 할 때 반대 방향으로 베팅하는 것은 바보밖에 없다는 뜻이다. 거시경제 요인은 중력과 같다. 그러니 당신이 연준 의장이 아니라면 바꿀 수 없다. 중력은 더 작은 규모로도 존재한다. 당신이 시인이 아니라면 짝사랑은 중력 문제다. 상대는 당신에게 관심이 없다. 그러니 잊자. 상사는 자신과 친한 사람에게만 선택 과제와 승진 기회를 주는데 당신은 아이가 셋이나 있고 골프에는 관심도 없다면 그건 중력 문제다. 나는 이제 컨설팅 일을 하지 않는다. 컨설팅은 관계 비즈니스인데 고객과 친구처럼 지내기 위한 자제심이 더는 없기 때문이다.

중력에 대처하는 데는 두 단계가 있다. 첫 단계는 인정하는 것이다. 두 번째 단계는 당신의 반응을 재구성해 해결 **가능한** 문제로 만드는 것이다. 중력이 있다고 가파른 언덕을 오르지 못하거나 날지 못하는 것은 아니다. 하지만 이런 과제를 해결하려면 중력을 거스르는 것이 아니라 중력이라는 현실 안에서 노력해야 한다. 항상 낭만적인 파트너나 일자리, 취미를 좇지만 관심에 대한 보답을 받지 못한다면 열정과 재능이 일치하지 않는 것일 수도 있다. 무엇을 제공해야 하며 어떤 사람들이 그것을 원하는가?

멈출 때가 언제인지 알라

끈기는 동반 자살 협정이 아니라 하나의 특성이 돼야 한다. 정글을 헤쳐 나갈 때는 나침반을 자주 꺼내 보며 올바른 방향으로 가고 있는지 확인해야 한다. 이런 상황에서 고문단이 매우 유용하다. 힘들다는 이유로 그만두면 안 된다. 힘들 수밖에 없다. 그만두는 이유는 데이터나 당신이 신뢰하는 멘토 혹은 여러 외부 신호가 당신의 시간을 다른 데 투자하는 편이 낫다고 알려주기 때문이어야 한다. 이건 부끄러운 일이 아니다.

1997년 나는 레드 엔벨로프라는 전자상거래 회사를 설립했다. 회사는 잘됐다, 잘되지 않기 전까지는. 그리고 마침내 이 회사에서 손을 떼기까지 10년이 걸렸다. 최악은 서서히 실패했다는 것이다. 순자산 대부분을 잃는 것은 전혀 재밌지 않았다. 하지만 가장 가슴 아픈 것은 무려 10년에 걸쳐 실패했다는 사실이었다.

레드 엔벨로프는 설립 2년 후에도 여전히 내게 부와 영광을 약속하고 있었고 나는 골드만삭스, 제이피모건J.P. Morgan 등의 지원을 받아 브랜드팜Brand Farm이라는 전자상거래 인큐베이터 회사를 설립했다. 인프라, 법무 부서, 기술 부서, 비즈니스 개발 부서, 사무실 공간을 하나씩 두고 전자상거래 회사를 찍어내겠다는 아주 단순한 아이디어였다. 그럴듯한 파워포인트 자료를 만들어 1500만 달러를 조달했다. 하지만 6개월 후 닷컴버블이 터져버렸다. 경제 상황을 고려해볼 때 이 발상은 더는 통하지 않는다는 사실을 깨달았다. 결국 모기업 비즈니스를 접고 포트폴리오 기업들에 혹독한 겨울을 견뎌내고 살아남을 수 있도록 경비 지출을 50퍼센트 줄이라고 조언한 다음 미련을 버렸다. 그건 축복이었다. 물론 성공이 최선이다. 차선은 빠른 실패다.

내기를 할 때는 그만두는 방법도 고려해야 한다. 기술업계에서는 그만두는 것을 '피보팅pivoting'이라고 좀 더 입맛에 맞게 부른다. 위대한 도박꾼은 그만둘 때가 언제인지 잘 안다. 미국 유명 가수 케니 로저스Kenny Rogers의 대표곡[28]은 "언제 붙들고 언제 접어야 할지 잘 알아야 한다"는 사실을 상기시켜준다. 포커 챔피언 애니 듀크Annie Duke는 그만두는 것만 다루는 책[29]을 썼다. 그는 비즈니스에서나 인생에서나 그만두는 것이 성공의 열쇠 중 하나라는 설득력 있는 이유를 제시한다. 듀크의 팁 중 하나는 미리 그만둘 계획을 세워 순간의 감정이 휘몰아칠 때 믿을 수 있을 만한 신호를 확보해두라는 것이다. 언제 그만둘지 아는 것은 꼭 필요하다. 그건 예술의 경지다. 성공한 사람은 모두 그만둔 경험이 있다. 자주 그만두는 사람도 있다. 언제 '고' 하고 언제 '스톱' 해야 하는지 말해줄 수 있는 강인한 정신력과 시각을 가진, 신뢰할 수 있는 사람을 찾아보자.

사다리가 아닌 마루와 골

예전에는 경력이라는 사다리를 꾸준히 한 계단씩 오르면 최고 경영진 자리에 오를 수 있었다. 상향식 일직선 성장 궤도만 기대하면 대각선으로 뻗어나갈 기회를 놓칠 수 있다. 경력을 타고 올라가야 할 사다리가 아닌, 다양한 도전 과제와 환경을 정복하며 가로질러야 할 산맥으로 여기면서 당신의 도구 키트를 확장해 계속 앞으로 나아갈 수 있어야 한다.

집중이 꼭 선형적인 발전을 의미하진 않는다. 다양성에도 가치가 있다. 한 연구에서는 그동안 얼마나 다양한 직무를 수행했는지가 신임 CEO의 성공을 예측하는 최고의 지표[30]라는 사실이 드러났다.

성공적이고 부를 창출하는 고용 경력(기업가가 아닌)에는 보통 전략적으로 이직해 책임의 폭을 넓히고 연봉을 끌어올리는 과정이 포함된다. 외부인이 현재 고용주보다 당신의 가치를 높게 평가하는 것은 인간의 본성에 관한 슬픈 진실 때문이다. 우리는 참신함을 원한다. 상사도 마찬가지다. 관리자들은 이미 노련한 경영자로 성장한 직원을 그가 처음 입사했을 때의 관점에서만 바라보는 실수를 흔히 저지른다.

고용주를 바꾸지 않더라도 시장을 살피면 몸값을 높일 수 있다. 스턴에서 학생들을 가르친 첫해에 나는 1만 2000달러를 받았다. 학교에서 내 가치는 빠르게 상승했다(내 강의가 학교에서 가장 인기 있었고 외부 강연도 잦았다). 하지만 보수는 그렇지 않았다. 대학은 생산성이 떨어지는 종신 교수에게 보조금을 (너무 자주) 주기 위해 임상 교수와 겸임 교수에게는 저임금을 준다. 그래서 나는 몇 년에 한 번씩 다른 대학에서 어떤 제안을 받았는지 투명하게 알렸다. "이것이 저의 시장가치입니다. 저는 이곳에 남고 싶으니 금액을 맞춰주면 좋겠습니다." 스턴경영대학원은 그렇게 해줬다. 종국에는 내가 다른 사업을 잇달아 시작하면서 뉴욕대학교에서 받는 돈의 가치가 떨어졌고 요즘 나는 고등교육의 단점에 관해 글을 쓰고 강연을 하며 은혜를 원수로 갚고 있다. 학교에서 받은 돈을 쓰면서 그 기관을 비난하는 상황이 우습기는 하다. 그래도 스턴의 임금 인상은 오랫동안 내 삶에 커다란 도움이 됐다. 요컨대 물가 상승률보다 큰 폭으로 보수가 인상되길 원한다면 실제로 회사를 떠나거나 기꺼이 그럴 의지가 있음을 보여줘야 한다.

링크드인LinkedIn에 가입하고 프로필을 유지하고 동료들을 벤치마킹해야 한다. 다시 말해 친구, 옛 동창, 동료와 일자리에 관해 대화해야 한다. 돈이나 승진에 관한 이야기는 저속하다는 통념은 옳지 않다. 당신이 그걸 모르면 이익을 보는 건 고용주뿐이다. 헤드헌터가 돌아다니는 분야에서 일한다면 지금 당장 그들의 전화를 받고 점심도 얻어먹고 시장 상황에 관한 질문도 던지자. 누가 채용을 하고 있는가? 그들은 어떤 인재를 찾는가? 지금은 어떤 능력과 특징이 인기 있는가? 누가 어려움을 겪고 있는가? 무엇보다 중요한 것은 당신의 몸값이 어느 정도인지, 어디에서 몸값을 가장 키울 수 있는지 묻는 것이다.

주의 사항이 하나 있다. 건전한 회의감으로 다른 기회를 탐색하되 현 직장의 좋은 점을 적극적으로 상기해야 한다. 모든 일에는 불만스러운 점이 있고 모든 상사에게는 성가신 면이 있다. 제아무리 매력적이고 무한한 기회처럼 보이는 일도 6개월 후에는 그저 일이 될 가능성이 크다.

극단적인 선택지는 이 모든 정보를 수용해 실제로 직업을 바꾸는 것이다. 2023년 3월 지난 12개월간 직장을 옮긴 미국인[31]의 보수는 7.7퍼센트 증가한 반면 직장을 옮기지 않은 사람의 보수는 5.7퍼센트 증가하는 데 그쳤다. 둘의 차이는 시간이 지나면서 달라지겠지만 직장을 옮긴 사람의 급여는 한 직장에 머무르는 사람보다 거의 항상 앞선다. 환경이 바뀌면 경험 기반이 넓어져 변화하는 경제 상황에서 더 유연하고 쉽게 적응하는 인재가 될 수 있다.

이직자의 이미지가 바뀌고 있긴 하지만 전반적으로 근속연수는 소폭 줄어들었을 뿐이다. 1983년에는 25세 이상 근로자의 평균 근속연수[32]가 5.9년이었다. 2022년 평균 근속연수[33]는 4.9년으로 줄어들긴 했지만 겨우 17퍼센트(그것도 거의 40년 동안) 줄었을 뿐이다. 이직이 가장 빠르게 늘어난 집단은 젊은 근로자들이다. 밀레니얼 세대 21퍼센트가 지난 1년 동안 직업을 바꿨다고 답했다. 같은 응답을 한 밀레니얼 이외 세대보다 세 배나 많은 수치다.

시급 중간값 변화

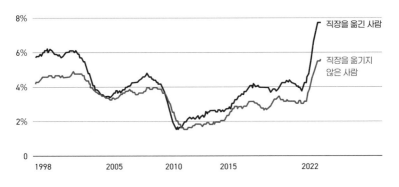

출처: 애틀랜타 연방준비은행

링크드인 데이터에 따르면 Z세대의 이직[34]은 2019년보다 134 퍼센트 늘어났다. 밀레니얼 세대의 이직은 같은 기간 동안 24퍼센트 늘어난 반면 베이비붐 세대의 이직은 4퍼센트 줄어들었다. 게다가 Z세대는 계속 이직할 계획이 있다. 향후 6개월 내 이직할 계획이 있거나 이직을 희망한다고 답한 Z세대는 25퍼센트에 달한다. 밀레니얼 세대와 X세대 중 같은 답을 한 사람은 각각 23퍼센트와 18퍼센트였다.

하지만 이직은 양날의 검과 같아서 휘두를 때는 신중해야 한다. 이직이란 보통 특정 조직을 알기 위해 했던 투자를 포기하고 새로운 회사에서 평판과 인맥을 다시 쌓아야 함을 의미한다. 위험도 상당하다. 면접을 얼마나 많이 보든 당신이 새 조직에 잘 맞아떨어지리라는 보장은 없다.

게다가 이력서에 누적된다는 효과도 있다. 다시 말해 당신의 채용 이력이 미래 고용주에게 어떤 메시지를 전달할지 고려해야 한다. 7년 동안 세 군데에서 일했다면 면접관은 당신이 문제라고 가정할 가능성이 크다. 오로지 깔끔한 이력서를 위해 끔찍한 직장에 계속 다니라는 말은 아니다. 하지만 지난 직장에서 근속한 기간이 2년이 채 되지 않고 지금 직장도 마음에 들지 않는다면 이직하기 전에 3년 더 근무하려면 무엇이 필요한지 오랫동안 치열하게 고민해야 한다.

젊은이들은 정기적 이직에 익숙하지만 모두가 자신과 똑같이 느낀다고 가정하면 안 된다. 잦은 이직을 바라보던 시각(일부는 여전히 그렇게 보기도 하는)에 관해 1974년 버클리대학교의 한 심리학

교수는 "한 직장에서 다른 직장으로 이동하고 싶어 하는 주기적인 충동"에 '떠돌이 증후군hobo syndrome'[35]이라는 이름을 붙였다. 교수는 이 충동이 "새를 이동하게 만드는 것과 다르지 않다"라고 설명했다. 떠돌이 증후군은 미래 고용주가 당신 이력서에 붙이면 좋을 만한 바람직한 라벨이 아니다.

그렇다면 언제 직업을 바꿔야 할까? 연쇄 이직자라는 평판이 생길 가능성을 고려하더라도 다음 이직이 개인적 성장에 도움이 될 때는 이직해야 한다. 다시 말해 이직에 전략적 가치가 있을 때, 단순히 직장을 옮기는 데 그치지 않고 새로운 직장에서 물질적으로 더 나은 보상을 얻을 수 있을 때 이직해야 한다. 이력서에 가치 있는 브랜드명을 추가할 수 있는가? 인맥을 생산적으로 늘릴 수 있는 기회인가? 무엇보다 가장 중요한 질문은 이것이다. 새로운 직책이나 직장이 다양한 역량을 확장하는 데 도움이 되는가?

여기서 역량이란 새로운 소프트웨어나 분석 도구 같은 기술적 업무 성과 역량을 뜻할 수도 있고 인재 관리 기회, 고위급 경영진과의 교류, 더 나은 멘토, 고객과의 더 직접적인 접촉 등 대인관계 역량을 의미할 수도 있다. 새로운 직무의 명확하고 구체적인 이점을 설명할 수 없다면 그저 변화를 위한 변화인지, 1년 후에도 다시 이직을 고려하진 않을지 질문해보길 바란다.

회사가 아니라 사람에게 충성하라

충성심은 미덕이며 양방향으로 작용한다. 당신을 고용한 사람은 당신의 잠재력을 믿는다고 말한다. 멘토도 똑같은 말을 한다. 그들은 당신에게 베팅하며 그들의 충성심에 당신도 충성심으로 보답해야 한다. 충성심은 양쪽 모두에 보탬이 된다. 멘토링[36]은 멘토와 멘티 모두의 성과를 향상하는 것으로 나타났다. 한 기술 부문 대기업의 승진 현황을 분석한 결과, 멘토 프로그램에 참여하는 멘토와 멘티의 승진 가능성이 참여하지 않는 사람보다 최소 다섯 배 이상 높았다.

조언을 구하는 것은 직장에서 유대감을 형성하는 가장 강력한 방법 중 하나다. 이는 신뢰의 표현이기도 하기 때문에 부담스러울 수도 있다. 하지만 신뢰는 신뢰를 낳고 관계를 단단하게 만든다. 조언을 구하면 멘토가 당신의 성공을 위해 더욱 노력을 쏟을 것이다.

이 중 어떤 것도 조직에는 적용되지 않는다. 이들은 조언이나 관점을 제공하지도 않고 당신에게 충성하지도 않는다. 당신의 상사는 당신과 함께 해가 뜨고 진다고 생각할 수도 있지만 상사의 상사가 일을 망쳐 부서 업무 실적이 바닥을 치면 해고의 칼날이 당신과 멘토 모두를 가차 없이 베어낼 것이다. 충성심은 조직의 덕목이 아니라 인간(그리고 개)의 덕목이다.

예전에는 조직과 개인의 구분이 지금보다 모호했다. 당신이 IBM에서 40년 동안 근무했고 동료도 그랬다면 IBM에 충성한다는 것은 사실상 그곳에서 일하는 사람에게 충성하는 것이라 둘은 구분하는 게 아무 의미 없었다. 오늘날에는 주주 가치를 강조하는 경영 전략과 혁신 주도의 파괴가 한 세대 동안 지속된 탓에 조직에 대한 소속감이 약해졌다. 그 결과 개인으로서 서로에게 충성하는 것이 더욱 중요해졌다.

마이크 블룸버그Mike Bloomberg는 이런 말을 했다. "제게는 언제나 철칙이 하나 있습니다. 만약 친구가 승진하면 굳이 전화하지 않는 것입니다. 언젠가 만나서 농담을 건네면 되거든요. 만약 친구가 해고당하면 그날 함께 저녁을 먹으러 가고 싶습니다. 모두가 나를 볼 수 있는 공개된 곳에서 그렇게 하고 싶어요. 제가 살로몬 브라더스Salomon Brothers에서 해고당했을 때를 기억하기 때문입니다. 그때 제게 전화를 건 사람을 한 명 한 명 다 말할 수 있습니다. 그건 정말 의미 있는 일이었습니다. 제가 파트너가 됐을 때는 어떨까요? 그때 일은 전혀 기억나지 않습니다."[37] 내 친구 토드 벤슨 Todd Benson은 이렇게 말했다. "중요한 순간, 의미 있는 순간에 등장하세요. 장례식에는 절대로 빠지지 마세요. 결혼식에도 모두 참석하세요."

본업에 제대로 집중하라

지형을 넘나들며 경력을 발전시켜나갈 때 목적지와 당면 과제에 집중하면 더 많은 영역을 차지할 수 있다. 내 생각에 '부업'은 성공에 필요한 집중력을 흐트러뜨리는 방해 요소다. 할 만한 가치가 있는 일이라면 주업으로 삼아야 한다. 부업이 있다는 것은 본업이 제대로 되지 않는다는 뜻일 수도 있다. 본업에 집중력과 노력을 10~20퍼센트 더 쏟아붓는다면 부업이 주는 것보다 많은 장점을 얻을 수 있지 않을까? 집중은 무엇을 하느냐 아니라 무엇을 하지 않느냐의 문제다.

예외도 있다. 당신이 프리랜서라면 다양한 고객을 받아 고객기반과 수익원을 분산해야 한다. 프리랜서는 하나의 사업체나 다름없다. 어떤 사업체든 단일 고객이나 단일 제품 라인에 의존하는 것은 위험하다. 하지만 모든 기회를 좇으며 시너지가 거의 없는 서로 다른 서비스에 제한적인 자원을 분산하는 것도 마찬가지로 위험하다.

스타트업 초창기마다 내게는 항상 '돈 되는 일'을 하고 싶다는 욕구가 있었다. 때로는 돈을 벌기 위해 전략적으로 무관한 프로젝트를 맡아야 할 때도 있다. 하지만 아무 영양가 없는 일이다. '돈을 위한' 프로젝트 역시 핵심 비즈니스를 위한 프로젝트만큼(때로는 그보다 더) 많은 간접비와 정신적 에너지를 차지하며 핵심 비즈니스에서 회사의 기술력과 추진력을 확장하는 데 필요한 자원을 소진하게 한다. 다시 한번 강조하지만 이런 결정은 키친 캐비닛과 상의해야 한다.

두 번째 예외도 있다. 만약 당신이 기업가 정신에 관한 내 경고를 무시하고 회사를 차렸다면 창업 초기에는 일정한 급여와 복리후생이 제공되는 일자리가 있는 것이 명백하게 현실적인 이유에서 유용할 수도 있다. 마찬가지로 임대 부동산 포트폴리오를 쌓는 것처럼 자산을 구축하는 일에 자금을 대려면 본업이 필요할 수도 있다. 이런 접근이라면 어느 쪽도 부업으로 여겨선 안 된다. 둘을 상호보완적 비즈니스로 보고 평가해 시간을 투자해야 한다. 급여를 받는 일에서 벗어나 자산을 구축하는 일로 옮겨 가기 위한 계획과 시간표를 만들자.

대학원

대부분의 지식 근로자가 고려할 수 있는 매력적인 부업 중 하나는 대학원이다. 몇몇 전문직에는 대학원 공부가 필요하고 일정한 수준의 집중력을 쏟아부어야 한다. 레지던트 2년 차에 사실은 의학을 싫어한다는 사실을 깨닫는 불상사가 벌어져선 안 되기 때문이다. 좀 더 많은 학력을 요구하는 직업에 관해 얼마나 확신하든 자격 요건을 갖추는 데 수년의 인생을 쏟아붓기 전에 미리 내부 상황을 파악하려고 노력해야 한다.

내가 UC버클리 하스경영대학원에서 MBA를 땄을 때는 학비가 연간 2000달러였다. 거의 부담 없는 수준이었다. 학비가 치솟으면서 투자를 정당화하는 기준도 더 높아졌다. 경영대학원 자체가 가치 없는 것은 아니다(나도 경영대학원에서 학생들을 가르치고 있고 이것이 중요한 사명이라고 믿는다). 하지만 이곳이 모두에게 어울리거나 모두에게 필요한 것은 아니다. 경영대학원은 부인할 수 없을 만큼 가치 있는 자격증이지만 최고의 고용주 밑에서 일하는 것 역시 그렇다. 게다가 와튼 졸업생이라는 이유로 CEO를 고용하는 기업은 없기 때문에 경영대학원 졸업장의 수익률은 나이 들수록 급격하게 줄어든다. 반면 그 20만 달러로 투자를 했다면 복리를 얻었을 수도 있다. 다음 파트에서 설명하겠지만 기회비용은 심각하게 저평가된다.

졸업했다는 인증 외에 대부분의 사람이 경영대학원에서 가장 가치 있게 여기는 것은 인맥이다. 특히 은행가나 경영진과의 연결 고리가 전혀 없다면 경영대학원은 그 기회를 마련하는 데 큰 도움이 될 수 있다. 실제로 배우는 것은 제한적이지만 대부분의 고등교육이 그렇다. 인맥과 졸업장이 목적이라면 10위권 밖의 학교에는 가지 않는 것이 좋다. 고용주도 같은 말을 한다. 다만 돈으로 할 뿐이다. 미국 내 10위권 학교에서 MBA를 취득한 졸업생은 최하위권 경영대학원 졸업생에 비해 세 배를 더 번다.[38]

즉각적 성과

'즉각적 성과'는 내가 경영 컨설팅을 하던 시절 새로운 고객과의 관계에 추진력을 얻기 위해 사용한 전술이다. 어려 보이는 MBA 졸업생으로 구성된 하나의 팀이 새로운 아이디어를 들고 기업에 나타나면 낙관주의와 에너지가 솟구치면서 컨설팅 프로젝트가 시작된다.

문제는 몇 달 뒤다. 이 놀라운 인재들이 만들어낸 결과물이라고는 회의와 파워포인트 프레젠테이션, 억 단위 송장뿐이다. 그래서 우리는 제안의 일부를 소규모로 실행할 수 있도록 손을 뻗으면 닿을 만한 기회를 찾았다. 파일럿 프로젝트, 간단한 고객 설문 조사 등 신속하고 가시적인 일이라면 뭐든지 했다. 장점은 많았다. 진전을 보임으로써 투자를 정당화했을 뿐 아니라 훨씬 더 야심 찬 제안을 덜 부담스럽게 실행할 수 있게 했으며 고객의 조직이 실제로 어떻게 움직이는지 파악했다.

즉각적 성과를 거둘 기회를 만드는 것은 다양한 영역에서 효과적인 기술이다. 자기계발 측면에서 보더라도 습관을 개선하고 훨씬 큰 과제를 수행하는 데 도움이 되는 추진력을 만들어내기 위한 핵심은 즉각적 성과다.

미국의 개인 재무 전문가 데이브 램지Dave Ramsey는 빚이 많은 사람은 비현실적인 경제학과 작별하고 즉각적 성과를 추구해야 한다고 주장한다. 램지는 고객에게 가장 작은 것부터 가장 큰 것까지 순서대로 모든 부채를 나열하라고 말한다. 이자율이나 상환 조건 등은 모두 잊어버리고 부채의 절대적 규모로만 나열해야 한다. 그다음 그 순서로 갚아나가야 한다. 재정적 관점에서 보면 가장 건전한 접근법은 아니다(금리가 가장 높은 부채부터 갚는 것이 이상적이다). 하지만 램지는 "수학보다 행동 수정"을 선호한다. 사촌에게 빌린 100달러를 몇 년 동안 갚지 않고 내버려둘 수 있더라도 그 돈을 실제로 갚아버리면 즉각적 성과가 된다. 램지의 말처럼 "즉각적 성과를 거두면 의욕이 생긴다".[39]

취미에 투자하라

로맨스 소설부터 등산까지 다양한 여가 활동은 심신에 활력을 불어넣고 지속적인 행복을 가져다준다. 이 책의 조언을 따르면 열정적으로 이런 활동을 즐길 시간과 돈이 생기리라고 기대할 수 있다. 실제로 언젠가는 이것이 당신이 하는 일의 전부가 될 것이다. 새로운 기술을 배우는 것이 보람 있는 만큼 70세에 은행 잔고는 든든하지만 직업도 없고 할 일도 없는 사람이 되고 싶지 않을 것이다. 70세에도 서핑을 할 수 있다. 하지만 25세에 시작하면 훨씬 쉽게 배울 수 있다.

문제는 일에 집중해야 하기 때문에 그 후 남는 시간이 귀중하다는 것이다. 버릴 것과 투자할 것을 어떻게 선택할 수 있을까?

이때 목록을 만들어 여가 활동의 순위를 매겨야 한다. (가장 중요한 것부터 순서대로 적어야 한다. 동점은 없다.) 여가 활동이란 기본적 생계유지 외에 상당한 소득을 올릴 수 없는(또는 그럴 만한 잠재력이 없는) 모든 활동을 뜻한다. 순위를 매길 때는 다음 사항을 고려해야 한다.

- 사랑하는 사람과 함께 즐기는 활동이라 취미에 투자한 시간이 관계에도 투자되는가? 솔직해지자. 배우자가 매주 일요일 당신을 따라 골프장에 가긴 하지만 골프가 아닌 다른 일을 더 좋아한다면 같은 취미를 공유한다고 보기 힘들다. 만약 배우자도 골프를 좋아한다면 어마어마한 이득이다. 그러니 목록에 올려야 한다.
- 운동인가? 누구나 운동 하나쯤은 목록에 있어야 한다. 내가 취미로 하는 운동은 크로스핏이다. 크로스핏을 좋아하지만 사랑하진 않는다. 하지만 크로스핏보다 더 좋아하는 운동을 찾을 때까지는 크로스핏이 목록 최상위에 머물 것이다.

- 투입되는 시간과 비용을 고려했을 때 어느 정도 가치 있는가? 실험용 경항공기를 조종하면 흥분될지도 모른다. 하지만 시간과 자본이 제한된 세상에서 투입되는 시간 대비 비용의 가치를 고려하면 대부분의 사람에게 경항공기 조종은 '해변 산책'보다 훨씬 뒤처진다.

- 나이가 들어도 할 수 있는가? 이는 다양한 방식으로 생각해볼 수 있다. 예를 들어 기술이 필요한 취미라면, 특히 신체적 활동이라면 지금 계속해야 할 이유가 있다. 은퇴 후에 골프를 즐길 생각이라면 지금부터 실력을 키워 적당한 수준을 유지하는 것이 좋다. 은퇴 후 하와이로 가서 매일 아침 롱보드를 탈 계획이라면 가끔이라도 파도를 타는 시간이 있어야 한다. 이런 기술을 65세에 갑자기 배울 수는 없다. 반면 요리는 나이가 몇 살이든 시작할 수 있다. 일등석을 타고 가는 유럽 수도 여행 역시 연습이 필요하지 않으며 나이가 몇 살이든 쉽게(아마도 지금보다 더 쉽게) 즐길 수 있다.

- 재능이 있는가? 몰입 상태로 이끄는가? 즐거움을 주는가? 이 질문들의 답이 모두 같을 수도 있지만 여기에는 취미의 중요한 특징이 모두 담겨 있다. 피아노 음악을 좋아하는 사람이라면 아름다운 연주로 실버타운을 물들이는 당신의 모습을 상상할 수도 있을 것이다. 하지만 손가락이 짧고 피아노 연습이 매일같이 고통과 스트레스를 준다면 다른 취미를 찾는 게 낫다. 재능 없는 일을 오랫동안 진정으로 즐길 수 있는 사람은 드물다. 열정이 아닌 재능을 따라야 한다.

- 하는 것인가, 보는 것인가? 내 경험상 직접 땀을 흘리는 사람이 땀 흘리는 사람을 지켜보는 사람보다 더 성공한다.

가장 도움이 될 만한 활동을 파악했다면 목록을 살피며 각 취미에 하루, 한 주, 한 달, 1년 중 얼마나 많은 시간을 할애하고 있는지 생각해보자. 이를 더해 3~4개 취미를 포함하면 현실적으로 할 수 있으며 잘할 수 있을 만큼의 시간을 최대한 활용할 수 있을 것이다. ('새로운 일을 시도하는 것'은 전혀 문제없는 취미이며 이 목록을 평생 유지해야 하는 것은 아니다. 다만 새로운 일을 시도하려면 시간을 잘 배분해야 한다는 사실을 기억해두자.) 과거에 시간을 쏟아부은 활동을 그만두는 데 죄책감을 느낄 필요는 없다. 매몰 비용은 말 그대로 이미 매몰됐다. 그것이 오랜 세월 동안 할 만한 가치가 있는 일이었다면 다른 활동에 도움이 되는 기술과 경험이 쌓였을 가능성이 크다. 스포츠 경기가 대표적인 예다. 내가 대학 때 조정을 하며 배운 끈기와 노력이라는 교훈은 평생의 동반자가 됐다. 하지만 나는 조정용 배 근처에 얼씬도 하지 않으며 산다.

취미 목록을 정리했다고 해서 자신을 속이면 안 된다. 목록은 무조건 밀고 나가야 하는 것이 아니다. 요리가 취미 목록 최상위에 오른 이유가 팟캐스트를 들으며 할 수 있는 여유로운 활동이기 때문이라면 매달 요리 수업을 듣고 매일 밤 다섯 가지 코스 요리를 만들어야 한다는 강박으로 취미 활동을 망치지 말자.

내가 하려는 말은 **여유로운 시간이나 비용을 아까워하면 안 된다**는 것이다. 오페라가 목록에 있다면 최고의 오페라를 관람하되 비용이나 시간을 부정적으로 생각하지 말라. 이것이 바로 취사선택의 미덕이다. 의도적으로 버리고 집중하면 선택된 취미를 제대로 즐길 수 있다.

Part 2 Review | **실행 방안**

- **의식적으로 관심과 시간, 에너지를 원하는 방향으로 흘려보내라.** 경제적
  안정을 얻으려면 가장 생산적인 기회에 지속적으로 집중해야 한다.
- **반드시 노력의 필요성을 받아들이라.** 부를 얻는 거의 모든 경로에서는 일에
  시간을 투자하고 에너지를 쏟으며 인생의 다른 측면에서도 뭔가를 희생해
  야 한다. 이런 현실을 억울해하면 지금과 같은 집중력을 유지하거나 장기적
  으로 만족감을 느끼기 어렵다.
- **열정을 따르지 말라.** 재능을 따르라.
- **당신의 재능을 시간을 들여 확인하라.** 재능이 항상 명확하게 드러나는 것
  은 아니다. 우리 자신에게조차 그렇다. 우리가 맨 처음 생각하거나 바라던

분야에 재능이 없다고 밝혀질 때도 많다. 새로운 환경을 경험하며 다른 사람들이 말하는 당신의 강점에 귀 기울여보자. 무엇에 호기심이 생기고 신이 나는지 느껴보자.

- **숙달에 집중하라. 열정은 따라올 것이다.** 지속적이고 보람 있는 열정은 부단한 노력의 원인이 아니라 산물이다.

- **반복하라.** 새로운 것을 시도하고 과감하게 도전하되 당장 엄청난 성공을 거둘 수 있으리라는 기대를 품어선 안 된다. '하루아침에 성공했다'는 이야기는 대개 수년간 열심히 해온 노력의 산물이다. 실패를 통해 교훈을 얻는다면 그 실패는 성공의 원재료가 된다.

- **파도가 가장 큰 해변을 찾으라.** 개인 성과보다 중요한 것이 시장 역학이다. 그러니 최고의 기회를 거머쥐고 싶다면 가장 큰 기회가 있는 곳으로 가라.

- **의사소통 능력을 기르라.** 어떤 직업에나 의사소통 능력은 항상 도움이 되며 보통은 꼭 필요하다. 소설을 읽거나 영화를 보고 시각적으로 정보를 전달하는 방법을 배우며 훌륭한 발표자들이 어떻게 청중을 사로잡는지 연구하자.

- **조직을 선택할 때는 기술뿐 아니라 문화도 고려하라.** 당신의 다양한 역량에 걸맞은 직장을 원하는 것은 당연한 일이다. 하지만 성격에 맞는 직장을 고르는 것 역시 중요하다. 능력을 최대한 발휘하는 데 도움이 되는 사람과 함께 일해야 한다.

- **뻔한 길 너머를 바라보라.** 공부를 잘하면 명문대학교와 대학원을 거쳐 경영, 기술, 금융, 의학, 법 분야의 지식 근로자가 될 가능성이 크다. 훌륭한 직업일 가능성이 높지만 법률사무소 파트너나 수석 부사장 중에도 불행한 사

람은 많다. 넓게 보면 건축부터 동물학까지 다양한 기회가 있다. 메인 스트리트 경제를 얕보지 말라. 재능을 따르라.

- **도시로 가서 사무실로 출근하라.** 20~30대는 업무 방식을 배우고 자신을 몰아붙이고 인맥과 세상에 대한 지식을 넓히는 시기다. 즉, 다른 사람들과 많이 어울릴수록 좋다.

- **언제 그만둬야 하는지 알라.** 끈기는 미덕이지만 동반 자살 협정이 돼선 안된다. 언제든 판에서 빠지는 것이 선택지 중 하나가 돼야 한다.

- **기업이 아닌 사람에 충성하라.** 조직은 윤리 기준이나 기억이 없는, 스쳐 지나가는 기관일 뿐이며 조직은 구성원에게 충성하지 않는다.

- **취미를 취사선택하라.** 업무 외의 관심사는 오직 재미를 위한 것만은 아니다. 이는 단기적 행복과 장기적 만족에도 꼭 필요하다. 하지만 취미가 집중력을 흐트러뜨리기도 한다. 그러니 어떤 취미를 가질지 신중하게 선택하고 이제는 어울리지 않는 취미라면 과감히 버리자.

집중력

+

(금욕 × 시간 × 분산)

시간

Part 3

미국 20세기 시인 델모어 슈워츠Delmore Schwartz는 "시간은 우리를 태우는 불"[1]이라고 썼다. 암울하지만 일리 있는 말이다. 시간은 가차 없이, 필연적으로 우리를 태워버린다. 과거는 바꿀 수 없는 기억이다. 미래는 꿈이다. 우리가 통제할 수 있고 존재할 수 있는 기회는 바로 지금이다. 과거에 집착하거나 지금 행동하고 절제하지 않으면서 긍정적 미래를 꿈꾸는 것은 바꿀 수 없는 과거에 하지 못했고 고칠 수도 없는 일을 후회하는 지름길이다.

당신은 우주보다 민첩하고 재능이 뛰어나다. 우주는 당신처럼 유연하게 소통하지도, 미묘한 차이를 알아채지 못한다. 당신은 우주의 우사인 볼트다. 정말 빠르다. 하지만 우주는 어디에서든, 무엇이든 잘해낼 것이다. 가장 불변하는 무기인 시간의 주인이기 때문이다. 수십억 년 단위로 변화를 측정하는 우주는 결국 모든 것이 지나간다는 사실을 잘 알기에 아주 더디게 움직인다.

시간은 가장 가치 있는 자원이다. 특히 그 누구보다 시간이 많은 젊은 사람에게 그렇다. 시간은 젊은이들이 사용 방법을 알지 못하는 무기다. 의식을 갖고 산 시간이 겨우 25년이라면 앞으로 50년 동안 무엇을 의식할 수 있을지 상상하기 힘들다. 이런 개념, 즉 시간과 인내심을 이해하는 능력이 생계유지에 필요한 재능이 있는 사람과 부를 쌓는 데 필요한 사고를 하는 사람의 차이를 만든다.

시간은 관대하게 대하면 안 되는 것 중 하나다. 돈은 낭비해도 다시 벌 수 있다. 시간은 낭비하면 영원히 사라진다. 절대 여유 부리면 안 된단 뜻은 아니다. 아무것도 하지 않아도 괜찮고 심지어 그게 중요하기도 하다. 하지만 계획적이어야 한다.

부를 쌓을 때 시간은 장기적으로는 아군이지만 단기적으로는 적이다. 세 가지 면에서 그렇다. 이 파트에서 그 내용을 살펴볼 생각이다.

첫째, 시간에는 복리의 힘이 있다. '복리'라는 말에 이미 익숙할 가능성이 크다. 복리는 재무 계획의 핵심 원칙이다. 시간의 힘 덕에 자본이 조금만 늘어나도 엄청난 이익이 될 수 있다.

하지만 복리는 돈을 투자해 벌어들이는 수익, 그 이상의 것이다. 투자 비용도 복리로 늘어나므로 제대로 관리하지 않으면 수익률이 감소할 수 있다. 인플레이션도 복리로 작용하며 부의 토대를 끊임없이 약화시키는 원초적인 적이다. 이 법칙이 금융에만 적용되는 것은 아니다. 우리 행동의 영향은 습관 발달부터 관계 강화까지 모든 영역에서 복리로 작용한다.

둘째, 우리는 모두 현재를 살아가며 시간을 경험한다. 집중과 금욕은 현재를 최대한 활용하기 위한 접근 방법이다. 부를 창출하려면 어떻게 시간을 분배하고 어떻게 돈을 소비하는지(같은 말을 두 가지 방식으로 한 것이다) 명확하게 이해해야 하며 크고 작은 결정을 제대로 내리는 기술이 필요하다.

셋째, 궁극적 질문은 시간의 교환 조건에 관한 것이다. 부의 축적은 흥미로운 개념이다. 부를 쌓으려면 다른 누군가, 즉 미래의 내가 좀 더 행복할 수 있도록 현재의 기쁨을 희생해야 하기 때문이다. 우리는 가까운 미래의 내가 먹고살 수 있도록 일을 하며 돈을 번다. 뿐만 아니라 먼 미래의 내가 경제적 안정과 좋은 삶이라는 보상을 누릴 수 있도록 돈을 투자하고 저축한다. 미래에 누릴 행복과 현재 누릴 수 있는 행복 사이에서 균형을 잡는 것이 중요하다.

<u>시간의 힘: 복리</u>

시간이 쌓이면 작은 변화도 거대한 것이 된다. 도토리가 참나무가 되고 강이 협곡을 이루는 것도 시간 덕분이다. 경제에서나 삶에서나 우리는 복리 현상을 통해 시간의 힘을 깨닫는다.

복리

시간의 권위자 알버트 아인슈타인Albert Einstein은 복리가 이 세계 8대 불가사의라는 말을 남겼다고 알려져 있다. 맞는 말이지만 복리는 단순한 수학이기도 하다.

이자율 8%로 100달러를 투자

복리가 아닐 때		복리일 때
108$	1년	108$
116$	2년	117$
124$	3년	126$
180$	10년	216$
340$	30년	1006$

100달러를 연 8퍼센트 이자율로 투자한다고 가정해보자. 첫해에는 8달러라는 소액의 수익이 생긴다. 100달러는 108달러가 된다. 하지만 두 번째 해에는 단지 8달러만 생기는 것이 아니다. 최초 투자금(100달러)에 8퍼센트 이자가 붙을 뿐 아니라 지난해 얻은 수익(8달러)에도 8퍼센트 이자가 붙어 64센트가 추가로 생긴다. 이 64센트가 당신의 도토리다. 복리가 아니었다면 116달러만 얻었겠지만 복리 덕에 이제 당신에게는 116.64달러가 있다. 세 번째 해에는 원래 100달러에 이자 8달러가 붙을 뿐 아니라 첫해

생긴 이자 수익 8달러, 두 번째 해에 생긴 이자 수익 8달러 그리고 64센트에 이자가 붙는다. 모두 더하면 124달러(복리가 아니었다면) 였을 돈이 125.97달러가 된다. 도토리의 싹이 트고 있다. 10년이 지나면 복리는 100달러를 216달러로 둔갑시킨다. 매년 원금에 8퍼센트 이자만 붙는다면 180달러에 그친다. 30년간 복리가 적용되면 100달러는 1006달러가 된다. 복리가 아닐 경우 340달러에 그친다. 복리 효과만으로 처음 투자한 돈이 거의 일곱 배가 됐다. 도토리가 참나무가 된 것이다.

복리는 은행이 제공하는 선택적 서비스가 아니라 이자의 수학이다. 다음 공식으로 복리 효과를 계산할 수 있다.

미래 가치 =
현재 가치 × (1 + 이자율)^{기간}

현실 상황에서는 수학이 좀 더 복잡하지만(예: 투자 대상이 하나 이상인 경우, 시간이 지남에 따라 수익률이 변경되는 경우) 이것이 기본 원칙이다.

실제 숫자로 계산해보면 이렇다. 다음 페이지의 그래프는 연간 1만 2000달러를 연 8퍼센트 수익률로 10년간 투자한 다음 중단하고 복리를 적용했을 때 증가되는 부를 보여준다. 25세부터 35세까지 이런 식으로 투자하면 65세가 됐을 때 250만 달러의 자산이 생긴다. 반면 45세에 시작하면 50만 달러를 가질 뿐이다. 정말로 돈이 필요한 노년에 자산이 늘어나는 속도는 놀라울 정도다.

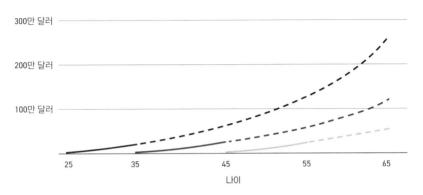

복리의 힘

저축=10년 동안 1만 2000달러씩 저축, 연 8% 복리

워런 버핏은 52세 이후 전 재산의 99퍼센트를 모았다.

투자는 참나무를 심는 것과 같다. 시작하기 가장 좋은 시기는 10년 전이다. 두 번째로 좋은 시기는 바로 지금이다.

인플레이션

복리에는 인플레이션이라는 사악한 쌍둥이가 있다. 수익이 복리로 불어나 부가 증가하는 동안 인플레이션 역시 똑같이 복리의 힘을 이용해 이를 감소시킨다. 인플레이션은 부의 기둥을 갉아 먹는 쥐이고 주춧돌의 부식이며 절대로 빠지지 않는 밀물과 같다. 피할 수 없긴 하지만 피하지 못하는 것은 아니다. 인플레이션을 앞지르면 된다.

인플레이션의 수학은 금리의 수학과 같지만 방향은 다르다.

연간 인플레이션이 3퍼센트에 달하면 오늘은 100달러인 물건값이 1년 후에는 103달러가 된다. 더 멀리 내다보면 어떻게 될지 가늠할 수 있다. 지금부터 10년 후에 같은 물건값이 134달러가 된다는 뜻이다. 지금부터 30년이 지나면(은퇴 저축을 이야기하고 있는 만큼 터무니없는 기간은 아니다) 오늘 100달러인 물건은 243달러가 된다. 다시 말해 30년 후 은퇴할 계획이고 인플레이션이 3퍼센트일 경우 지금과 같은 구매력과 생활을 누리려면 지금보다 2.5배 많은 소득이 필요하다.

훌륭한 시스템처럼 보이지는 않는다. 뚜렷한 장점도 없으면서 경제적 안정을 얻기 어렵게 하는, 모든 것에 부과되는 세금 같다. 하지만 인플레이션은 우리가 위험을 무릅쓰고 외면하는 근본적인 경제 요인이다.

미국의 연준 같은 세계 각국 중앙은행은 인플레이션에 어느 정도 영향을 미치며 연간 2퍼센트 내외로 인플레이션을 유지하려고 노력하지만 성공할 때도 있고 실패할 때도 있다. (인플레이션을 측정하기 위해 다양한 물가 척도가 사용된다. 언론에서 가장 흔히 사용하는 수치는 다양한 소비재 가격을 종합한 소비자물가지수Consumer Price Index, CPI다.) 21세기 초에는 대체로 인플레이션이 매우 낮았지만 2022년에는 미국 인플레이션이 연간 8퍼센트에 달했으며 해외에서는 심지어 더 높았다. 그러나 지난 100년간 미국 인플레이션이 평균 약 3퍼센트였으니 이를 기준으로 계획을 세워도 괜찮다.

인플레이션이 모든 재화와 서비스에 똑같이 적용되는 것은 아니다. 특히 교육비와 의료비는 수십 년간 인플레이션보다 가파르게 상승했다. 1980년 이후 대학 등록금은 연간 약 8퍼센트씩 증가했다. 기술은 디플레이션을 겪을 수 있다. 컴퓨터의 성능은 개선되는데 값은 해가 갈수록 내려가고 있다. 성능 대비 가격은 급락한 셈이다. 장기적 추세와 무관하게 상당한 변동성을 보이는 품목도 있다. 예를 들어 휘발유는 지난 20년간 갤런당 2달러에서 4달러 사이를 수없이 오갔다.

인플레이션이 거의 확실하다는 것은 목표를 좀 더 높게 설정해야 한다는 뜻이다. 장기 계획을 세울 때는 물가가 상승한다는 사실을 기억해야 한다. 지금은 연간 10만 달러의 수입이 제법 괜찮게 들릴 수도 있다. 하지만 30년 후의 10만 달러는 그 가치가 지금의 4만 1200달러와 같다. 갓 태어난 자녀의 대학 교육을 위해 돈을 저축하는 중이고 현재 학비가 연간 20만 달러라면 그 아이가 대학에 갈 무렵에는 적어도 36만 달러가 있어야 한다. (이것도 학비가 3퍼센트만 인상된다고 가정했을 때의 수치다.)

실질수익률: 이자와 인플레이션

앞서 설명했듯 인플레이션을 피할 유일한 방법은 인플레이션을 뛰어넘는 것뿐이다. 인플레이션이 3퍼센트로 예상될 때 현재의 구매력을 유지하려면 최소한 3퍼센트의 이자를 벌어야 한다. 하지만 당신은 단순히 구매력을 유지하는 것이 아니라 높이고 싶을 것이다. 이를 위해 고려해야 할 것이 '실질'수익률, 즉 인플레이션을 넘어선 투자수익률이다. 이자율에서 인플레이션율을 빼면 대략적인 실질수익률을 구할 수 있다. 인플레이션이 3퍼센트인 상황에서 수익률이 5퍼센트라면 실질수익률은 대략 2퍼센트가 된다.*

수익률이나 달러 액수 같은 금융 지표를 인플레이션에 맞춰 조정한 것을 '실질'이라고 하고 조정하지 않은 것은 '명목'이라고 한다. 10년 전 어떤 물건이 100달러였고 이후 인플레이션율이 3퍼센트였다면 10년 전 '명목 달러'로는 100달러였지만 '실질 달러'로는 134달러라고 표현한다. 다시 말해 10년 전 100달러를 주고 살 수 있었던 물건을 지금 사려면 134달러가 필요하다는 뜻이다. '고정 달러' 혹은 '2024년 달러'처럼 특정 연도에 고정된 달러 금액을 사용하기도 한다.

재무 계획을 세울 때 인플레이션을 고려하지 않는 경우는 흔하다. 하지만 이런 실수는 심각한 결과로 이어질 수 있다. (마찬가지로 재무 계획을 세울 때는 파트 4에서 설명할 세금도 항상 고려해야 한다.) 현금이 있으면 위안이 될 수 있다. 언제든 편하게 사용할 수 있고 보기도 좋고 단기적 고통도 피할 수 있다. 사람은 누구나 지나칠 정도로 고통을 피하고 싶어 한다. 하지만 단기적인 경우를 제외하면 많은 자산을 현금으로 보유하는 것은 좋은 생각이 아니다. 매일 부를 잃기 때문이다. 현금을 보유하면 매년 3퍼센트가 그것도 복리로 줄어든다. 그러니 투자하고 인플레이션을 뛰어넘자.

---

* 명목수익률에서 인플레이션을 빼면 유용한 근사치가 된다. 하지만 올바른 계산법은 (1+명목수익률)/(1+인플레이션율)−1이다. 명목수익률이 5퍼센트고 인플레이션율이 3퍼센트면 실질수익률은 1.94퍼센트다.

지금 하라

수백 달러로 불어날 64센트 혹은 250만 달러로 불어날 1만 2000달러를 확보하려면 지금 당장 행동해야 한다. 현재 우리 삶은 작은 일의 연속이라 그 잠재력을 인지하기 힘들 수도 있다. 장기적으로 부를 쌓으려면 인지적 결함을 극복하고 지금 현재를 잘 관리하는 것이 필수다. 시간 척도를 바꾸면 인생이 달라진다.

인지 오류

시간의 위력과 중요성에도 불구하고 우리는 시간을 제대로 이해하지 못한다. 우리 뇌는 잘못 학습한 내용과 근사치로 뒤엉켜 있다(한 연구는 인간의 정신을 '착각 메뉴'[2]라고 묘사한다). 간단한 실험을 해보자. 당신은 9일짜리 휴가를 계획했다. 하지만 마지막 순간에 그중 하루는 일해야 한다는 이야기를 들었다. 실망스럽기 짝이 없다. 이제 다시 설정해보자. 당신은 사흘짜리 휴가를 계획했는데 그중 하루를 일해야 한다는 사실을 알았다. 두 상황이 다르게 느껴지는가?

우리는 물리적 거리를 왜곡하는 것과 동일하게 시간도 왜곡해 받아들인다. 축소한다는 뜻이다. 똑같이 불쾌한 상황을 떠올리더라도 그 사건이 나중이 아니라 곧 일어나는 경우를 주관적으로 더 나쁘게 평가한다. 두 사건의 거리가 얼마나 가까운지 평가해달라고 하면[3](예: 일주일 간격으로 벌어질 두 사건이 '잇달아 벌어질' 사건인지, '다소 가까운 시일 내에 벌어질' 사건인지, '서로 멀리 떨어진' 사건인지) 사건 발생 시점이 현재와 가까울수록 두 사건의 간격이 좀 더 멀다고 설명한다. 지금 수중에 있는 돈이 미래의 같은 돈보다 더 가치 있듯(파트 4 '시간의 화살' 참조) 가까운 미래에 일어날 사건을 먼 미래에 일어날 사건보다 더 크게 느낀다. (우리 뇌의 수많은 인지 문제와 마찬가지로 이런 판단이 완전히 비합리적인 것은 아니다. 먼 미래에 일어날 사건은 임박한 사건보다 발생 가능성이 낮기 때문이다. 하지만 이로 인해 인식이 흐려지는 것은 사실이다.)

시간의 흐름은 판단력을 흐트러뜨리며 투자의 경우에는 특히 그렇다. 과거 성과에 대한 우리 기억은 긍정적으로 편향된다.[4] 우리는 실패한 투자보다 성공한 투자를 더 잘 기억한다. 이런 기억은 미래를 평가할 때도 반영돼 미래를 과신하게 한다. 예외적으로 과거 실패에 관해 탓할 사람이 있을 때는 실패를 더 분명하게 기억하는데 이는 자신의 능력에 대한 판단을 더욱 왜곡한다. (지출에 관해 아래에서 설명하겠지만 부지런히 기록을 남기는 것이 해결책이다.)

마찬가지로 우리는 가장 좋았던 일을 기억하고 미래에 대한 기대치의 기준으로 삼는다. 이것이 바로 사치품이 필수품이 되는 소비 행태, 즉 라이프스타일 크립lifestyle creep의 근본적 메커니즘이다. 뒤에서 다시 설명하겠지만 이는 수용 가능한 물질적 안락함의 기준을 계속해서 재설정하는 경향을 뜻한다. 일단 포시즌스Four Seasons호텔에 투숙하고 나면 다시는 하얏트Hyatt를 이전처럼 즐길 수 없다. 마찬가지로 20달러에 산 주식이 100달러까지 올랐다가 90달러로 떨어지면 실제로는 70달러를 벌었는데도 10달러를 잃은 것처럼 느껴진다.

이런 문제는 하나의 타임라인에 존재한다. 재무 관리를 할 때는 여러 타임라인을 고려해야 하지만 그러지 못하는 경우가 많다. 기회비용, 즉 투자하지 않은 탓에 실현되지 못한 수익 이야기를 하려는 것이다. 대학원 진학 비용을 저울질하는 젊은이 역시 이런 실수를 자주 저지른다. 비용에는 등록금만 포함되는 것이 아니다. 공부하지 않았다면 벌었을 돈과 그 돈의 복리 효과는 훨씬 더 클 수도 있다.

마지막으로 시간은 상대적이지만 우리 삶은 그렇지 않다. 수입과 지출은 대개 예측 가능한 패턴으로 늘어나고 줄어든다. 10대 후반이나 20대 초반까지는 거의 전적으로 지출만 할 뿐이다. 대학원에 다니느라 더 늦어지는 경우가 아니라면 20대 동안 소득이 증가하기 시작하며 이상적으로는 지출을 넘어선다. 하지만 돈을 버는 능력과 함께 의무도 늘어남에 따라 수입과 지출이 둘 다 증가한다. 자녀가 있다면 그들이 성인이 돼 스스로 돈을 벌기 시작할 때 지출이 줄어들며 열심히 일하고 똑똑하고 운이 좋다면 수입이 빠르게 증가한다. 이는 흥미와 에너지, 능력, 욕망이 모두 감소하는 시기에 도달하기 전까지 계속된다. 수입은 서서히 감소할 수도 있고 은퇴 파티의 축하와 덕담과 함께 소멸할 수도 있다. 그러다 삶의 끝이 다가오면 지출과 마지막을 연장하기 위한 제반 비용이 증가하는 경향이 있다. 이 과정에서 우선순위와 전략 역시 달라질 것이다.

시간은 진정한 통화

세계에서 가장 부유한 사람이나 가장 가난한 사람 모두에게 하루는 24시간이다. 누구에게나 1초가 똑같이 흘러간다. 시간은 잘못 사용해도 환불되지 않으며 시간을 빌려주는 은행도 없다. 돈으로 부와 기회를 측정하는 것이 현실적이긴 하지만 정말 중요한 통화는 시간이다.

어렸을 때 아버지는 일 때문에 출장이 많았다. 부모님이 이혼하기 전에 나와 어머니는 때로 오렌지카운티 공항에서 출장길에 오른 아버지를 배웅했다. 거리에서 계단을 올라가면 바가 있는 발코니가 건물을 빙 두르고 있었다. 보안 요원도 없었다. 아버지는 나를 발코니로 데려가 비행기 엔진 소리가 들리면 내 귀를 막아줬다. 조종사가 브레이크를 풀고 바다에 누워 있는 물개처럼 보이던 비행기가 1700미터 상공으로 날아오르며 솟구치는 독수리로 변신하는 모습을 지켜봤다. 아버지는 727과 DC-9의 차이(엔진 세 개짜리와 두 개짜리), L-1011과 DC-10의 차이(세 번째 엔진이 동체에 있는 비행기와 꼬리 중간쯤 있는 비행기)를 알려줬다. 퍼시픽 사우스웨스트 항공Pacific Southwest Airlines 비행기 기수에 그려진 웃는 얼굴이 발코니 창문 너머로 우리를 향해 미소 지었다. 우리 둘 모두에게 훌륭한 시간이었다.

그 시간은 내게 비행기를 향한 일생의 사랑을 심어줬다. 어떤 사람들은 밤늦도록 스포츠 채널을 보거나 인터넷으로 패션을 검색한다. 나는 몇 시간씩 비행기를 연구하고 검색한다. 약 6년 전

그 발코니에서 시작된 꿈을 마침내 실현해 내 소유의 제트기 봄바디어 챌린저 300Bombardier Challenger 300을 구입했다. 비행기를 사고 격납고부터 탄소 상쇄(이산화탄소 배출을 상쇄할 만한 활동을 하는 것—옮긴이)까지 모든 일을 해결할 관리 회사와 정규직 조종사를 고용하는 데는 많은 돈과 시간이 든다. 합리적이라고 완전히 정당화할 수는 없었다.

비합리적인 일을 합리화하기 위해 나는 이런 방법을 활용했다. 그 무렵 나는 가족과 함께 마이애미에 살았지만 일주일에 한 번은 강의를 위해 뉴욕을 방문해야 했고 매주 미국 어딘가에서 강연도 하고 회의도 했다. 출장 일정을 따져보니 전용기가 있으면 집에 있는 날이 13일 늘어날 것 같았다(전용기에는 두 가지 중요한 장점이 있다. 먼저 원하는 일정에 맞춰 비행할 수 있다. 둘째, 자동차에서 비행기까지 걸어가는 시간이 2분밖에 안 걸린다. 비행기 표도 없고 보안 요원도 없다). 그러면 10년 동안 가족과 함께 130일을 더 보낼 수 있거나 혹은 어른이 되면 결국 집을 떠나는 끔찍한 습관을 지닌 사내 녀석들과 함께 4개월을 더 보낼 수 있다는 뜻이었다. 세제 혜택을 받으면 전용기 비용은 연간 약 120만 달러 정도다. 질문은 이것이다. 삶이 끝나갈 때 은행에 남아 있는 1200만 달러와 아이들과 4개월 동안 만든 추억 중 무엇을 원할까? 이건 나한테도 무척 큰돈이었지만 지금껏 내린 돈과 관련된 결정 중 가장 쉬운 것이었다.

계산해보자

무엇이 당신의 시간을 훔쳐가고 있는가? 돈은 똑똑하게 아끼면서 시간을 멍청하게 낭비하는 곳이 어디인가? 식료품 쇼핑을 생각해보자. 대부분의 지역에서 각기 다른 비즈니스 모델을 앞세운 다양한 식료품 배송 서비스 업체가 경쟁을 벌이고 있다. 매주 식료품 쇼핑에 세 시간을 소비한다면(운전해서 가게로 가고 쇼핑을 하고 물건을 갖고 집으로 돌아온다) 1년이면 150시간이 된다. 2주의 휴가 기간 중 깨어 있는 시간을 모두 더한 시간이기도 하다. 2주 동안 휴식을 취하거나 추가로 일을 한다면 어떤 가치가 있을까? 훨씬 많은 가치가 있을 것이다. 특히 장 보러 갈 시간이 없어 식료품을 구매하지 못하면 일주일에 두세 번 배달 음식을 더 주문해야 한다. 우버 식료품 배달 서비스에 매주 25달러를 쓰면 우버이츠 Uber Eats(우버가 제공하는 음식 주문 및 배달 플랫폼으로 한국의 '배달의민족'과 유사하다―옮긴이) 비용을 100달러 절약하고 시간도 고스란히 되찾을 수 있다. 고민할 필요도 없는 결정이다. 예외는 있다. 식료품 쇼핑에서(혹은 청소나 요리, 세차에서) 카타르시스를 느낀다면 마음껏 즐기길 바란다.

게으르게 살라거나 서비스에 모든 돈을 써도 좋다는 말이 아니다. 사람을 고용해 집 청소나 식료품 구매를 맡기고 넷플릭스만 들여다보면 넷플릭스에 더 많은 돈을 지불할 뿐이다. 핵심은 시간을 확보해 당장 하고 싶은 일이 아니라 정말로 생산적인 일에 투자하는 것이다. 일, 공부, 관계 무엇이든 좋다. 하지만 대체로 젊을 때는 일을 해라.

소셜미디어는 역사상 가장 강력하게 부를 파괴하는 도구 중 하나다. 젊은이들이 시간을 가장 필요로 할 때, 즉 일과 (진짜) 인간관계에 투자하면 복리로 불어날 수 있는 시기에 수년의 세월을 빼앗는다. 스마트폰 운영체제에 설치된 스크린 타임 보고서를 열어보자. 소셜미디어에서 얼마나 많은 시간을 보냈는가? 수천 명의 프로그래머와 제품 관리자, 행동심리학자가 설계한 도파민 중독 외에 무엇을 얻었는가? 꿀팁 하나. 그들은 당신 편이 아니다. 당신이 인플루언서여서 소셜미디어 사용 시간이 곧 업무에 투자하는 시간인가? 행복에 관한 한 연구는 27가지 다양한 여가 활동이 사람들을 행복하게 하는 정도를 추적해 그중 소셜미디어가 최하위를 차지한다는 사실을 발견했다.[5] (소셜미디어 앱을 사용하고 나면 로그아웃해보라. 그러면 다음에 접속할 때 좀 더 의식적인 결정을 내릴 수 있다.)

전자기기 사용에 너무 많은 시간을 낭비한다고 사람들을 꾸짖기는 쉽다. 하지만 업무 역시 그런 시간 낭비의 큰 요인이다. 이메일을 필터링하고 일정을 자동화하고 분야에 맞게 개발된 클라우드 서비스나 도구를 활용하는 등 유리하게 기술을 활용하는 방법을 배워야 한다. 생산성 도구의 우주가 다운로드해줄 사람만을 애타게 기다리고 있다. 뒤에서 지출과 저축에 관한 이야기를 시작하겠지만 내가 이야기하려는 진짜 주제는 시간이다.

고용주가 당신에게 업무를 보조해줄 사람을 보내준 경우 그 관계에 투자하라. 처음에는 모든 일을 스스로 할 때보다 시간이 오래 걸릴 수밖에 없다. 하지만 이것 역시 일종의 투자다. 이걸 초

능력이라고 할 수 있을진 모르겠지만 내 초능력은 다른 사람의 뛰어남을 알아보고 내 부족한 능력을 확장하는 데 도움이 되는 사람, 공급업체, 인간관계를 얻고 유지하는 데 자본(시간과 돈)을 사용하는 것이다. 나처럼 근본적으로 게으른 사람이 이런 데서 힘을 발휘할 수 있다. 어릴 때부터 항상 궁금했다. 다른 누군가가 이 일을 나만큼 혹은 나보다 더 잘할 수 있을까? 만약 그렇다면 그리고 다른 사람에게 일을 맡긴 덕에 얻은 시간 동안의 합리적인 기대 수익이 그 비용을 넘어선다면 아웃소싱해야 한다. 갓 사회에 발을 들인 전문직 종사자라면 청소 서비스를 이용하고 포장 음식을 먹을 수도 있다. 나는 실내장식, 과학기술, 살림, 조경, 세금 전략, 편집, 옷장 관리, 야간 활동(컨시어지 서비스), 휴가 계획, 행사 계획, 반려견 산책, 운동(개인 트레이너), 운전, 식료품 쇼핑, 영양 관리를 비롯해 선물을 고르는 일까지도 전문가에게 맡긴다. 그렇다. 나는 대부분의 기술에 무능하다. 하지만 나는 이 모든 자본을 두 가지 일에 재분배한다. 첫째, 돈을 벌기 위해 하는 일에서 세계 최고가 되기 위해 노력한다. 둘째, 즐거움을 얻기 위한 일(예: 주말에 반려견 산책시키기, 아들들과 많은 시간 보내기)을 더 많이 한다.

과학기술은 도움이 되지만 시간 관리는 과학기술을 초월하는 기술이다. 돈을 잘 관리한다는 것은 곧 시간을 잘 관리한다는 뜻이다. 공식 시스템과 잘 맞는 사람도 있다. 이들은 데이비드 앨런David Allen의 《쏟아지는 일 완벽하게 해내는 법》을 모범 답안으로 여긴다. 내 취향은 아니지만 널리 쓰이는 시스템이다. 내 주된 시간 관리 전략은 인정사정없이 우선순위를 정하는 것이다. 인정사

정없다는 것이 중요하다. 받은 편지함의 맨 아래까지 보거나 하지 못한 일을 걱정한 게 수년이다. 내 시간을 요구하는 일이 너무 많지만 나는 원하는 일을 선택하는 호사를 누린다. 내 일의 필수 요건은 텔레비전 출연, 팟캐스트 녹음, 공개 연설, 저서 집필 등 짧은 시간 동안 통찰력을 발휘하기 위해 정신을 온전히 쏟고 100퍼센트 집중하는 것이다. 만약 당신의 행사에 연설자로 나를 초청한다면 그 전날 저녁 식사 자리에서는 내가 다소 냉담하고 산만해 보일 수 있다는 사실을 알아두길 바란다. 나답게 말이다. 차트를 뒷받침하는 스토리, 영상 타이밍, 극적 효과를 위해 말의 속도를 늦춰야 할 부분 등을 생각하는 것이다. 여기에는 대가가 따른다. 호텔 이름을 잊기도 하고 비서가 아침 식사를 해야 한다는 사실을 일깨워주기도 한다.

젊음이라는 특권

나는 종종 미국 노년층이 축적한 부와 이로 인해 젊은 세대가 부를 축적하는 데 마주하는 어려움에 관해 글을 쓴다. 하지만 노인에게는 부족하고 젊은이에게는 많은 부의 원천이 하나 있다. 바로 시간이다. 인간의 지각이 지닌 아이러니는 그럼에도 많은 사람이 이런 풍부함을 모두 낭비해버린 후 뒤늦게 그 가치를 깨닫는다는 것이다. 젊다는 것은 곧 시간이 많다는 뜻이며 돈이 많은 사람이 부를 활용할 수 있듯 젊은 사람은 시간을 활용할 수 있다. 하지만 대개 그러지 않는다.

젊고 시간이 많은 사람은 열심히 일해서 번 돈으로 재밌는 시간을 보낼 수 있다. '고통스러울 정도의 저축'을 강조하는 대부분의 개인 재무에 관한 조언과 경제학자들이 수학적 측면에서 최적이라고 권고하는 방식, 즉 사회생활 초기에는 저축으로 부를 축적할 만큼 돈을 벌지 못하므로 저축을 미루라는 조언 사이에는 괴리가 있다.

나는 경제학자들 의견에 90퍼센트 동의한다. 에너지와 열정, 위험을 감수하려는 의지는 영원하지 않다. 그러니 지금을 즐기길 바란다. 반려견과 배우자, 자녀, 주택 담보대출은 20대 때처럼 걱정 없이 즐길 기회의 일부를 빼앗는다. 하지만 인간의 행동은 경제학자들의 알고리즘과는 다르며 당신의 행동 역시 경제모델의 숫자처럼 쉽게 달라지지 않는다. 지금부터 저축하는 법을 배우고 젊을 때 그 힘을 키워두면 저축 습관이 복리로 불어날 것이다.

지금부터 부를 쌓는 데 핵심이 되는 예산 수립과 저축에 관해 살펴볼 것이다. 하지만 당신이 사회생활을 시작한 지 10년 남짓밖에 되지 않았다면 대체로 결과가 아닌 행동에 관한 조언으로만 받아들이라. 저축을 바람직한 행동과 인격을 갈고닦기 위한 수단으로 여겨야 한다. 고소득층으로 넘어가면 연습이 끝나고 진짜 게임이 시작된다. 20대에는 저축을 많이 하지 못했을 가능성이 크다 (그러기 힘들다). 그러니 열심히 따라잡아야 한다. 미국 36대 대통령 린든 존슨Lyndon Johnson의 말처럼 "지금은 도토리를 모아야 할 때다".

측정할 수 있어야 관리할 수 있다

부자들은 흔히 "돈 걱정은 해본 적이 없어"라고들 한다. 헛소리다. 내가 아는 모든 부자는 돈 때문에 끙끙 앓는다. 반드시 돈을 모으려고 전전긍긍하는 건 아니지만(일부는 그러기도 한다) 골룸이 절대 반지를 대하듯 돈을 쫓아다니고 관리하며 애지중지한다. 돈 생각을 안 한다는 말은 은근한 자랑이다. 그 말은 곧 "나는 재능이 너무 뛰어나서 돈이 쏟아져 들어오기 때문에 장기 계획을 세우거나 고민할 필요가 없다"는 뜻이기 때문이다. 돈 생각을 많이 한다는 말은 섹스 생각을 많이 한다는 말과 비슷하다. 모두가 알고 있지만 인정하기에는 불편하고 부끄러운 점이 있다. 모두가 돈과 섹스를 생각한다. 순서는 다를 수도 있다.

어른이 된 후에 내게 얼마나 많은 돈이 있는지 알았다. 그렇지 못했던 시절, 즉 지출을 추적하지 않던 시절에는 항상 그 끝에 반갑지 않은 소식이 있었다. 돈과 지출을 추적하지 않으면 결국 돈이 더 적다는 사실을 깨닫게 된다.

어릴 때는 돈이 얼마나 있는지 계산하기 쉬웠다. 돈이 없었으니까. 하지만 동아리에 얼마나 빚을 졌는지, 신용카드 대금이 얼마인지는 알았다. 이제 나는 매주 중개인과 대화를 나눈다. 이렇게 돈을 관리하는 것은 아슬아슬한 곡예나 다름없다. 돈에 **합리적으로 집착**하고 싶기 때문이다. 이게 무슨 뜻일까? 소득, 지출, 투자에 집중하되 **감정적으로** 휘둘리면 안 된다. 돈 관리를 지적 훈련으로 여기고 통제감을 갖되 불안감을 키우지 않는 것이 핵심이다.

나는 이 원칙을 바탕으로 회사를 설립했고 여러 디지털 기업을 관리하는 데도 적용했다. L2는 기업들이 자사의 디지털 성과를 스스로 책임지게 했다. 업무 관계 구축 초기에는 고객과 협력해 고객의 목표를 이해하고 이를 달성하기 위해 필요한 것을 파악했다. 그런 다음 진행 상황을 측정하기 위한 지표를 개발했다. 여기에는 숙련된 기술이 필요하다.

"측정할 수 있어야 관리할 수 있다"[6]라는 말(경영 구루인 피터 드러커Peter Drucker가 했다고 알려졌지만 실제로 한 적이 없을 수도 있다)은 명령이자 경고다. 지표는 밝게 반짝이며 그 변화를 관찰해 긍정적 피드백을 얻게 한다. 하지만 이건 무엇을 측정하든 마찬가지다. 엉뚱한 대상을 측정하면 행동이 왜곡된다. 통제할 수 없는 뭔가를 측정한 탓에 좌절할 수도 있다. 가장 좋은 지표는 **영향을 주고**(측정한 것이 목표에 기여한다) **영향을 받을 수 있다**(행동이 측정된 것을 바꿀 수도 있다).

중요한 것이라고 해서 측정 가능한 것은 아니며 최고의 측정 방법이 항상 명확한 것도 아니다. 당신이 보유한 주식은 하락할 수도 있지만 좀 더 넓은 시장의 성과와 비교해 측정해야 한다. 하나의 지표에만 집중하면 결국 그 지표의 유용성이 줄어든다. 당신의 콜레스테롤 수치나 자녀가 전자기기를 사용하는 시간, 배우자의 즐거움 같은 것은 아랑곳하지 않고 오로지 얼마나 많은 돈이 있는지에만 집중하는 것은 경제적으로는 안정적일지 몰라도 불행한 사람이 되는 비결이다. 당신이 궁극적으로 측정해야 할 것은 삶의 질이다. 다시 말해 다양한 지표를 종합했을 때 (기대하는) 행복한 삶을 살아야 한다.

돈 관리를 이야기할 때 나는 저축의 중요성과 예산 수립의 필요성을 강조한다. 나는 이런 단어에서 느껴지는 **엄격함**과 어려운 일을 준비하는 듯한 감각이 좋다. 고결한 사람이 된 듯한 기분도 든다. 하지만 나만 그런 것일 수도 있다. 이런 마초 같은 표현을 좋아하지 않는다면 '저축' 대신 '구축'이나 '투자'처럼 더 긍정적인 표현을 사용해도 좋다. 당신의 목표는 이번 달에 1000달러를 저축하는 것이 아니라 1000달러의 자산을 구축하는 것이다. '예산 수립'이라는 말이 지나치게 엄격하게 들린다면 '할당'이라고 해보자. 약함이나 통제력 부족을 암시하는 수동적 어휘는 피하는 것이 좋다. 무엇을 하든 능동적으로 해야 한다.

부를 구축하는 초기 단계, 즉 20~30대에는 저축보다 지출을 추적하는 것이 더 중요하다. 지출이 저축을 결정하며(**영향을 준다**) 지출은 실제로 하는 행동이다(**영향을 받을 수 있다**). 지출을 추적하는 것은 재밌지 않다. 하지만 반드시 성장시켜야 할 가장 중요한 습관 중 하나다. 부수적으로 만약 기업가가 되고 싶다면 흐르는 돈을 매의 눈으로 관찰하는 것이 중요한 성공 요인이다. 개인 지출에서 시작하는 것도 좋다. 사생활에서든 비즈니스에서든 주의를 기울이지 않으면 항상 돈이 새어 나간다. 자본주의의 천재성은 실제로는 원하지 않는데 필요하다는 느낌이 드는 새로운 뭔가를 끊임없이 발명하는 데 있다.

요즘은 거의 모든 지출이 전자 방식으로 이뤄지기 때문에 지출을 추적하기가 예전보다 쉬워 보인다. 하지만 전자기기로 모든 일을 처리하는 편리함은 덫이다. 내가 어렸을 때 어머니는 종이 수표로 청구서에 적힌 비용을 내고 각 지출 항목을 꼼꼼히 기록하고 '수표책의 수입과 지출을 맞췄다'. 번거롭긴 했지만 이런 시스템은 실시간으로 지출을 인식하는 데 도움이 됐다. 앱을 이용해 절대로 들여다보지 않을 많은 숫자를 수집하기만 하는 것은 지출을 추적하는 것이 아니라 외면하는 행동이다.

영화 〈모래와 안개의 집House of Sand and Fog〉에서 벤 킹슬리Ben Kingsley는 매일 모든 지출을 스니커즈 하나까지 일일이 기록한다. 젊은 시절에는 킹슬리처럼 사는 것을 목표로 삼으라. 그렇다고 사소한 것에 돈을 쓰지 말라는 것은 아니다. 그저 지출을 추적하라는 뜻이다. 덜 생산적인 일에 시간을 쓰더라도 미리 계획했고 얼마나 많이 할애하고 있는지 안다면 괜찮다.

매주 일요일 밤 식탁에 앉아 종이 수표를 정리할 생각이 없다면 지출을 제대로 추적할 수 있고 불편하게 하는 다른 방법을 찾아야 한다. 온라인 예산 관리 도구는 훌륭하다(예를 들어 퍼스널 캐피털Personal Capital, 로켓 머니Rocket Money, 심플리파이Simplifi, YNAB). 하지만 모바일 앱을 이용해 지출이 생길 때마다 수동으로 입력하면 더 효과적이다. 혹은 매주 예산을 업데이트하는 시간을 정해두는 것도 좋다. 이런 습관을 만들기는 힘들지만 책임을 공유할 파트너를 정하면 도움이 될 수 있다. 배우자는 당연하겠지만 부모나 형제자매, 가까운 친구도 지출을 추적하는 데 도움이 된다. 운동 파트너와 같은 개념이다. 기업가적 성향이 있는 사람이라면 스타트업을 관리하듯 개인 재무를 다루면 된다. 다시 말해 계획을 세우고 정기적으로 보고하고 개인 손익계산서를 만드는 것이 좋다.

생각하는 지출 금액이나 지출하려고 계획 중인 금액이 아니라 실제로 지출하는 금액을 추적하는 것이 핵심이다. 사람들은 미래의 지출을 과소평가하는 경향이 있다.[7] 단지 먼 미래의 지출만이 아니다. 한 연구에서는 사람들이 바로 다음 주에 사용할 돈을 100달러 적게 예측한다는 사실이 밝혀졌다. 그러고서 바로 다음 주에 같은 실수를 저지르고 나머지 한 달 동안 이를 반복했다. 뉴욕대학교 애덤 알터 교수는 사람들이 계속해서 예외성 지출을 고려하지 않는 탓[8]에 지출을 과소평가한다는 사실을 알아냈다. 하지만 이 예외성 지출이 실제로는 전혀 예외적이지 않은 것이 그 일은 매달 벌어지기 때문이다. 데이터가 의도보다 정확하다.

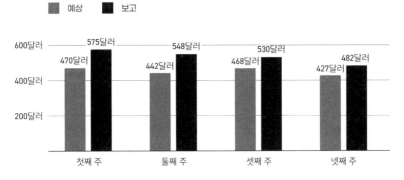

지출 예상액 vs. 지출 보고액

출처: 레이 하워드Ray Howard 외, 미국마케팅협회American Marketing Association,
〈세이지 저널Sage Journal〉 59, no.2, 2022.

지출을 관리할 수 있도록 지출을 측정해야 한다. 하지만 지출 관리는 사실 **저축**을 늘리기 위한 중간 단계다. 돈을 버는 가장 쉬운 방법은 저축하는 것이다. 그러니 얼마나 저축하고 있는지도 추적해야 한다(잠시 후 그 방법에 관한 내용으로 넘어갈 것이다). 한 달에 몇 달러만 혹은 몇 백 달러만 저축해도 부를 쌓는 데 매우 효과적인 수단이 된다. 소득, 그중에서도 특히 보너스처럼 일시불로 받는 수입이 늘어날수록 강인한 저축 근육이 필요하다.

나는 체중을 늘리기가 쉽지 않다. (그만 징징거려야 한다는 거 알지만) 당연히 근육도 유지하기가 어렵다. 마른 것이 저주는 아니지만 근육을 키우려고 아무리 노력해도 소용이 없다. 게다가 과학 연구에 따르면 근육은 건강이나 장수와 밀접하게 연관돼 있음이 분명하다. 나는 일주일에 몇 번씩 운동을 하고 있으니(내 항우울제다) 이 부분은 괜찮다. 문제는 식습관이다. 음식은 내가 자라는 동안 즐기지 못한 대상이었다. 영국인 싱글 워킹맘이던 어머니가 해주는 음식을 먹는 일은 (대부분) 고역이었다. 요약하자면 하루에 한 끼만 먹어도 괜찮았다. 그래서 나는 영양소 앱을 깔아놓고 목표치와 내가 먹는 모든 것을 입력한다. 앱은 좋든 나쁘든 내가 섭취하는 칼로리를 추적하고 진행 상황, 권고 방안 등에 관한 알림을 보낸다. 그러면 호손 효과Hawthorne effect, 즉 지켜보는 사람이 있을 때 행동이 바뀌는 현상이 나타나기 시작한다. 지켜보는 사람이 있으면 그에게 좋은 인상을 남기기 위해 노력한다. 심지어 '그'가 나일 때도 그렇다. 앱, 장부 또는 스프레드시트를 활용하면 이렇게 누군가가 지켜보는 듯한 느낌을 만들 수 있다. 다시 한번 말하지만 측정할 수 있어야 관리할 수 있다.

운동은 또 다른 면, 즉 자주 해야 한다는 면에서도 재무 관리에 비유할 수 있다. 한 달에 한 번 지출을 합산하는 것은 한 달에 한 번 헬스장에 가는 것과 다름없이 유용하다. 3주 동안 신용카드 대금을 확인하지 않았다면 그 무엇도 측정하거나 관리하지 않는 것이다.

최종적으로 당신은 충분한 돈을 저축해 투자금을 확보하고 실제 투자 세계에 발 담그게 될 것이다. 투자금을 추적할 때는 감정적 집착을 가장 치열하게 경계해야 한다. 시장에 돈을 둔다는 것은 변동성과 하락하는 날이 많을 거라는 뜻이다. 그리고 우리는 수익의 기쁨보다 손실의 고통을 더 크게 느낀다. 따라서 순자산이 줄어드는 것을 보고도 저녁이나 한 주를 망치지 않으려면 꿋꿋함이 필요하다.

이런 상황에 대처할 방법은 두 가지뿐이다. 먼저 확인을 멈출 수 있다. 하지만 자본은 멈춰 있지 않고 끝없이 변화한다. 계속 주시하지 않으면 놀랄 일이 생길 수밖에 없다. 게다가 돈 때문에 놀라는 일은 결코 좋은 일이 아니다. 두 번째로 강박적이 아니라 규칙적으로 균형 잡힌 시각에서 확인할 수 있다. 투자의 핵심은 매일 돈을 버는 것이 아니다. 심지어 매년 돈을 버는 것도 아니다(그래도 대부분 돈을 벌긴 해야 한다). 투자의 목적은 수십 년에 걸쳐 돈을 버는 것이다. 그리고 그렇게 될 것이다. 만약 2002년 초 S&P500에 100달러를 투자했다면 2022년 말에는 517.66달러로 불어났을 것이다. 연간 8퍼센트에 달하는 수익률(인플레이션보

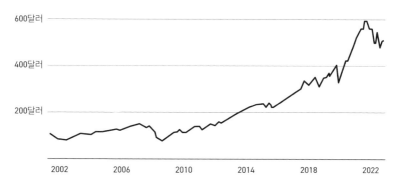

S&P500에 투자한 100달러

600달러
400달러
200달러

2002   2006   2010   2014   2018   2022

출처: 저자가 분석한 S&P 성과 데이터

다 5.7% 높은 수치)이다. 2002년부터 2022년까지 20년의 세월에는 '시장 역사상 최악'이라 불리는 해, 100년 만에 발생한 최악의 금융위기, 전 세계를 강타한 팬데믹이 모두 포함돼 있다. 다시 한번 강조하지만 시간과 인내심은 당신 편이다. 단일 종목의 일일 성과는 동전 던지기와 다르지 않다. S&P500이 10년 동안 상승할 것은 거의 확실하다.

적자가 나지 않도록 예산을 관리하는 법

지출을 측정했다면 어떻게 관리해야 할까? 어느 정도는 자연스럽게 관리된다. 자각은 절제하게 한다. 하지만 재무의 미래를 올바르게 이끌어나가려면 계획이 필요하다. 15쪽에 달하는 개인 자산 관리용 스프레드시트를 살펴볼 필요는 없다. 원하는 만큼만 예산 수립에 관해 파고들어도 괜찮다. 도움이 될 책과 온라인 자료는 수없이 많다. 그다음 접근 방법과 일련의 원칙을 정해야 한다. 이는 당신의 상황에 잘 부합해야 한다. 재무에 관한 명확한 밑그림이 없으면 부로 이어지는 길이 멀고 힘들 수밖에 없다.

수입이 많지 않을 때는 신중하게 예산을 세워야 하며 의도에 따라 그 무게를 느끼며 소비해야 한다. 더 강해지기 위해 무거운 것을 들어 올리는 것이다. 불안하거나 부끄러운 일이 아니다. 딱 한 번의 주말을 위해 예산을 모두 낭비했거나 계획한 저축액을 채우기가 힘들다면 숨을 한번 고르고 필요에 따라 계획을 조정한 다음 다시 운동을 시작하면 된다. 푼돈을 억만장자처럼 쓰는 법을 배우면 부의 길에 발을 들여놓을 수 있다. UCLA에 다닐 때는 방값과 밥값 때문에 남학생 사교클럽에 외상을 달아놨고 매해 연말이 되면 2000달러가 넘는 빚이 생겼다(1980년대가 그립다). 거기에다 가을이면 450달러의 학비를 내야 한다는 사실도 잘 알고 있었으니(말했다시피 80년대였다) 여름 동안 3000달러를 벌어 저축해야만 했다.

친구 몇몇이 모여 절약 게임을 하듯 한 주 동안 누가 돈을 가장 적게 쓰는지 경쟁했다. 최고 기록은 91달러(방세 포함)였다. 나는 인스턴트 라면과 바나나, 우유만 먹으며 8주를 버텼다. 일요일 밤이면 고삐가 풀린 듯 절약 게임 팀 친구들과 패밀리 레스토랑 씨즐러로 향했다(스테이크, 말리부 치킨 그리고 무제한 샐러드바가 4.99달러였다). 다시 한번 말하지만 80년대였다. 키가 183센티미터, 몸무게는 82킬로그램 넘는 거구의 사내 6명이 일주일 치 칼로리를 섭취하기 위해 식당으로 들어서는 모습은 웨스테로스(판타지 소설《얼음과 불의 노래A Song of Ice and Fire》에 등장하는 가상의 대륙—옮긴이)를 약탈하는 침략군처럼 보였을 것이다. 씨즐러는 1996년 파산을 신청했고 우리가 그 몰락에 한몫했다고 확신한다. 나는 일하고 운동하고 바나나를 먹고 샐러드바를 습격했다. 이 일보다 더 이상한 것은 그해 여름을 돌아보면 애정이 느껴진다는 사실이다. 우리에겐 힘을 키우고 대학 등록금을 내겠다는 목표가 있었다. 다행스럽게도 나는 4.99달러를 내고 '무한 리필'해 먹던 시절에서 벗어났다. 아직은 아니라 해도 당신 역시 그렇게 될 것이다.

나중에 소득이 늘어나고 부가 쌓이기 시작하면 좀 더 계획과 할당에 초점을 맞춰 예산을 수립하게 된다. 예를 들어 지붕 교체나 일주일간의 유럽 여행처럼 미래 비용을 위한 돈을 마련하는 것이다. 티끌을 모으는 단계에서 호텔을 예약하는 단계로 나아가는 것은 돈 관리를 잘하고 있다는 뜻이다. 다시 말해 의무뿐 아니라 선택지가 있는 지점에 도달하는 것이다. 여기까지 가는 접근 방법을 소개하면 다음과 같다.

현재 상황이 어떻든 기본 지출을 계산해야 한다. **현실적인 월별 최소 지출이 어느 정도인지 파악하자.** 집세, 식료품비, 휴대전화 요금, 공과금, 학자금 대출을 모두 고려해야 한다. 여기에 합리적인 외식, 여가 활동, 휴가, 의류 비용도 포함해야 한다. 이 정도면 "직장을 잃고 경제가 무너져 일주일에 91달러로 살아야 하는" 수준의 예산은 아니다. 실제 삶을 위한 기준이다. 만약 당신이 토요일 밤마다 친구들과 클럽에 가고 일요일에는 브런치를 먹으며 사회생활을 사람이라면 지금부터 넷플릭스만 보고 라면만 먹겠다고 다짐하는 것은 현실적이지 않다. 당신이 누구인지, 인생에서 어떤 지점에 있는지 파악하기 위한 최고의 시나리오를 써야 한다. 당신의 수선waterline(배가 떠 있는 상태에서 수면과 선체가 만나는 선으로 흘수선이라고도 하며 선체가 잠기는 한계선을 말한다―옮긴이)을 알아내는 것이다.

현실적인 지출을 정확하게 계산하기는 듣기보다 어렵다. 지출 추적을 계획보다 먼저 언급하는 것도 이 때문이다. 당신에겐 데이터가 필요하다. 먼저 몇 달 동안 괜찮은 데이터를 얻는 일을 괜찮게 해내야 한다. 그래도 처음에는 놓치는 부분이 있을 수 있다. 지난 1년간의 신용카드 청구서와 은행 명세서를 꼼꼼하게 살펴보며 연간 구독료와 간헐적 지출을 잡아내 예산에 확실히 포함해야 한다. 연간 비용을 월별 금액으로 나눠 비용이 발생할 때를 대비하고 '예외적' 지출을 줄여야 한다. 예를 들어 전문 자격증 비용으로 연간 600달러를 낸다면 수선 예산에 매달 50달러가 들어가는 셈이다.

이 예산은 '저축' 항목을 포함해야 한다. 우스꽝스러울 정도로 적은 금액으로 시작해도 된다. 그럴 수밖에 없다면 한 달에 10달러 정도여도 괜찮지만 그 항목이 계속 예산에 있어야 한다. 재무 설계사는 "자신에게 먼저 지불하라"라고 말한다. 이런 근육을 키우는 것이 중요하다. 또 목표가 있는 것이 좋다. 예산을 세우기 위한 예산 세우기는 동기를 부여하지 못한다. **당장** 달성할 수 있는 목표를 세우자. 힙스터가 되겠다는 목표를 세우기 전에 매년 신발에 얼마를 지출하는지부터 파악해야 한다. 걸음마부터 시작하는 것이다.

수선 예산을 세웠다면, 즉 기준 지출을 현실적으로 파악했다면 세후 소득과 비교해보자. 당신이 임금노동자이고 고용주가 세금을 원천징수한다면 월급이 실제 소득에 가까울 것이다. 재정 상태가 좀 더 복잡하다면 공부를 해야 한다. (세금에 관한 내용은 파트 4에서 살펴보자.) 수선 예산이 소득보다 많다면 결국 넷플릭스와 라면으로 버텨야 할 수도 있다. 쉽게 경제적으로 살 수 있는 방법을 찾아야 한다. 절대 사용하지 않는 구독 서비스는 딱 좋은 타깃이다. 예산에 부담을 주는 요소는 피해야 한다. 젊을 때는 자고 씻고 먹는 것 외에 집에서 하는 활동은 최소화해야 한다. 직장과 여가 활동을 즐기는 곳에서 가까운 작고 깨끗한 집이 좋다. 직업적 성장 궤도는 집에서 보내는 시간과 반비례한다. 결국 지출을 소득 이하로 맞춰야 한다. 버는 것보다 많은 돈을 쓰면 누구도 부자가 될 수 없다. 하지만 당황하거나 포기하진 말자. 무엇보다 중요한 것은 추적을 멈추지 않는 것이다.

소비를 절제하는 습관을 기르는 데는 스토아철학의 교훈을 대거 적용할 수 있다. 인격과 행동의 피드백 고리가 효과를 보이는 지점이기도 하다. 더 나은 인격을 기르기 위해 노력하는 동시에 지출을 절제하기 위해 온 힘을 다하기는 힘들다. 피드백 고리를 활성화할 방법을 찾아야 한다. 생활의 지혜나 팁이 도움이 될 수 있다. 몇 가지 예시를 들면 다음과 같다.

- **현금 사용**. 지출을 불편하게 하는 방법이다. 지폐를 세고 그 돈이 다른 사람 손으로 넘어가는 모습을 지켜보고 지갑이 가벼워지는 것을 느끼는 모든 과정이 지출을 좀 더 실감하게 한다. 현금을 사용한다는 건 지출을 일일이 추적해야 한다는 뜻이지만 사실 그게 더 이롭다(실제로 추적한다면 말이다). 이 불편함으로 인해 지출에 대한 인식은 강화되기 때문이다.

- **게임화**. 권장하고 싶은 행동을 강화할 수 있도록 포인트 시스템을 만들면 도움이 된다. 회사에 도시락을 가져가 외식비를 줄이고 싶다면 실제로 도시락을 싸 갈 때마다 자신에게 1포인트를 주는 것이다. 그런 다음 가시적이고 유형이 있는 것으로 포인트를 추적해야 한다. 주방 싱크대 위에는 병 하나를, 서랍에는 구슬을 넣어두자. 도시락을 챙겨서 나갈 때마다 병에 구슬을 하나씩 넣으면 된다. 혹은 좀 더 정교한 방법도 있다. 해야 할 일의 목록을 했는지 추적하는 앱부터 비디오게임처럼 특정 행동에 점수를 매기는 앱까지 다양하다. 게임 같은 장치 자체가 보상이 될 수도 있지만 중요한 단계에 도달했을 때 자신에게 외적 보상을 주기로 했다면 반드시 촉진하고자 하는 행동과 일치하는 보상 방법을 활용해야 한다. 예를 들어 도시락을 쌀 때마다 구슬을 병에 넣어 도시락 싸는 행위에 점수를 부여해놓고 일주일 동안 외식을 하는 식의 보상을 하면 안 된다.

- **지출과 책임 파트너 지정**. 친구와 함께 게임을 하듯 저축하면 경쟁심이 고취된다. 더 간단한 방법은 당신을 존중하는 사람

에게 일일, 주간, 월간 지출 목표를 알리는 것이다. **구체적으로** 알리고 사후 보고를 약속해야 한다. "아빠, 이번 달 점심값을 50달러로 제한할 거예요. 정확히 한 달 후에 다시 전화해서 어떻게 했는지 말씀드릴게요"라고 말하는 것이다. 그런 다음 아빠에게 전화하면 된다.

더 많이 측정할수록 더 많이 관리할 수 있다. 이미 10년 전에 도착한 사람도 있고 앞으로 몇 년 후에 도착할 사람도 있겠지만 결국 소득이 수선을 넘는 지점에 도달하게 된다. 고개를 물 밖으로 내밀자. 이제 숨통이 트인다. 당신은 매달 필요한 돈이 얼마인지 알고 그 돈이 수중에 있다는 것도 안다. 수면 위에서 한 푼 한 푼을 어떻게 쓸지는 당신 선택이다.

목표

야심 찬 저축 목표를 정하고 싶다는 유혹을 느낄 수도 있다. 하지만 그러면 오히려 역효과가 날 수 있다. 저축에 관한 한 연구는 두 가지 사실을 보여준다.[9] 첫째, 사람들은 미래의 저축 목표를 지나치게 높게 설정한다. 목표를 세우는 시점이 현재와 멀수록 저축 능력을 더 과신하며 더 많이 틀렸다. 이달의 저축 목표를 세우면 현실적이고 목표를 달성할 가능성이 크다. 6개월 **후**의 저축 목표를 세우면 비현실적인 목표를 세워 그에 부합하지 못할 가능성이 크다.

이것만으로도 좋지 않은데 연구에서 밝혀진 두 번째 문제는 상황을 더 악화한다. 비현실적인 목표를 세운 다음 이를 향해 나아가다 그 길에서 밀려나면 목표를 달성해야겠다는 동기를 잃고 오히려 목표 달성에 반대되는 행동을 할 수도 있다. 몇 달 후의 저축 목표를 세우라는 요청을 받은 연구 참가자는 다음 달의 저축 목표를 세운 참가자보다 좀 더 야심 찬 목표를 세웠지만 실제 저축한 돈은 더 적었다. 큰 금액의 장기 저축 목표를 세우면 미래 자아가 딜레마에 빠진다. 먼저 비현실적 목표로 실패할 수밖에 없는 상태를 만들고 그다음에는 목표에 부합하지 못한 데서 오는 좌절감으로 목표를 세우지 않았을 때보다 더욱 궁색해진다.

특히 예산 수립과 저축 초기 단계에는 저축보다 지출에 집중하고 즉각적이고 실현 가능한 저축 목표를 세워야 한다. 즉각적 성과가 장기적 성공의 토대가 된다. 마라톤 훈련을 하기 위해 첫날부터 42.195킬로미터를 달릴 필요는 없다.

앞서 '금욕'에서 설명한 것처럼 버는 돈이 늘어나면 지출도 늘어나기 마련이다. 라이프스타일 크립은 자연스러운 현상이다. 계속해서 기대치를 재설정한 결과 연봉 5만 달러를 벌 때는 생활수준이 호화로워 보이지만 15만 달러를 벌 때는 거의 부족하다고 생각할 수도 있다. 친구들도 더 많은 돈을 벌 것이고 생활 지출 역시 증가할 것이다. 자본주의는 끊임없이 당신을 유혹할 새로운 방법을 찾아낼 것이다. 당신의 소비 양동이는 계속 커질 것이다. 소비가 소득보다 천천히 늘어나게 하려면 반드시 스토아철학의 교훈을 실천해야 한다.

매년 얼마를 저축해야 하는지 단정적으로 말할 수는 없다. 저축은 너무 변수가 많고 개인적인 문제다. 하지만 작년에 소득은 20퍼센트 늘었지만 소비는 25퍼센트 늘었다면 잘못된 길을 가고 있다고 할 수 있다. 소득이 소비보다 가파르게 늘어야 경제적 안정의 기초가 탄탄해진다.

두 가지만 피하면 소비 증가율을 좀 더 성공적으로 관리할 수 있다. 바로 **약속**과 **변동성**이다. 관계에서는 약속이 중요하지만 소비에서는 하찮다. 구독 서비스나 유지를 요구하는 자산(예: 자동차, 배, 집, 거주용 선박… 정말이지 거주용 선박은 사지 말라), 할부(일명 "지금 사고 나중에 지불하세요Buy now, Pay Later.")로 구매한 모든 물건은 미래 소비를 통제하기 어렵게 한다. 스스로 불리한 판을 짠 셈이기 때문이다.

경제적 안정의 토대

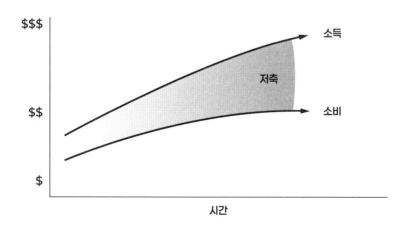

변동성은 다르게 영향을 미친다. 이는 예산 관리에 무엇보다 중요한 예측 가능성과 통제력을 약화한다. 이따금 사치하는 것은 특히 이때를 위해 미리 계획하고 저축했다면 괜찮은 삶을 살고 있다는 것이다. 매달 지출이 큰 폭으로 차이 나면 안정적인 삶을 유지하기 힘들다.

양동이 세 개

개념적으로 말해 늘어난 돈은 양동이 세 개 중 하나에 넣을 수 있다. (실제로 돈을 어디에 넣어두고 어떻게 투자해야 할지 다음 파트에서 다루겠다.) 소비는 (대부분의 사람에게) 가장 쉽다. 이는 곧 소비재와 서비스를 통해 더 나은 삶의 질을 구매한다는 뜻이다. 소비가 꼭 경솔하거나 선택적인 것은 아니다. 인간은 누구나 살기 위해 먹어야 하고 머무를 곳이 있어야 한다. 처음에는 대개 소비 양동이가 가장 클 수밖에 없다. 수선 예산에 들어가는 돈이 바로 소비다.

소비 지출은 투자가 아니다. 일상 대화에서 우리는 '투자'라는 용어를 막연하게 사용한다. 심지어 이 책에서 나도 인간관계에 투자한다고 말했다. 이런 식이라면 대학 등록금을 내거나 학위를 따기 위해 돈을 쓰는 것 역시 경력을 위한 '투자'다. 하지만 자본을 어떻게 분배할지 생각할 때는 좀 더 엄격해야 한다. 이런 맥락에서의 투자는 직접적 이익이 생기리라고 기대되는 뭔가를 뜻한다. 다시 말해 거래가 완료되면 자본이 늘어나야 한다. 공식적으로 지출은 곧 소비라 불린다. 경제 내에서 재화와 서비스를 소비하는 행위기 때문이다. 하지만 내 돈이 거래로 어떻게 소비되는지 설명할 때는 '다신 볼 수 없다'고 생각해야 한다.

직접적인 재정 수익을 창출하진 않지만 소득을 늘리거나 비용을 줄여줄 것이라 합리적으로 기대할 수 있는 돈을 항상 명확하게 구분하긴 힘들다. 대표적인 예로 고등교육이 있다. 학위로 인해 소득 능력이 높아질 가능성이 있어 이 비용은 일종의 투자처럼 느껴진다. 하지만 학위는 되팔 수 없기 때문에 재무 계획 면에서 엄밀히 따지면 '투자'가 아니다.

이 같은 사실을 강조하는 것은 소비에 '투자'라는 이름을 붙여 이를 정당화하려는 욕망이 끓어오를 때가 많기 때문이다. 예를 들어 면접을 앞두고 새 신발을 사거나 좀 더 호화로운 헬스장에 등록하는 행위는 경제적 상황을 개선하는 데 도움이 될 순 있으나

소득 분배

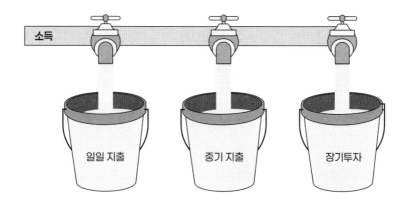

여전히 투자가 아니라 소비다. 다른 사람을 위한 선물 구입, 자선 단체 기부처럼 어떤 소비는 다른 것보다 더 숭고할 수도 있다. 하지만 여전히 쓰는 순간 돈은 사라진다. 당신을 덜 부유하게 한다고 생각해보자. 오해하진 않길 바란다. 나는 소비를 **사랑하고** 당신도 풍요로운 삶을 누릴 자격이 있다. 하지만 한 푼 한 푼이 선택이다.

소비 양동이 외에 투자할 수 있는 양동이가 두 개 더 있다. 장기 양동이는 '은퇴'를 위한 것이다. 우리 세대는 은퇴라고 표현했지만 이건 관련성이 점점 희미해지고 있는 용어다. 그러니 자산 구축, 장기 자산, 경제적 안정의 토대라고 부르자. 내 친구 리가 IRA에 넣어둔 2000달러가 여기에 해당한다. 이 양동이에 돈을 모아두면 바닷가에서 칵테일을 마시며 손주들이 파도를 헤치며 노는 모습을 지켜볼 수도 있고 미래의 당신이 희망하는 일은 무엇이든 할 수 있다.

중기 지출은 단기 소비와 장기투자 사이의 중간 영역이다. 액수가 크고 예상 가능한 비용(그리고 예상 가능하지 않은 일부 비용), 예를 들어 자동차나 집을 사기 위한 계약금, 대학원 학비, 전문 서비스를 제공하는 파트너 기업 지분 인수, 고액의 의료비 등이 여기에 해당한다.

명확하게 말해 중·장기 양동이와 중기 비용의 하위 범주('비상금', '자녀 대학 등록금', '집 계약금')를 구분하는 것은 심리계좌 mental accounting라고 알려져 있다. 이런 개념적 범주가 유용할 수도 있지만 '진짜' 범주라고 볼 수는 없다(어떻게 부르든 돈은 돈이다). 게다가 여기에 지나치게 의존하면 의사결정이 왜곡될 수 있다. 활용은 하되 지나치게 얽매이진 말라.

수선 위의 모든 돈은 이 세 곳 중 한 곳으로 흘러간다. 선택을 후회하지 않도록 소비에 돈을 충분히 할애하고(생각보다 필요한 금액이 적다) 경제적 안정에 도달할 수 있는 속도로 중·장기투자 자금을 조달해야 한다. 다음 파트에서 중·장기 양동이에 있는 돈으로 할 일을 다룰 것이다.

할당

사회생활 초기에는 특별히 운이 좋은 사람이 아니라면 장기 양동이에 많은 사랑을 주기가 어렵다. 괜찮다. 하지만 양동이에 뭔가를 넣는 것은 중요하다. 습관은 중요하다. 더 많은 돈이 생길 때를 대비해 저축과 투자 근육을 만들고 있어야 한다. 이미 하고 있다면 할 일을 하고 있는 것이다. 20대는 영원하지 않고(좋기도 하고 나쁘기도 하다) 당신에게는 열심히 일하면서도 현재의 좋은 삶을 누릴 자격이 있다. 하지만 수입이 피크에 달한 시기라면 저축 페달을 좀 더 세게 밟고 싶을 것이다. 비축된 힘이 있기 때문이다.

모든 저축을 은퇴 계획 맨 아래로 밀어 넣는 것이 가장 이상적이다. 그래야 자리를 잡고 경제적 안정의 토대를 마련할 수 있기 때문이다. 하지만 복잡한 문제가 하나 있다. 저축의 일부는 좀 더 빨리 필요하다. 이게 바로 중기 양동이다. 중기 양동이의 목적은 큰 금액(예상했든 아니든)을 지출해야 할 일이 생겼을 때 감당할 수 있을 만한 현금을 확보해두는 것이다. 중기 양동이는 두 가지 요인, 즉 **유동성**과 **변동성** 관리를 도와주는 것의 은유적 표현이다.

유동성이란 자산을 다른 형식의 투자나 소비 수단 등의 다른 뭔가로 얼마나 쉽게 전환할 수 있는지를 뜻한다. 저축계좌나 당좌계좌에 든 돈은 매우 유동적이다. 거래소에서 거래되는 대부분의 다른 자산과 마찬가지로 공개 거래되는 주식과 채권도 유동적이다(다음 파트에서 이를 좀 더 자세히 다룰 예정이다). 집은 훨씬 덜 유동적이다. 돈이 필요하면 집을 팔거나 덜 극적으로는 주택 담보대출이나 재융자로 자금을 조달할 순 있지만 그러려면 시간이 걸리고 거래 비용도 치러야 한다. 전통적인 IRA이나 401(k)(월급에서 공제해 퇴직금을 적립하는 제도—옮긴이)에 저축한 돈도 활용할 수 있지만 세금을 내야 하고 은퇴 연령 전이라면 10퍼센트의 위약금도 내야 한다. 비상장 기업의 주식은 유동성이 매우 낮다. 분명 유동성은 돈이 빨리 필요할수록 더 중요하다.

또 다른 요인은 변동성이다. 이에 관해서는 다음 파트에서 위험과 분산을 주제로 좀 더 자세히 살펴보겠지만 계획의 핵심은 일부 자산 가격은 안정적으로 유지되는 반면 다른 자산 가격은 오르락내리락한다는 데 있다. 현금은 전혀 변하지 않는다(인플레이션으로 가치가 떨어지긴 하지만 10달러짜리 지폐는 언제나 10달러다). 성장 속도가 빠른 기술기업의 주식은 변동성이 매우 크며 모든 주식이 적어도 보통의 변동성은 있다. 지난 20년 동안 S&P500의 성과 차트를 생각해보자. 장기적으로는 성장률이 평균 8퍼센트지만 수익률은 해마다 달랐다. 장기투자를 할 생각이라면 변동성은 신경 쓸 필요가 없다. 하락기에도 자산을 보유할 수 있고 매도 시기를 조절해 이 시점을 피할 수도 있기 때문이다. 하지만 단기 계획에서는 위험이 따른다. 하락기에 매도해야 할 수도 있다.

간단히 말해 목돈이 필요한 시기가 가까울수록 유동성은 늘리고 변동성은 줄이는 것이 좋다. 계약금 20만 달러를 내고 집을 살 계획이라면 IRA(비유동적)에 20만 달러를 넣는 것은 도움이 되지 않고 단일 성장 기술주에 20만 달러를 넣는 것도 현명하지 않다(변동성). 하지만 5년 후 집을 살 계획이라면 더 큰 변동성을 감당할 수 있고 유동성을 신경 쓸 필요가 없다. '장기' 양동이와 '중기' 양동이라는 구분이 엄밀하진 않다. 양동이는 비유일 뿐 실제 양철 양동이는 아니다.

중기 계획을 세울 때는 전반적인 재정 상황을 고려하고 예상 비용(그리고 예상 밖 비용도)에 맞춰 유동성과 변동성을 조정해야 한다.

비상금

이런 원칙이 개인 자산 관리 서적이 신성하게 여기는 비상금에는 어떻게 적용될까? 첫째, 유동적 저축이 전혀 없다면 변동성은 없고 유동성은 좋은 소액의 비상금을 마련하는 것이 훌륭한 초기 목표가 된다. 비상 상황은 언제든지 발생할 수 있는 만큼 실용적이며 저축 근육을 기르는 데도 도움이 된다. 비상금이 0달러라면 1000달러가 좋은 목표다. 왜 1000달러일까? 1000달러는 올림한 수로 예상치 못한 큰 비용을 충당하기에 충분하며 대부분이 달성할 수 있는 목표기 때문이다. 비상시 사용할 수 있는 1000달러를 저축계좌에 넣어두는 것을 저축 프로젝트 초기 목표로 삼아야 한다. (참고: 비상금을 사용해도 괜찮다. 그게 비상금의 핵심이다. 비상금은 숭배하며 절대 건드려선 안 될 신성한 우상이 아니라 예산을 계획대로 운용하기 위한 완충 장치다.) 그렇게 했다면 이미 앞서 나가고 있는 셈이다. 미국 성인 56퍼센트는 1000달러의 예비금도 없다.[10]

비상금이라는 이름은 유용하지만 심리계좌에 불과하다는 사실을 잊어선 안 된다. '비상금' 1만 달러의 진정한 의미는 유동성 높고 변동성 낮은 자산에 적어도 1만 달러가 있다는 것이다. 좀 더 현실적으로는 이자를 주는 저축계좌, MMF Money Market Fund 아니면 아주 보수적인 투자 펀드가 있다는 의미다. 금융위기 이후에는 금리가 너무 낮아 변동성 없이는 어떤 유의 수익도 얻기 힘들었다. 하지만 제로 금리 시대는 끝이 보인다. 적어도 내가 이 글을 쓰고 있는 시점에는 저축계좌에 돈을 넣어두면 3.5~4퍼센트 이자를 받을 수 있다. 이 정도면 인플레이션의 영향에서 비상금을 보호하기 충분하며 약간의 실질 수익을 얻을 가능성도 있다.

많은 재무 계획이 심리계좌에 지나치게 집착해 비상금과 집계약금, 학자금 계좌 등이 따로 있어야 한다고 말하는 경우가 많다. 이는 보조 바퀴며 일단 자산이 수만 달러 모이면 보조 바퀴는 불필요하다. 돈은 돈이고(경제학자는 이를 '대체 가능하다 fungible'고 일컫는다) 어떤 이름표를 붙이는지보다 어디에 투자하는지가 더 중요하다. 예상 비용과 발생 시기를 예측한 다음 비상시를 위해 유동성이 높고 변동성이 낮은 투자로 자금을 모아야 한다. 계속 돈이 쌓일 저축계좌에 꾸준히 돈을 모으는 것이 좋다. 내년에 필요한 중기 양동이 비용이 없다면 유동성 높고 변동성 낮은 자산에 필요한 돈은 비상용 자금뿐이다. 나머지 돈은 변동성이나 유동성을 고려할 필요 없이 수익률이 가장 높은 곳에 투자하라(다음 파트에 더 많은 내용이 있다). 중기 비용을 사용해야 할 때가 가까워지면 공격적인 투자에서 자산을 빼 유동성은 더 높고 변동성은 더 낮은 대상으로 옮겨야 한다.

1000달러 외에 비상용 자금은 얼마나 더 있어야 할까? 일반적인 개인 재무 조언은 소득의 3~6개월 치를 준비하라고 한다. 하지만 진짜 답은 상황에 따라 다르다는 것이다. 많은 사람, 특히 젊은 사람에게는 그렇게 많은 돈이 필요하지 않다. 재정적으로 탄탄한 직장에서 고정 수입을 얻고 있으며 끊을 수 없는 경제적 약정(주택 담보대출이나 자녀)이 없고 정신적으로나 육체적으로 건강하며 직계가족이 부유하고 지원해줄 수 있다면 현실적으로 그렇게 많은 자금이 필요하지 않다. 이 설명에 덜 부합할수록 더 많은 자금이 필요하다.

현실적인 최악의 시나리오(예: 직장을 잃는다)는 무엇이고 극심한 빈곤 없이(필요한 경우 합리적 범위에서 소비를 얼마나 줄일 수 있는지 고려했을 때) 이를 극복하려면 얼마나 필요할까? 이 정도 금액을 유동적이면서 변동성은 없는 투자 대상에 보유해야 한다.

게다가 항상 이 정도의 자금을 유지할 필요는 없다. 먼저 실제 응급 상황은 발생한다. 그때는 자금을 쓰라. 뿐만 아니라 대규모 지출을 해야 할 때가 되면 비상용 저축을 줄인 다음 다시 돈을 모으면 된다. 다시 말하지만 상황에 따라 다르긴 해도 '비상금'(혹은 다른 심리계좌 양동이)으로 유지하고 싶은 자의적 금액을 기준으로 인생의 중요한 결정을 내리면 안 된다. 꿈꾸던 생애 첫 집을 찾았는데 계약금이 2만 달러 모자라는 상황이라고 가정해보자. 개인 자산 관리 서적에 항상 3만 달러의 비상금을 유지하라고 적혀 있다는 이유로 집을 포기해선 안 된다. 자금을 1만 달러로 낮추고 집을 구입한 다음 다시 모으면 된다. 돈은 대체 가능하다. 저축을 하는 이유는 통장에 더 큰 숫자를 기록하기 위해서가 아니라 사용하기 위해서다.

고용주 매칭 자금을 활용하라

투자와 세금은 파트 4에서 더 자세히 다룰 계획이다. 하지만 각 양동이에 돈을 할당하는 것과 관련 있을 뿐 아니라 뒤로 미루기엔 너무 중요한 이야기가 하나 있다. 바로 401(k)와 IRA, 로스(세무 면에서 다양한 혜택을 제공하는 개인 퇴직연금) 같은 은퇴 자금 활용법이다. 한마디로 말하면 이를 활용하라. 퇴직연금 제도는 강제저축과 절세, 복리의 힘을 모두 합친 제도로 경제적 안정의 기반이 될 수 있다.

이 제도를 어떻게 활용해야 할까? 최우선순위는 고용주가 일정액을 적립하는 401(k)가 있다면 이를 최대로 늘리는 것이다. 과세가 유예되며 즉각 100퍼센트 수익이 붙는 것보다 더 나은 투자 대상은 없다. 거의 모든 상황에서 고용주 매칭 자금 한도까지 퇴직금을 넣어야 한다.

고용주 매칭 자금 상한 이상의 분담액을 넣는 것은 좋을 수도 있지만 세금 상황과 유동성 요건을 고려해야만 한다. 이 계획을 활용하는 방법에 하나의 비결은 없으며 어떤 상황에서든 더 좋은 계획도 없다. 파트 4에서 세금 문제와 함께 더 자세한 내용을 설명하겠다.

돈을 어떻게 할당해야 할까?

평균 한 달 동안 돈을 어떻게 할당할 수 있는지 가상의 예를 살펴보자. 잭은 대학을 졸업한 사회생활 1년 차로 저축을 시작한 지 얼마 되지 않았다. 잭의 연봉은 6만 달러고 수선 예산은 한 달에 3000달러로 집세, 식료품비, 유흥비가 그 대부분을 차지한다. 잭은 비상용 자금으로 3000달러면 충분하다고 계산했다. 직업은 상당히 안정적이고 집 임대 계약은 월 단위며 부모님은 최악의 시나리오가 현실이 됐을 때 다시 자립하기까지 얹혀살 수 있을 만큼 가까운 곳에 사셨다. 유동적이고 변동성 낮은 저축계좌에 3000달러 자금을 모으는 것을 목표로 정하고 이를 위해 금리 4퍼센트의 저축계좌를 하나 만들어 지금까지 500달러를 납입했다. 직장에서 401(k)에 가입해 1년 동안 급여의 5퍼센트를 납입했으니 그의 장기 양동이에는 총 3000달러가 들어 있다.

월초에 집세와 신용카드 대금을 납부하고 나면 잭의 수중에는 현금 20달러와 당좌예금 잔고 100달러가 남는다. 소비 예산을 충당하기 위해 대부분의 급여를 사용해야 할 것이다. 하지만 괜찮다. 예산을 세우고 좋은 습관을 만들어나가고 있다는 사실이 중요하다.

세금과 401(k) 공제액을 제외하고 나면 잭은 한 달에 두 번 1750달러씩, 총 3500달러를 급여로 받으며 401(k)에 250달러를 추가로 납입한다. 그중 3000달러는 당좌계좌에 남겨두고 한 달 소비를 충당한다. 예산대로 쓰지 못하는 달이 대부분이며 이번 달에도 소비하는 데 300달러가 더 들어갔다. 남은 저축액은 200달러뿐이다.

장기 양동이를 채우는 습관을 만들기 위해 잭은 401(k) 외에 피델리티Fidelity에 증권계좌를 만들어 20달러를 넣었다. 기업 주식 같은 고위험 장기 자산에 투자하는 방법은 파트 4에서 살펴보자. 20달러는 많은 돈이 아니지만 거기서 시작이다.

나머지 180달러를 저축계좌로 옮기면 이제 3000달러의 비상용 자금 중 680달러가 생긴다. 이 속도라면 전체 금액을 모으는 데 1년이 더 걸릴 것이다. 하지만 허리띠를 졸라매고 수선 예산 내에서만 생활하면 3개월 안에 모을 수 있다. 그는 며칠에 한 번씩 예산을 확인하는 습관을 들이기 시작했고 한 푼 한 푼이 다 선택이라는 사실을 스스로 상기시켰다. 앞으로 잭은 경영대학원에 진학할 생각이다. 그때가 가까워지면 저축계좌에 3000달러가 넘는 돈이 필요해지겠지만 현재로서는 저축계좌에 3000달러가 모이면 초과 금액은 모두 장기투자 양동이에 넣을 계획이다.

부채

양동이가 하나 더 있는데 바로 부채라는 거꾸로 매달린 양동이다. 부채는 개인 자산에서 논란의 여지가 많은 주제며 개인적 문제기도 하다. 내 의견은 이렇다. 부채는 무기지만 양날의 검이다. 신중하게 사용해야 한다.

장기 자산을 조달하기 위해 장기부채를 활용하는 것은 합리적이며 심지어 천재적이다. 부채로 '지렛대leverage효과'를 얻을 수 있다. 지렛대와 받침대가 있으면 몇 배의 힘을 줄 수 있듯 부채는 수익력을 몇 배로 늘린다. 부유한 사람들과 기업이 부채를 사랑하는 것은 지렛대의 힘 때문이다. 현금 100만 달러로 100만 달러짜리 집을 샀는데 집값이 200만 달러로 오르면 자산은 두 배가 된다. 멋진 일이다. 하지만 똑같은 100만 달러짜리 집을 현금 20만 달러와 대출금 80만 달러로 사서 200만 달러에 팔면 대출을 갚고도 120만 달러가 남는다. 자산이 여섯 배나 불어나는 셈이다. 이게 바로 지렛대 효과다. 맞다, 내가 얻은 총액은 똑같이 100만 달러다. 하지만 이렇게 하는 데 20만 달러만 묶어두면 됐다. 기회비용을 기억하자. 부채를 활용함으로써 다른 데 투자할 80만 달러를 확보한 것이다.

대출을 받아 거주할 집을 사는 것은 거의 항상 괜찮은 개인 재무 전략이다. (다음 파트에서 자산 중 부동산을 소개하며 더 자세한 내용을 다룬다.) 자동차는 좀 더 까다로운 주문이다. 자동차 대출은 교통수단이라는 기본 기능의 차보다 좀 더 비싼 차를 타기 위해 받는 경우가 많다. 자동차 영업사원이 원하는 질문은 "내가 감당할 수 있는 차는 얼마일까요?"다. 이보다 더 나은 질문은 "내게 필요한 차는 얼마인가요?"다. 자동차 대출은 소비 지출 약속이다. 비싼 차가 기쁨을 안겨준다면 그 차를 사기 전에 비용의 대부분 혹은 전부를 저축할 만한 가치가 있다. 노력을 통해 즐거움을 얻는다면 그만큼 더 즐길 수 있다.

고금리 신용카드, 선매후불buy-now-pay-later 대출, 매장 전용 할부 같은 단기부채는 밤도둑이다. 심지어 '무이자' 대출도 미래에 소비하겠다는 약속에 불과하다. 결국 현재의 자금 조달을 위해 미래에서 훔쳐 오는 것이다. 반드시 기억해야 할 바람직한 기본 원칙은 부채를 갚는 기간이 그 부채로 매수한 자산을 사용하는 기간보다 길면 안 된다는 것이다. 집을 살 때 30년 담보대출을 받는 것은 기준을 통과한다. 한 계절 동안 신을 신발을 사고 1년 동안 신용카드 할부금을 갚는 것은 기준을 통과하지 못한다. 나를 위한 선물은 해도 되지만 자기기만은 하지 말자.

사회생활 초기에는 소득과 소비의 격차를 메우려고 단기 대출을 받지 않기가 힘들다. 적당히만 하면 그런다고 미래가 망가지지도 않는다. 그러나 현명하게 행동해야 한다. 신용카드 빚이 있는데 자동차 대출을 받으면 안 된다. 단기 대출을 명확하게 **측정해야** 한다. 다섯 개의 다른 계좌로 나눠 숨겨선 안 된다. 단기 대출을 예산 스프레드시트 최상단에 올려두고 대출 상환금을 수선 예산에 포함해 최종적으로 이를 갚을 방법을 찾아야 한다. 또 단기 대출이 있다고 저축 근육 만들기를 멈추진 말아야 한다. 금리가 18

퍼센트에 달하는 신용카드 빚을 갚고 있다 해도 매달 10달러는 저축해야 한다.

부채 상환 때문에 계속 수면 위로 올라오기가 힘들면 부채 탕감 계획이 필요하다. 부채 문제가 심각하다면, 다시 말해 최소한의 상환금조차 갚기 힘들거나 매달 부채 총액이 늘어나고 있으며 도무지 끝이 않는다면 신용 상담을 받아야 한다. 단, 비영리 신용 상담 기관을 통해 공인된 신용 상담사의 상담을 받아야 한다. 소비자금융보호국Consumer Financial Protection Bureau 웹사이트에서 관련 기관 링크를 확인할 수 있다(한국에서는 신용회복위원회 등이 비슷한 역할을 한다—옮긴이).[11]

미래

현재 자아가 충실히 예산을 세우고 돈을 모으는 동안 미래 자아는 언젠가 그 돈을 쓸 날을 기다린다. 당신이 해야 할 일은 당신의 행복과 이 둘의 균형점을 찾는 것이다. 재무 계획에 관한 조언은 대개 미래 자아의 필요에 중점을 두지만 실제로 중요한 것은 균형이다. 현재 당신에게서 너무 많은 즐거움을 빼앗는 계획은 지속하기 힘들다. 만약 그러고 있다면 그 이유는 무엇인가? 박탈감을 넘어 미래에 도달하면 당신은 어떤 사람이 돼 있을까?

당신은 미래 자아가 아니지만 그렇게 될 것이다

돈을 벌기 위해 열심히 일하고 절제하는 훈련을 하는 것은 둘 다 힘든 일이다. 여기에는 지속적인 노력이 필요하며 그 과정에서 좌절도 겪기 마련이다. 하지만 먼 미래를 계획하는 것은 또 다른 면에서 힘들기도 하다. 목표를 볼 수 없고 실제로 그때가 되기 전까지는 목표를 달성했는지조차 진정으로 알 수 없기 때문이다. 하지만 미래 자아에 대한 비전은 계획과 동기 부여의 중요한 도구이므로 노력하는 것은 중요하다.

지금 인생이라는 여정에서 어디쯤 서 있든 몇 년 전을 돌아보며 지금의 당신과 그때의 당신을 비교해보자. 그 차이를 생각해보라. 전에는 중요하지 않았는데 지금은 당신에게 기쁨을 주는 것이 무엇인가? 내 과거를 돌아보면 몇 가지 뚜렷한 단계를 거쳤다(당시에는 그렇게 느끼지 않았지만 말이다). 돈에 대한 불안, 물질적 쾌락을 향한 열망, 내 삶에서 가장 중요한 사람을 기쁘게 하고 감동을 줘야 한다는 욕구 등이 늘 내 삶의 동기가 됐다. 시간이 지나면서 이들 간의 균형이 근본적으로 달라졌고 이를 이루기 위해 해야 할 일에 관한 생각 역시 그랬다.

이제 앞으로 5년, 25년 또는 50년 후에 당신이 어떤 모습일지 상상해보자. 개인적인 변화 속도가 느려지리라 생각하는가? 지금까지 변화무쌍하던 동기와 열망이 고정불변이리라 생각하는가? 당신보다 20~30세 많은 사람에게 "지금 당신과 20년 전 당신이 같나요?"라고 물어보자. 그런 다음 "당신이 생각한 그 사람이 됐나요?"라고 물어보자. 너는 변하지 않을 것이라는 오류는 투사 편향 projection bias이라는 말로 알려져 있다. 이는 "미래 취향이 현재 취향과 같은 정도를 과장"[12]하는 경향으로 정의된다.

미래 모습을 예측하기 어려운 데는 사회적 이유도 있다. 은퇴 개념이 바뀌고 있는 것이다. '은퇴한' 미국인의 20퍼센트는 여전히 임시직으로 일하며 대부분은 삶의 의미를 찾기 위해 그 일을 한다고 답한다.[13] 나이가 들수록 예전보다 많은 돈이 필요하다. 건강관리 비용이 높아지고 있을 뿐 아니라 기대 수명도 늘어났다. 모든 연령대 중 65세 이상에서 이혼율이 가장 높으며 이혼은 재정에 혹독한 영향을 미친다. 65세 이후 이혼한[14] 남자와 여자는 각각 생활수준이 25퍼센트, 41퍼센트씩 감소한다.

미래 자아를 위한 계획을 세울 때 알아야 할 가장 중요한 사실은 전적으로 옳은 계획을 세울 순 없다는 것이다. 시간이 흐르면 당신 역시 예측할 수 없는 방식으로 바뀌기 때문이다. 정확성은 여기서는 유용한 도구가 아니다. 반드시 달성해야 하는 구체적이고 절대적인 목표를 정해두고 자신을 옭아매지 말아야 한다. 아침마다 조깅할 때 지나치는 절벽 위 완벽한 집이 끝끝내 시장에 나오지 않을 수도 있다. 미슐랭 스타 레스토랑이나 7대 정상 등반은 멋진 목표지만 그 과정에서 많은 희생을 치러야 하며 일단 달성하면 그 선택을 후회할 수도 있다. 이런 목표(더 평범한 것도 마찬가지다)를 불가침한 것으로 여겨선 안 된다. 10년 동안 열심히 일해 그래픽디자인 회사를 차릴 돈을 모았지만 사무실 공간을 구하다 보니 그중 어디에서 일하는 모습을 상상하든 기쁘지 않다면

"난 변했어. 이건 더는 내 목표가 아니야"라고 말해도 괜찮다. 해변가 별장을 원해도 괜찮다. 데스크톱에 꿈에 그리는 해변가 별장 사진을 붙여두고 동기를 얻고 그 가격을 재무 계획의 기준점으로 활용하면 좋다. 함정은 '부자'를 '해변가 별장'과 동일시하는 것이다. 실제로 거래할 때가 되면 과거 당신이 원한 것이 아닌 현재 자신이 원하는 것을 선택해야 한다. 꿈꾸는 삶이 아니라 실제 당신의 삶을 살고 있기 때문이다.

경제적 안정은 선택의 폭을 넓히기 위한 것이지 선택의 문을 닫기 위한 것이 아니다.

검은 백조와 유성

대니얼 카너먼Daniel Kahneman은 놀라운 사건을 통해 이 세상이 놀라운 곳이라는 교훈을 얻어야 한다고 설명한다.[15] 몇 년에 한 번씩, 당신의 계획을 뒤흔드는 일이 벌어진다. 전 세계적 팬데믹, 자동차 사고, 인생의 반려자를 만나는 일이 그렇다. 안타깝게도 가장 놀라운 사건은 대개 부정적이다. 로또에 당첨되는 사람보다 암을 진단받는 사람이 훨씬 많다. 하지만 어떤 놀라운 일이 일어나든 적응할 수 있길 바랄 것이다. 유연하게 대처하면 된다.

재무 설계사가 선호하는 비상금은 언제든 이용 가능한 저축이다. 이는 열심히 일하고 있다는 증거이자 피할 수 없는 뜻밖의 상황에 맞서는 첫 번째 방어선이다. 하지만 예상치 못한 상황에 대응하기 위한 재정적 방어책만큼 심리적 방어책 역시 중요하다.

경제적 안정 확보가 궁극적으로는 수학이 아닌 인격에 달려 있는 이유다. 삶이 고심해 세운 세목 예산 계획을 다 날려버렸을 때 성공을 하려면 잠깐 현실에서 도피해 휴식을 취하고 정신을 차린 다음 피해 현황을 조사하고(보이는 것만큼 좋거나 나쁜 것은 없다는 사실을 계속 떠올려야 한다) 집에 떨어진 유성을 처리하기 위한 계획을 다시 세워야 한다. 어쩌면 운석이 만든 큰 구멍으로 멋진 수영장을 만들 수 있지 않을까?

계획과 고문

프롤로그에서 경제적 안정에 도달하는 데 필요한 자산을 대략적으로 빠르게 추산하는 방법을 알려줬다. 원하는 경비지출률, 즉 연간 지출액에 세금을 더한 금액에 25를 곱하면 필요한 자산을 구할 수 있다(인플레이션보다 투자수익이 4퍼센트 높다고 가정하기 때문에 '4퍼센트 규칙'이라고도 한다). 계획 시작점으로 삼기에 괜찮은 방법이지만 어디까지나 시작점일 뿐이다.

소득 능력이 증가하고 여기까지의 교훈을 활용해 저축도 늘어났다면 세금과 투자의 전반적인 복잡성뿐 아니라 의무 역시 늘어났을 가능성이 크다. 경비지출률에 25를 곱한 숫자는 유용한 목표지만 그 자체가 계획은 아니다. 휴가를 위한 스프레드시트를 만들 정도로 체계적이고 예산 수립 훈련이 잘됐다면 혼자서 계속해 나갈 수 있다. 하지만 전문가의 도움도 진지하게 고려해보자. 재산과 복잡성에 따라 세무사나 회계사 어쩌면 변호사의 도움이 필요할 수도 있다. 하지만 핵심 인물은 재무 설계사다.

어떤 유형의 사람이든 재무 설계사로서 서비스를 제공할 수 있다. 하지만 매우 구체적인 것을 원한다면 전문 교육을 받고 자격증을 취득한, 결정적으로 **수탁자**fiduciary인 사람이 필요하다. 이는 고객 이익을 자기 이익보다 우선시해야 할 법적 의무가 있는 사람이라는 뜻이다. 두 가지 공식적인 자격을 확인해야 한다. 첫째, 당신의 투자 고문이 일하는 회사가 전문투자자문사Registered Investment Adviser, RIA인지 확인해야 하고 둘째, 그에게 공인 재무 설계사나 공인 재무 분석사 자격증이 있는지 확인해야 한다.

세상에는 자격 있는 전문가가 많다. 그러니 이런 요건에 부합하지 않는 사람에게 의지하진 말아야 한다. 같은 학교 동기라거나 대단한 스포츠 경기 입장권을 준다는 이유로 누군가가 경제적 안정으로 이어지는 길을 안내하게 해선 안 된다. 가장 비싼 농구 경기를 본 셈일 뿐이다.

투자 고문에 관한 중요한 사실이 하나 있다. 그들에게 돈을 내는 것은 투자수익을 올리기 위해서가 아니다. 장기적으로 시장을 이기는 사람은 아무도 없다. 시장보다 높은 수익을 낼 비결을 아는 사람은 고정비율의 수수료만 받고 비법을 공유하진 않는다. 투자 고문에게 주는 돈은 계획, 책임감 그리고 신뢰의 대가다. 축적한 부가 더 늘어나고 인생이 더 복잡해질수록 이런 서비스의 가치도 더 커진다. 투자 고문보다 당신의 경제적 안정에 중요한 사람은 배우자뿐이다. 배우자와 아무리 궁합이 잘 맞거나 비슷해도 돈과 관련해서는 똑같을 수 없다. 세상에 똑같은 두 사람은 없다. 돈과 우리 관계는 너무 깊어서 그 관계의 뿌리나 완전한 복잡성을 제대로 인식하지 못하는 경우가 많다. 서로의 생각을 속속들이 파악하고 저축, 지출, 계획에 접근하는 방법을 진정으로 일치시키려면 시간을 들여 많은 대화를 나눠야 한다. 훌륭한 재무 설계사는 여기에도 도움을 줄 수 있다. 이것 역시 그의 중요한 역할이다. 인간관계에 시간을 투자하고 이를 즐기기 위해 경제적 안정을 구축하고 있다는 사실을 항상 기억하길 바란다. 그것이 진정한 최종 목표다.

Part 3 Review | 실행 방안

- **다른 어떤 자산보다 시간을 소중히 여기라.** 돈을 낭비하면 다시 벌 수 있다. 시간을 낭비하면 영원히 사라진다. 과거에 집착하거나 지금 행동하고 절제하지 않으면서 긍정적 미래를 꿈꾸는 것은 바꿀 수 없는 과거에 하지 못했고 고칠 수도 없는 일을 후회하는 지름길이다.

- **복리의 힘을 감사하게 여기라.** 작은 수익도 수년에 걸쳐 복리로 쌓이면 놀라울 정도로 커진다.

- **인플레이션의 힘을 조심하라.** 복리의 이면은 같은 돈이라도 미래에는 지금보다 가치가 떨어진다는 것이다. 저축 목표와 투자 전략을 세울 때는 이를 반영해야 한다.

- **합리적 범위에서 돈에 집착하라.** 감정적으로 휘둘리지 않되 소득, 지출, 투자에 집중적으로 주의를 기울여야 한다.

- **실제 지출을 추적하라.** 인생에서 단 하나의 지표만 추적한다면 지출을 추적해야 한다. 지출하려고 계획한 것이나 지출했다고 생각하는 금액이 아니라 매일 실제로 지출하는 금액을 추적하라.

- **소액일지라도 매달 저축하라.** 저축은 근육이다. 훈련할수록 더 강해진다. 반복해서 모으자.

- **금전적 약속을 피하라.** 인간관계에서는 약속이 중요하지만 재무에서는 약속이 위험천만하다. 구독, 할부 계획, 유지가 필요한 자산은 특히 조심해야 한다.

- **지출을 일정한 수준으로 유지하라.** 지출 변동성이 크면 통제력이 약해지며 지출에 대한 통제력이 약해지면 절대로 지출을 줄일 수 없다.

- **숨 쉴 수 있는 예산을 결정하라.** 현실적인 최소한의 월 예산을 지출 기준으로 삼아야 한다. 연간 구독료와 다른 간헐적 비용을 잊지 말라. 이들은 당신을 잊지 않는다.

- **미래 자아에게 선택권을 주라.** 당신은 스스로 예측할 수 없는 방식으로 변할 것이다. 그러니 선호도가 진화할 때를 고려해 계획을 허용하라.

- **달성 가능한 단기 저축 목표를 세우라.** '서른까지 100만 달러 모으기'는 계획이 아니며 목표 달성에 도움이 되지도 않는다. 하지만 '10월 1일까지 저축 계좌에 5000달러 모으기'는 매일 결정을 내리는 데 도움이 된다. 계속 올바른 결정을 내리면 언젠가 100만 달러를 모을 수 있다.

- **지출은 신중하게 선택하라.** 빚에 허우적대는 경우가 아니라면 꼭 지출할 필요가 없는 돈을 모조리 저축하는 것은 가능하지도 않고 바람직하지도 않다. 나이가 어리다면 특히 그렇다. 인생은 살기 위한 것이며 인생 최고의 경험은 대개 공짜가 아니다.
- **비용을 양동이 세 개에 나누라.** 수선을 넘어서는 모든 돈은 다음 셋 중 하나로 분류해야 한다.
  - **일일 지출**: 의식주, 교통비, 대출 상환, 기타 정기 비용.
  - **중기 지출**: 대학원 학비, 집 계약금 등 금액이 큰 간헐적 비용.
  - **장기투자**: 미래 소비를 충당하기 위해 투자용으로 모으는 돈. 장기투자 양동이는 미래의 경제적 안정을 위한 것이다.
- **중기 지출 양동이에는 변동성은 낮고 유동성은 높은 자산을 담으라.** 중기 비용을 지출하기 위해 수표를 써야 할 때가 되면 현금이 필요하다. 이 돈을 부동산이나 비상장 기업 주식, 고위험 투자자산에 묶어두면 안 된다.
- **고용주 매칭 자금을 활용하라.** 직원이 퇴직연금에 납입한 것과 같은 금액을 고용주가 연금에 넣어준다면 다른 지출이나 투자보다 매칭 자금을 최대화해야 한다. 과세가 유예되고 100퍼센트 수익이 보장되는 것보다 더 나은 투자 기회는 없다.
- **변화에 적응하라.** 나쁜 일은 언제나 일어날 수 있다. 실수도 할 수 있다. 계획을 포기하는 대신 수정해야 하는 이유다. 보이는 것만큼 좋은 것도 나쁜 것도 없다. 미래 자아를 위한 계획을 세울 때 알아야 할 가장 중요한 사실은 전적으로 옳은 계획을 세울 순 없다는 것이다. 반드시 달성해야 하는 구체

적이고 절대적인 목표를 정해두고 자신을 옭아매지 말아야 한다. 경제적 안정은 선택의 폭을 넓히기 위한 것이지 선택의 문을 닫기 위한 것이 아니다.

집중력

+

(금욕 × 시간 × 분산)

Part 4

분산

소득만으로 부를 이룰 수 있는 사람은 드물다. 물론 그런 사람도 있다. 〈포춘〉 100대 기업 CEO, 미식축구 쿼터백, A급 영화배우 등이 그렇다. 그 외 나머지 사람에게 소득은 부를 일구기 위한 토대일 뿐이다. 소득은 시작에 불과하며 더 많은 노력이 필요하다. 좀 더 구체적으로 말하면 노동으로 얻은 소득을 더 확장 가능한 뭔가로 전환해야 한다. 바로 자본이다.

자본은 운용되는 돈, 즉 가치 창출을 위해 사용되는 돈이고 일하는 돈이다. 기업, 정부, 금융기관은 모두 꾸준한 자본 공급을 통해 운영되며 그 사용 대가를 지불한다. 혼자만의 힘으로 위대해질 수 없듯 혼자서는 부를 일굴 수 없다. 다른 사람의 기술(팀, 직원,

판매회사)과 자본을 활용해야 한다. 다른 사람과 외부 자본 없이는 회사나 부를 일구기란 거의 불가능하다. 다른 사람이 사용하도록 자본을 제공하는(그리고 그 대가를 받는) 것이 바로 투자다.

앞선 파트에서 요구한 근면과 맨 처음 약속한 경제적 안정을 이어주는 것 역시 투자다. 투자는 경제적 안정에 도달하기까지의 전 과정에서 가장 쉬운 부분이기도 하다. 파트 1 '금욕'에서의 개인 성장, 파트 2 '집중력'에서의 경력 개발, 파트 3 '시간'에서의 훈련이나 일상적 투쟁과 달리 투자는 실질적인 노력을 다른 사람이 한다. 당신이 해야 할 일은 편하게 앉아 누군가가 노동을 통해 얻은 결실을 즐기는 것이다. 축하한다. 당신은 이제 자본가다.

대부분의 자산 관리 서적은 독자에게 자본주의와 금융시장의 근본적인 메커니즘을 감춘다. 좋은 의도에서 그러는 것일 테고 아마도 많은 사람에게 맞는 접근법일 것이다. 금융은 고유의 언어와 문화를 지닌(실제로는 여러 개의 언어와 문화) 방대한 생태계다. 장기적인 투자 이익을 얻기 위해 금융의 언어와 문화에 통달할 필요는 없다. 모든 것을 제대로 이해하려면 다른 데 쓸 시간과 에너지를 쏟아부어야 한다(기회비용이 든다). 전문가 몫으로 남겨두는 것도 나쁘진 않다.

내 접근법은 다르다. 파트 4는 이 책에서 가장 길다. 자본 투자 전략을 알려주는 데서 끝내지 않고 당신이 이런 전략의 근거가 되는 원칙에 능숙해지도록 할 생각이기 때문이다. 금융 시스템은 보이는 방식과 보이지 않는 방식으로 매일 우리 삶에 영향을 미치며 그 작동 원리를 이해하면 누구에게나 이득이 된다. 지금부터 몇 쪽에 걸친 내용은 겉핥기에 불과하다. 그래도 대부분의 고등학교나 대학, 가정에서 가르치는 것보다 자세히 설명할 것이다.

이 파트는 다섯 부분으로 나뉜다. 첫째, 투자해야 하는 이유나 개별 투자와 투자 전반에 대한 접근법 등 투자에 관한 기본 원칙을 소개할 것이다. 둘째, 돈의 시장, 즉 돈이 일하게 하는 곳인 금융시장의 개요를 설명할 것이다. 셋째, 금융시장에서 활용할 수 있는 주요 자산군을 살펴보고 구체적인 투자 조언을 할 것이다. 넷째, 투자 전략을 세울 때 종종 간과되는 세금을 살펴볼 것이다. 세금은 질서 정연한 사회에서 살아가기 위해 우리가 내야 하는 돈이다. 하지만 우리의 조세제도는 질서 정연하지 않다. 제대로 계획을 세우지 않으면 당신의 몫보다 많은 세금을 내게 된다. 마지막 부분에는 삶을 꾸려나가려고 노력하며 투자한 40년의 세월에서 얻은 실질적 조언을 담을 것이다.

금융업계 종사자라면 파트 4 내용 대부분이 익숙하거나 심지어 초보적인 내용처럼 느껴질 수도 있다. 자유롭게 읽어도 좋고 건너뛰어도 좋다. 하지만 이미 익숙한 땅도 6000미터 피트 상공에서는 새로운 관점으로 보인다. 금융을 처음 접한다면 정보가 너무 많아 어렵다고 느낄 수도 있다. 금융은 복잡한 풍경이라 다른 분야에 관한 지식 없이는 어느 하나도 제대로 이해할 수 없다.

여기서 다룬 내용을 넘어 선호하는 뉴스 매체의 비즈니스 섹션을 꾸준히 확인하는 습관을 들이길 권한다. 지난 수십 년에 걸쳐 비즈니스 뉴스는 주류가 돼 많은 비즈니스 기사가 사회 뉴스로 바뀌었지만 이는 대개 소비재나 극적인 사건에 중점을 둔 예외적 뉴스인 경우가 많다. 하지만 이 책의 기본 원칙을 이해하면 좀 더 깊이 파고들어 시장을 더 자세히 살펴볼 수 있을 만큼 아는 상태가 될 것이다.

이런 원칙을 확실히 새기는 방법은 바로 당신의 투자에 직접 적용하는 것이다. 직접 금융 세계를 겪다 보면 지식이 쌓여 이 파트의 내용이 자연스럽게 이해될 것이다. 장담한다.

투자의 기본 원칙

내 지식(매일 늘어난다)은 셀 수 없이 많은 출처에서 얻었지만 그 뿌리는 어릴 때 운 좋게도 멘토를 만났다는 것이다.

열세 살 때 나는 내가 보이지 않는다고 생각했다. 글자 그대로 눈에 보이지 않는 존재라는 뜻이 아니라 사회적으로나 지적으로 없는 존재였다. 엄마는 내게 너그러운 아저씨와 데이트했다. 어느 날 아저씨에게 그날 신문에서 읽은 주식에 관해 물었다. 아저씨는 내 갑작스러운 질문에 대답한 다음 말을 멈추고서 나를 잠깐 쳐다봤다. 그러고는 지갑을 열어 빳빳한 100달러짜리 지폐 두 장을 꺼냈다. "멋진 주식 중개인을 찾아가서 주식을 좀 사렴." 나는 주식을 사려면 어떻게 해야 하는지 물었다. "넌 똑똑하니까 알아낼 수 있을 거야. 다음 주말에 내가 다시 올 때까지 주식을 사지 못하면 돈을 돌려받을 거다." 나는 100달러짜리 지폐를 본 적이 없었다. 테리 아저씨는 친절했고 내 삶에 진심 어린 관심을 보였다. 그는 결혼을 하고 가정이 있는 사람이기도 했다. 우리는 아저씨가 격주로 주말을 함께 보내는 두 번째 가족이었다. 텔레비전 프로그램에 언급되기는 하지만 결코 그 프로그램의 주제는 되지 못하는 그런 가족 말이다. 어쨌든 그건 이 이야기의 핵심이 아니다.

다음 날 하교 후 나는 웨스트우드대로와 월셔대로가 만나는 모퉁이로 내려가 딘 위터 레이놀즈Dean Witter Reynolds 증권회사 사무실로 들어갔다. 커다란 금 장신구를 두른 여자가 무슨 일로 왔는지 물었고 나는 주식을 사러 왔다고 답했다. 여자는 멈칫했다. 당황스러운 눈빛을 느낀 나는 "200달러 있어요!"라고 다급하게 말하며 빳빳한 지폐를 보여줬다. 깜짝 놀란 여자는 투명한 구멍이 있는 봉투를 내밀고는 잠깐 기다리라고 말했다. 자리에 앉아 나는 지폐에 그려진 벤저민 프랭클린의 얼굴이 제대로 보이도록 새 봉투 안에 지폐를 정리했다. 곱슬머리를 한 남자가 로비로 와 내게 다가왔다.

"난 사이 코드너Cy Cordner라고 해. 딘 위터에 온 걸 환영해."

사이는 나를 사무실로 데려가 시장에 관해 30분짜리 레슨을 해줬다. 매수자와 매도자의 비율이 가격 변동을 결정한다. 각 주식은 전체 소유권 중 작은 부분을 나타낸다. 아마추어는 감정을 따르고 프로는 숫자를 따른다. 잘 아는 것을 사야 한다. 자신이 좋아하거나 감탄한 제품을 만드는 회사의 주식 말이다. 우리는 내 장려금을 종목 코드가 CPS인 컬럼비아 픽처스Columbia Pictures 주식을 주당 15.375달러에 총 열세 주 사기로 했다.

이후 2년 동안 점심시간마다 에머슨중학교 운동장에 있는 공중전화 부스로 가서 20센트를 넣고 코드너에게 전화를 걸어 내 '포트폴리오'에 관해 이야기했다. 방과 후 사무실로 걸어가 직접 확인하는 날도 있었다(앞에서 이야기했듯이 친구가 거의 없었다). 사이는 종목 코드를 입력하고 그날 CPS의 성과가 어땠으며 왜 그렇게 움직였는지 알려줬다. "오늘 시장이 하락했어"라는 말은 주가가 내려갈 만큼 주식을 파는 사람이 많았고 그 결과 더 많은 구매자가 시장으로 유입됐다는 뜻이었다. "〈미지와의 조우Close Encounters of the Third Kind〉가 히트를 친 거 같아"라거나 "〈케이시의 그림자Casey's Shadow〉는 망했어"라는 말을 하기도 했다. 코드너는 시간을 내 엄마한테 전화를 걸기도 했다. 영업용 전화는 아니었다 (우리는 돈이 없었다). 그저 우리가 나눈 대화를 알려주고 나에 대해 좋은 말을 해줬을 뿐이다.

고등학교 진학 후 코드너와 연락이 끊어졌다. 그러고는 코카콜라가 컬럼비아 픽처스를 인수했고 몇 년 후 나는 코카콜라 주식을 팔아 UCLA 동기들과 멕시코 엔세나다Ensenada로 자동차 여행을 떠났다. 하지만 내겐 몇 가지가 남았다. 첫 번째는 자신감이었다. 어른들이 나를 볼 수 있고 내 발로 시내에 있는 금융 사무실에 걸어 들어갈 수 있으며 그곳에 있는 사람들 눈에도 내가 보인다는 것을 알았다. 두 번째는 시장을 보는 눈이었다. 코드너 덕에 한없이 신비롭게 보였던 시장의 민낯을 제대로 이해하게 됐다. 코드너는 금융의 복잡성 이면에는 열세 살 난 아이도 이해할 수 있는 기본 원칙이 있다는 사실을 가르쳐줬다.

위험과 수익

자본가들은 단순한 은행 대출부터 설계한 당사자조차 완전히 이해하지 못하는 합성 파생상품까지 무수히 많은 방식으로 투자한다. 하지만 어떤 형식의 투자를 하든 결국 핵심은 두 요소, 위험과 수익 간의 균형이다. 시장이 제대로 기능하는 경우라면 자본에 대한 위험이 클수록 더 큰 (잠재적) 수익 상승을 기대할 수 있다. 위험은 수익을 위해 지불하는 대가다.

(아주) 간단한 예로 동전 던지기를 생각해보자. 동전을 한 번 던져 앞면이 나오는 데 돈을 걸면 이길 확률이 반반이다(승률이 1:1이라고 말한다). 따라서 100퍼센트의 수익을 기대할 수 있다. 1달러를 걸면('투자하면') 원금 1달러를 되찾고 '수익' 1달러도 얻는다. 하지만 앞면이 두 번 연속 나온다는 데 돈을 걸면 수익을 얻을 가능성이 줄어든다. 질 가능성이 이길 가능성보다 세 배 높다. 동전을 두 번 던졌을 때 나올 총 네 개 시나리오 중 세 개 시나리오(뒷면-뒷면, 앞면-뒷면, 뒷면-앞면)는 돈을 잃으니 승률은 1:3이다. 1달러를 걸면 원금 1달러를 되찾고 '수익' 3달러를 추가로 얻으리라고 기대할 수 있다. 위험이 더 커졌으니 더 높은 수익을 요구하게 된다. 누군가 당신에게 동전을 던져 두 번 연속 앞면이 나온다는 데 1달러를 걸면 2달러를 주겠다고 제안한다면 이는 좋은 거래가 아니다. 하지만 똑같이 1달러를 거는데 5달러를 주겠다고 한다면 언제든 그 내기를 받아들여야 한다.

투자위험과 수익은 좀 더 복잡하다. 동전 던지기와 달리 처음부터 위험을 확실히 파악하긴 어렵다. 뿐만 아니라 동전 던지기에 돈을 걸 때와 마찬가지로 목표는 본전을 찾는 것이 아니라 확실한 수익을 얻는 것이다. 투자 성과는 자본을 회수하느냐 못하느냐의 이분법으로 나뉘는 경우가 거의 없으며 수익은 일시금이 아닌 소득 흐름으로 나타나는 경우가 많다. 하지만 불균형(잠재적 수익보다 적은 위험)을 인식하는 것이 성공적 투자의 핵심이다.

다시 말하지만 위험은 수익을 얻기 위해 지불하는 대가다. 모험이 없으면 얻는 것도 없다.

투자의 두 가지 축

투자 활동은 두 차원으로 분류할 수 있다. 액티브active인지 패시브passive인지, 분산diversified투자인지 집중concentrated투자인지다. 각 투자가 이 중 어디에 해당하는지를 기준으로 언제, 어디에 시간과 자본을 할당할지 결정해야 한다.

액티브 투자와 패시브 투자는 투자에 얼마나 많은 시간을 투입하고 결과에 얼마나 큰 영향을 미치는지에 따라 나뉜다. 은행 저축계좌에 돈을 넣어두는 것은 100퍼센트 패시브 투자다. 돈을 입금하는 것 외에 아무것도 할 필요가 없으며 당신이 뭘 하든 은행은 약속한 수익을 준다. 반면 액티브 투자는 당신의 고용주와 함께 있다. 일자리를 투자로 생각하지 않을 수도 있지만 사실 직장은 인간관계에 대한 투자를 제외하면 가장 중요하고 가장 많은 시간이 소비되는 투자다. 당신 소유의 지분이 있다면 더 그렇다.

투자 활동

패시브 ──────── 필요한 시간 ──────→ 액티브	
분산 ↓ · 인덱스 펀드 · 뮤추얼 펀드 · 로보어드바이저 robo-adviser · CD · 저축계좌	· 포트폴리오 전략
위험 ↓ · 단일 주식 매수 후 유지 · 금 · 비트코인 집중	· 주식 선별 · 데이트레이딩 · 회사 근무 · 주택 소유

다른 액티브 투자로는 임대 부동산 소유, 데이트레이딩 등이 있다.

액티브 투자 전략에는 더 많은 시간이 요구되므로 위험도는 같아도 패시브 투자 전략을 선택할 때보다 더 큰 수익을 기대해야 한다. 자본뿐 아니라 시간에 대한 수익도 필요하기 때문이다. 뿐만 아니라 투자자의 개입이 성공과 직결되기 때문에 자신의 고유한 능력을 잘 활용할 수 있는 투자인지 신중하게 생각해야 한다. 나는 예술을 좋아하지만 예술 시장은 별로 알지 못하고 예술을 공부하는 데도 흥미가 없다. 따라서 소더비에서 컬렉터를 상대로 입찰하는 것은 내게 바람직한 액티브 투자 전략이 아니다. 하지만 나는 비행기에 관해서라면 여느 성인보다 많이 안다. 그래서 몇 년 전 제트엔진 정비회사에 비교적 큰 규모의 민간투자를 했다. 관리하는 데 시간이 걸렸고 계속 시간이 필요하지만 내 개인적 전문성을 활용하고 있다고 생각한다.

분산투자와 집중투자를 구분하는 것은 투자자의 위험 성향이다. 이는 매우 중요한 투자 개념이다. 기초 수준으로 설명하자면 모든 달걀을 한 바구니에 담으면 안 된다는 뜻이다. 나는 오래전

미국 기업 시가총액 순위
2003년 vs. 2023년 4월

2003		2023
1	마이크로소프트	2
2	제너럴일렉트릭(GE)	71
3	엑손모빌	11
4	월마트	13
5	화이자	28
6	씨티그룹	82
7	존슨앤존슨	9
8	IBM	68
9	AIG	216
10	머크	20

〈파이낸셜 타임스Financial Times〉, 컴퍼니즈마켓캡(CompaniesMarketCap.com)

부터 애플 주식을 보유해왔고 그동안 회사는 내게 엄청난 수익을 안겨줬다. 하지만 애플은 여전히 상당히 위험한 주식이고(그게 수익을 창출하는 방식이다. 위험을 감수하는 것) 위험은 결국 우리 발목을 잡는다. 장기적으로 최정상에 머무는 기업은 드물다.

분산

분산은 방어 전략이다. 하지만 운동경기에서와 마찬가지로 방어를 잘하면 우승을 차지할 수 있다. 투자에는 근본적인 비대칭성이 있기 때문이다. 당신은 무한한 상승 여력을 있는 그대로 흡수할 수 있다. 하지만 0에서는 회복할 수 없다. 성장주나 파생상품 같은 위험한 투자자산은 0이 될 수도 있다. 이런 자산 중 하나에 집중투자하면 잘못된 베팅으로 완전히 파산할 수도 있다. 분산은 손해를 제한해준다. 물론 이는 상승 여력의 장애물이지만 단 한 번의 베팅으로 자본이 0이 되면 상승 가능성조차 사라진다. 더 중요한 것은 **상승 여력을 극대화하지 않아도 된다는 것이다.**

이는 심오한 진리다. 대중매체가 전하는 메시지와는 반대로 투자 목표는 살아 있는 가장 부유한 사람이 되는 것이 아니다. 잘 관리되는 분산 포트폴리오는 경제적 안정을 얻는 데 필요한 수익을 창출한다. 자본 일부만 투입해도 얼마든지 단계적 변화와 괴물 같은 승리를 기대할 수 있다. 시장에서 경험을 쌓다 보면 기회인지 미끼인지 알아챌 수 있다. 안전하게 꾸준히 키운 자산 기반이 있으면 더 가치 있는 자산인 시간을 활용해 중대한 기회를 좇을 수 있다는 자신감이 생긴다. 이게 바로 책 첫머리에서 설명한 '부로 이어지는 두 가지 길'이 주는 교훈이다. 최고의 선택은 두 가지 길을 모두 걷는 것이다.

현재 소득을 극대화하는 데 시간을 집중하라.
장기적 부를 극대화할 수 있도록 투자를 분산하라.

분산은 단순히 다양한 자산을 소유하는 것이 아니다. 위험도가 다른 자산을 소유해야 한다는 뜻이다. 앞에서 예로 든 동전 던지기 기억나는가? 동전 던지기는 '동전이 어떻게 떨어질 것인가?' 하는 단 한 가지 조건만 고려해 위험을 단순화한 것이다. 투자위험은 이렇게 단순하지 않으며 다양한 면이 있다.

애플을 예로 들어보자. 애플은 다양한 **유형**의 위험에 노출돼 있다. 경제 침체로 2년에 한 번씩 1200달러를 주고 신형 휴대전화를 사려는 소비자의 의지가 약해질 수 있다. 중국이 대만을 침공할 수도 있고 그 결과 애플이 기존 생산 시설과 두 번째로 큰 시장에 접근할 권한을 잃을 수도 있다. 팀 쿡Tim Cook이 결국 더 나은 일을 하기로 마음먹을 수도 있고 쿡의 후임자는 경영 능력이 부족할 가능성도 있다. 이(와 함께 수많은 다른) 위험이 모여 애플의 위험도를 결정한다. 우리는 애플이 이런 위험에 '노출'돼 있다고 표현한다.

마찬가지로 내 애플 주식은 나 역시 이런 위험에 노출시킨다. 내 모든 돈을 애플에 투자해 지나치게 집중하면 갑자기 시진핑이

나 쿡의 기분과 혈당이 내 향후 경제적 안정을 좌지우지하게 된
다. 그건 좋지 않다. 애플이 가져다주는 큰 수익을 계속 얻되 통제
밖에 있는 특정 위험에 대한 노출을 줄이려면 어떻게 해야 할까?
(힌트: 분산.)

애플이 직면한 위험은 매우 광범위한 위험(경기 침체)부터 애
플의 통제 범위 밖에 있지만 애플에게 영향을 미치는 위험(중국 전
쟁), 온전히 애플과 관련된 위험(쿡 은퇴)에까지 이른다. 애플과 나
이키Nike에 분산투자하면 쿡의 은퇴로 인한 위험 노출은 절반으
로 줄어든다. 쿡은 나이키에 영향을 미칠 수 없기 때문이다. 훌륭
하다. 하지만 나는 여전히 중국이라는 위험에 노출돼 있다. 나이
키 역시 중국 제조업과 소비자에 의존하는 데다 두 회사 모두 재
량 소비재를 판매하기 때문에 좀 더 광범위한 소비자경제의 영향
을 받을 수밖에 없다.

사실 제조업이나 소비재 분야는 중국이라는 위험 노출에서
달아나기 어렵다. 오토바이 제조업체 할리데이비슨Harley-Davidson
을 생각해보자. 할리데이비슨은 미국에서 오토바이를 만들지만
부품 상당수를 중국에서 공수한다. 명품 제조업체 LVMH는 여전
히 대다수 제품을 유럽에서 제조하지만 중국이 전체 매출의 4분
의 1을 차지한다.

애플 같은 기업의 위험도를 상쇄할 수 있는 좀 더 나은 후보
로는 에너지 기업이 있다. 대개 중국 경제에 덜 매여 있는 편이며
경기가 둔화할 때도 상대적으로 좋은 성과를 낸다. 또는 주거용
부동산 공급업체나 관리 기업(예: 에퀴티 레지덴셜Equity Residential,

홈디포Home Depot)처럼 근본적으로 국내나 각 지역을 기반으로 하는 회사도 있다.

너무 많은 노력이 필요할 것처럼 들리는가? 물론 그렇다. 그래서 뮤추얼 펀드를 비롯한 다양한 투자 대상이 등장했다. 투자자가 펀드매니저에게 소액의 수수료(매우 적다면 이상적이다)를 내면 연구와 수학을 토대로 분산 포트폴리오를 제공한다. 분산을 뒷받침하는 이론은 포트폴리오이론으로도 알려져 있다. 1950년대에 접어들어 경제학자들이 복잡한 투자 포트폴리오의 수익률을 측정하기에 충분한 데이터를 수집할 수 있게 되자 이 이론이 등장했다.

분산은 개별 주식에 국한되지 않는다. 투자 포트폴리오 자체도 분산해야 한다. 주식(더 자세한 내용은 뒤에서)은 여러 자산군 중 하나며 함께 움직이는 경향이 있다. 주식 매입 전략만으로는 모든 주식에 일반적으로 영향을 미치는 위험을 분산할 수 없다.

이 이야기의 한 가지 문제는 1980년대 분산의 비밀스러운 힘이 덜 비밀스러워졌고 그 결과 기관투자자가 모든 지역, 모든 종류의 자산에 투자하기 시작했다는 것이다. 역설적이게도 기관투자자가 분산투자에 뛰어들자 투자 대상을 분산하기는 더 힘들어졌다. 자본이 모여든 탓에 이전에는 아무 관련 없던 투자 대상이 이제는 연결됐기 때문이다. 호주에서 철광석 주식이 폭락하면 독일 채권 가격이 영향을 받는다. 호주의 타격을 입은 투자자 중 누군가가 독일 채권을 매각해 (손실을 메우기 위한) 자본을 마련할 수도 있기 때문이다. 예전보다 실행하기가 힘들어졌고 예전만큼 효과적이지도 않지만 분산투자는 여전히 옳은 전략이다.

요컨대 분산투자는 단 한 번의 실패나 세계적 변화가 치명적인 손해를 입히지 못하도록 위험을 분산하는 예술이자 과학이다.

방탄복

많은 사람과 마찬가지로 나 역시 과도한 집중투자라는 쓰라린 경험을 통해 분산의 가치를 몸소 느꼈다. 1990년대 말, 내가 설립한 전자상거래 기업 레드 엔벨로프는 닷컴붐을 타고 기업공개를 향해 나아가고 있었다. 당시 서른넷이었던 나는 전용기를 알아보고 있었다. 총알도 튕겨내는 사람이 된 기분이었다. 그러다 시장이 급변했고 기업공개는 무산됐다. 회사는 그 여파로 어려움을 겪었고 경영진을 교체했으며 나는 벤처투자자들에게 동의하지 않았지만('동의하지 않았다'는 것은 예의를 갖춘 표현이다) 회사를 떠나진 않았다. 회사는 2003년 상장됐다. 브랜드에 대한 정서적 애착으로 눈뜬장님이었던 나는 주식을 현금화하지 않았을 뿐 아니라 더 깊이 들어가 더 많은 투자를 했다. 5년 동안 깜빡이는 적신호를 무시한 후 레드 엔벨로프가 파산을 신청한 2008년 나는 순자산의 70퍼센트를 잃었다. 나는 전혀 예측하지 못했다. 부두 노동자 파업이라는 설상가상의 상황, 물류 시설에서 일어난 작은 사고, 우리 회사의 신용 한도액을 낮추겠다는 웰스 파고Wells Fargo 신용분석가의 결정이 모여 10주 만에 회사가 무너졌다. 중요한 점은 이것이다. 설상가상의 상황은 드물다. 하지만 항상 생긴다.

두 번째로 분산에 관한 교훈을 얻은 것은 2011년, 내가 인생 최악의 투자 결정을 내렸을 때다. 넷플릭스 주식을 주당 12달러에 대량(어쨌든 교수한테는 그랬다) 매수했다(그리 나쁜 결정은 아니었다). 나는 회사의 비전과 경영진에 투자했다. 그리고 미디어 환경, 스트리밍 서비스가 미디어 시장을 어떻게 파괴할지를 통찰하고 있다고 생각했다. 하지만 시장은 의심을 품었고 그로부터 6개월 후 나는 연말 세금 공제를 위해 주당 10달러에 주식을 팔았다. 이후 10년 동안 넷플릭스를 상징하는 초록색 종목 코드 NFLX가 휴대전화 화면에 보일 때마다 육체적 고통을 느꼈다. 아픔은 투자금의 약 50배에 달했다. 총알이 가슴에 박힌 것처럼 고통스러웠지만 나는 괜찮았다. 방탄복을 입고 있었기 때문이다. 내 포트폴리오에는 넷플릭스만 있지 않았다. 보유 중이던 애플, 아마존, 나이키는 같은 기간 동안 모두 급등했다(물론 넷플릭스만큼은 아니었다). 세금 공제를 위해 넷플릭스를 팔아치운 탓에 커다란 손실을 입었지만 분산투자한 덕에 치명상을 입진 않았다. 투자 세계에서는 반드시 유탄이 날아온다. 그러니 유탄이 쏟아져도 살아남을 수 있는 곳에 서 있어야 한다. 면역력이 있는 사람은 아무도 없다. 기억해두자. 자신의 실패를 스크린샷으로 남기는 사람은 드물다. 하지만 손해를 본 사람은 어디에나 있고 모두 손해를 받아들여야 한다.

랜덤워크

몇 년 전 워런 버핏은[1] 버크셔 해서웨이Berkshire Hathaway 연례회의에서 향후 10년 동안 S&P500 인덱스 펀드(S&P500 지수를 단

순 추종하는 수동형 펀드—옮긴이)가 그 어떤 액티브(시장 수익률을 초과하는 수익을 올리기 위해 펀드매니저가 적극적 운용 전략을 펴는 펀드—옮긴이) 투자자보다 높은 수익률을 낸다는 데 100만 달러를 걸었다. (S&P500이 뭔지 잘 모른다면 지금은 일반적으로 주가의 평균이라고 이해해두자. '경제를 측정하는 방법'에서 더 자세히 설명할 예정이다.) 프로테제 파트너스Protégé Partners라는 투자회사가 버핏의 내기를 받아들였다. 프로테제는 다섯 개 액티브 펀드를 선택했고 10년 동안 일부 성과가 저조한 펀드를 성공 가능성이 높아 보이는 펀드로 투자자에게 유리하게 교체했다.

첫해에는 다섯 개 펀드 실적이 모두 S&P를 크게 상회했다. 다음 해인 2009년에는 S&P500이 이겼다. 2010년, 2011년 그리고 그 후에도 매년 그랬다. 2017년이 되자 S&P500은 수익률 126퍼센트를 기록했다. 프로테제 파트너스의 수익률은 36퍼센트에 불과했다. 내기가 공식적으로 끝나는 날은 2017년 12월 31일이었지만 그해 여름 버핏이 이미 크게 앞서 있었기 때문에 프로테제는 일찌감치 손을 들었다.[2]

버핏의 일화는 월스트리트가 당신에게 알리고 싶어 하지 않는 이야기다. 지속적으로 시장을 이길 수 있는 사람이 드물다(어쩌면 아무도 없다)는 사실을 투자자가 알면 수많은 증권 중개인, 헤지펀드매니저, 투자 고문은 일자리를 찾아나서야 할 것이다. 이것이 바로 뻔히 보이는 곳에 숨어 있는 시장의 비밀이다. 얼마나 교육을 잘 받았든, 인력이나 자본이 많든 장기적으로 시장을 이길 수 있는 사람은 없다. 물론 **단기적으로** 시장을 이길 수는 있다.

2021년 많은 사람에게 일어난 일이다. 암호화폐와 밈 주식에 투자한 많은 사람이 전체 주식시장보다 큰 상승 폭을 기록했다. 열한 살 난 내 아들은 도지코인을 샀다. 아들은 천재였다. 천재가 아님이 밝혀지기 전까진 그랬다. 2022년에는 암호화폐 거래자 넷 중 셋이 초기 투자에서 손실을 봤다.[3] 한편 투기성 자산이 폭락하는 동안 주식시장은 평범한 속도로 상승세를 이어갔다.

내 말(이나 버핏의 말)을 들을 필요는 없다. 데이터를 봐야 한다. 지난 20년 동안 S&P가 대형주 펀드 94퍼센트보다 뛰어난 성과를 냈다.[4] 같은 기간 동안 주식형 펀드의 평균 수익률은 8.7퍼센트였던 반면 S&P1500의 수익률은 9.7퍼센트였다.[5] 한 연구에서는 지난 15년 동안 적극적으로 운용된 미국 주식형 펀드 중 절반만이 살아남았다[6]는 사실이 밝혀졌다.

이 주제를 다룬 유명한 책으로 프린스턴대학교 경제학 교수 버턴 말킬Burton Malkiel이 쓴 《랜덤워크 투자수업》이 있다. 말킬은 자산 가격(특히 주가)은 '랜덤워크 이론random walk theory'(주가는 무작위로 움직이기 때문에 추세나 반전 신호를 찾으려는 노력은 모두 허사라는 이론―옮긴이)의 영향을 받는다고 주장한다. 다시 말해 장기적 예측은 가능하지 않다. 따라서 주식 선별은 '랜덤워크'와 다르지 않기 때문에 시간을 투자할 가치도 없다. 말킬은 1973년 이 책을 썼고 열세 번이나 증쇄했다. 2023년 출간된 최신판에는 구글, 테슬라, 기업인수목적회사, 비트코인 이야기도 담겨 있다. 이 책역시 같은 결론에 도달한다. 장기적으로 액티브 투자는 결코 시장을 이길 수 없다는 것이다. (이 책의 내용은 주식에 집중돼 있지만 대부분은 다른 자산군에도 똑같이 적용된다. 개인 액티브 투자자는 어떤 시장에서든 분산된 패시브 지수 투자를 이기지 못한다.)

여기서 두 가지 의문이 생긴다. 첫째, 버핏은 어떤가? 오마하의 현인이라고 불리는 버핏은 뛰어난 투자자로 존경받는 인물 아닌가? 그는 오랫동안 시장을 이기지 않았던가? 둘째, 잃을 게 분명하다면 나는 왜 독자에게 능동적으로 투자하라고 권할까?

몇 가지 이유가 있다. 첫째, 모든 돈을 S&P500(뒤에서 설명하겠지만 ETFExchange-Traded Fund, 상장지수펀드로 투자할 수도 있다)에 넣어두는 것은 훌륭한 전략이 아니다. 최적의 장기 수익을 얻는 것이 유일한 고려 사항은 아니기 때문이다. 좀 더 넓은 시장은 변동성이 매우 크다. 2000~2022년까지 22년 중 가치가 20퍼센트 이상 하락한 3년을 포함해 총 7년은 S&P500의 가치가 하락했다. 이전 파트에서 변동성 높은 투자 대상은 향후 몇 년 이내 써야 할 돈을 넣어두기에 좋지 않다고 설명한 것을 떠올려보자. 집 계약금으로 10만 달러를 저축한 다음 S&P500 ETF에 넣어뒀다면 그 돈이 필요할 때 수익률은 마이너스일 가능성이 크다. 제법 손실이 클 수도 있다.

패시브 분산투자를 통해 장기적으로 수익을 얻을 수도 있지만 중기 양동이에 든 자본의 변동성 위험을 낮출 방법을 알아야 한다. 모든 돈을 S&P500에 투자하고 싶다 할지라도 그럴 수 없을 것이다. 집을 산다는 것은 곧 부동산에 많은 돈을 투자한다는 뜻이다. 현재 직장 고용주나 막 시작한 본인 회사 같은 비상장회사에 투자할 기회가 있을 수도 있다. 광범위한 시장 지수 투자의 위험보상비율risk/reward ratio이 가장 높지만 경제적 안정을 더 확보할수록 더 높은 잠재적 상승 여력을 위해 더 많은 위험을 감수할 방법을 찾아야 한다. 돈을 잘 다룬다는 것은 돈을 이해한다는 뜻이며 돈을 제대로 이해하려면 금융시장에 관해 읽는 것 이상의 노력이 든다.

둘째, 액티브 투자를 더 많이 한다고 반드시 손해 보는 것은 아니다. 누구도 절대 주가를 예측할 수 없다는 강력한 형태의 '랜덤워크' 가설은 논란의 여지가 있고 나 역시도 그것이 지나치게 과장됐다고 생각한다. 시장가격은 자동 투표 집계 같은 시장의 산물이자 비합리적이고 잘 모를 때가 많은 인간 판단의 산물이다. 통찰력 있고 냉철한 관찰자는 이따금 가격과 가치 사이의 괴리가 생기는 지점을 파악하고 이를 이용해 이익을 얻기도 한다. 대부분 인내심 있게 오랫동안 자산을 보유한다. 많은 전문가가 말하듯 "성공은 타이밍이 아니라 시장에 머무는 기간에 달려 있다".

이게 바로 버핏이 평생 추구한 투자 전략이다. 버핏이 100만 달러짜리 내기를 통해 준 교훈은 투자자가 단기 가격 변동에 따라 주식이나 다른 자산을 자주 매매하는 투자 전략은 바람직하지 않다는 것이었다. (뿐만 아니라 버핏은 자신의 투자회사 버크셔 해서웨이를 통해 상장 기업 주식을 매수하기도 하지만 버크셔 해서웨이는 주로 많은 기업을 직접 소유하고 경영을 감독하는 영리기업이다. 사실 네브래스카의 매력과 소탈한 일화를 한 꺼풀 벗겨내면 버크셔 해서웨이의 본질은 보험회사에 가깝다. 자사 수익을 다른 사업에 투자해 분산을 추구하는 매우 수익성 높은 보험회사다.)

투자의 기본 원칙은 다음과 같다. 위험과 수익, 분산투자, '시장을 이기려는' 노력의 무의미함(대개는 그렇다)이다.

자본가를 위한 입문서

어떤 투자 옵션이 있는지 제대로 이해하고 궁극적으로 투자 전략을 개발하려면 자본 그리고 이를 바탕으로 하는 경제 시스템(일명 자본주의)에 대한 기본적인 이해가 필요하다. 지금부터 자본주의 시스템에 관한 기초적이지만 포괄적인 개요를 살펴볼 것이다. 여기에 소개된 모든 개념은 그 자체가 하나의 연구 학문 영역이다. 누구나 그렇겠지만 나 역시 각 영역의 지식 수준은 천차만별이다. 경제 전체를 전문가 수준으로 이해하는 사람은 없다. 하지만 성공적인 투자가가 되기 위해서는 이 분야의 **어떤** 전문가도될 필요가 없다. 개념의 복잡성과 깊이가 전반적인 내용을 이해하는 데 장벽이 되면 안 된다. 그리고 가장 중요한 것은 이 개념들이 **자본주의 시스템** 내에서 어떻게 맞물려 있는지 이해하는 것이다. 6000미터 상공에서 바라보면 시스템의 상호의존적 본질이 명확하게 드러난다. 경험이 많은 독자는 지나치게 현학적이거나 단순하다고 생각할지도 모른다. 하지만 정말로 중요한 것은 기본 개념인데 너무 많은 투자 조언이 실제로 무슨 일이 일어나고 있는지 지나치게 복잡하게 설명하거나 신비롭게 포장한다.

시간을 돈으로 바꾸기

모든 생물체에게는 필요한 것이 있다. 식물은 물과 햇빛, 애벌레는 잎 그리고 인간은 모든 종류의 물질이 필요하다. 우리 경제의 능력 중 하나는 우리에게 필요한 새로운 것을 만들어내는 것이다. 하지만 우리 사회에 만연한 소비주의는 음식, 주거, 동료애 등 현실적이고 불가피한 필요를 토대로 자리 잡고 있다. 자연계에서 부모는 새끼를 돌본다. 일부 종이 협력적 방식을 발달시키긴 했지만 대개 종은 스스로 노력에 의존해 필요한 것을 확보한다.

인간은 다르다. 미래를 상상하고 예측하며 복잡한 언어로 소통하는 능력이 있는 우리는 서로 필요한 것을 교환할 뿐 아니라 우리 능력의 진정한 제약인 시간 자체를 교환할 수단도 발달시켰다. 이게 돈에 관한 내 생각이다. 돈은 시간을 교환하기 위해 사용하는 수단이다.

하루 여덟 시간, 주당 40시간을 일하는 공장 노동자를 상상해보자. 한 주가 끝나면 공장 주인이 직원에게 급여를 준다. 시간과 돈을 간단하게 교환한 것이다. (경제학자들은 공장 주인이 노동자의 노동에 대가를 지불한다고 이야기할 것이다. 이런 주장도 맞긴 하지만 공장 주인에게 가치 있는 것은 노동자의 노동이라 해도, 노동자가 포기하는 본질적 자산은 시간이다.)

공장 노동자는 돈을 받아 집에 가는 길에 바에 들러 10달러를 내고 맥주 두 잔을 마신다. 적어도 표면적으로는 그렇다. 하지만 좀 더 깊이 들여다보면 노동자는 공장에서 보낸 시간을 맥주 양조장에서 일하는 다른 사람의 시간과 교환한 것이다. 그는 바텐더와 보리를 키우는 농부의 시간도 샀다. 공장 노동자가 낸 10달러 중 일부는 그날 밤 바를 청소하는 잡역부, 바를 지켜주는 경찰과 소방관에게 돈을 지급하는 시 정부로 흘러간다. 남은 것이 혹시 있다면 그건 바를 여는 데 시간을 할당한 주인 몫이다.

시간과 교환하는 수단으로의 돈을 잘 활용하면 비교 우위를 실현하고 전문적 능력을 갖출 수 있다. 전문화specialization의 위력을 설명하는 것으로 애덤 스미스Adam Smith의 핀 공장 사례가 유명하다. 스미스의 설명[7]에 따르면 각자 핀 완제품을 만드는 노동자 열 명은 하루에 수백 개의 핀을 만들 수 있다. 스미스가 방문한 공장에서 일하는 노동자 열 명은 각자 핀 제조 과정의 아주 작은 부분만 담당해 하루에 4만 8000개가 넘는 핀을 만들 수 있었다. 바도 다르지 않다. 바나 레스토랑을 차리고 채우고 운영하는 일을 혼자서 할 순 없다. 현대 생활의 거의 모든 일이 그렇다. 전문화는 우리 경제의 기본적인 역학이다. 사람들은 글쓰기나 자동차 카뷰레터 재조립 같은 한정된 일을 아주 잘해내는 데 시간을 쓴 대가로 돈을 받고 다른 사람의 시간이 들어간 제품과 그 돈을 교환한다.

경제학자들은 수 세기 동안 이 교환의 '진정한' 본질 그리고 재화에 투입한 노동과 재화 가격의 관계를 놓고 논쟁을 벌여왔다. 하지만 이 논쟁은 무시해도 된다. 돈은 시간을 교환하는 수단이며 다른 사람이 당신이 주는 돈을 받고 자신의 시간 혹은 그 시간으로 만든 제품을 교환할 때 돈의 가치가 생긴다.

수요와 공급

모든 시간의 가치가 똑같은 것은 아니다(세상 그 무엇이든 그렇다). 고등학교를 졸업한 다음 해 여름, 나는 선반을 설치하는 일을 하고 시간당 18달러를 받았다. 축구 팀 알나스르Al-Nassr에서 뛰는 크리스티아누 호날두Cristiano Ronaldo는 경기마다 시간당 약 250만 달러를 받는다.[8] 상대적으로 봤을 때 내 선반 설치 솜씨에는 과한 급여였다.

교환이 이뤄질 때마다 가격이 형성된다. 차가운 맥주를 마시려면 얼마를 내야 할까? 그 돈을 벌려면 공장에서 몇 시간이나 일해야 할까? 이런 교환에 적합한 가격을 찾아야 경제가 계속해서 제대로 돌아간다. 이 과정은 매우 복잡하다. 노동자의 시간에 대한 대가로 공장이 노동자에게 지불하는 가격이 가능한 한 낮아야 공장은 고객이 매력적으로 느낄 만한 가격을 제시할 수 있다. 그 수준은 고객이 일하는 곳이 어디든 자신의 시간에 대한 대가로 얼마를 받는지에 따라 달라진다. 동시에 노동을 제공한 공장 노동자들은 그들의 시간에 대한 보상을 요구한다. 그 돈으로 필요한 것이나 원하는 것을 구매할 수 있기 때문이다.

우리가 '자유 시장경제'라고 부르는 것의 결정적 특징은 우리가 (대개) 가격 책정이라는 어려운 일을 해내기 위해 수요와 공급 시장에 의존한다는 것이다. 반면 '계획경제'에서는 중앙 기관(일반적으로 정부 기관)이 가격을 책정한다. 몽상가들은 계획경제에 매력을 느끼지만 대규모로 성공한 사례는 없다. 언젠가는 성공할지 모르지만 이 책은 현재 이 세상이 어떤지에 관한 것이며 21세기 세계 경제는 (대개) 시장을 기반으로 한다.

각각의 거래에는 수요와 공급이 필요하다. 즉각적인 암 치료제의 수요는 많다. 하지만 공급이 없고 그래서 가격도 없다. 모든 암을 치료하는 약을 발명했지만 하루에 딱 한 알만 만들 수 있다면 가격이 천정부지로 치솟을 것이다. 수억 달러가 될 수도 있다. 이렇게 가격이 높으면 경쟁이 치열해지고 그 결과 암 치료제 공급이 늘어나면 가격은 내려갈 것이다(공급 제한을 주장하는 로비스트들이 워싱턴 D.C.로 몰려가 규제가 생기지 않는다면). 수천만 개의 암 치료제가 생산되면 가격은 폭락한다. 가격은 수요와 공급이 균형을 이루는 지점에서 안정되는 경향이 있다. 제조를 유도할 정도로 높지만 수요를 자극할 정도로 낮은 지점, 이윤을 얻을 정도로 높지만 몰려드는 경쟁업체를 막을 수 있을 정도로 낮은 지점이다.

이런 안정화는 '가격 발견 메커니즘price discovery mechanism' 역할을 하는 시장을 통해 진행된다. 이 표현은 시장 참가자들이 어떻게 허세를 부리고 균형을 찾아가는지 잘 보여준다. 시장가격은 시장이 '정하는' 것이 아니라 '발견한다'는 의미기 때문이다.

가격이 수요와 공급을 완전히 반영하는 정도를 시장의 '효율성'이라고 표현한다. 주로 정보가 그 역할을 한다. 모든 시장 참가자가 서로에 대한 완전한 정보에 접근할 수 있다면 금세 균형 가격을 찾는다. 거래 비용이 낮고 거래가 많을 때(거래가 늘어나면 수요와 공급에 관한 정보가 많아진다), 거래 대상이 금처럼 불연속적이고 대체 가능한 상품일 때(과거 거래 데이터를 미래 거래에 적용하기 쉬워진다) 시장의 효율성이 높아진다. 예술이나 노동처럼 미묘하고 변동성 높은 대상을 거래하는 시장은 효율성이 떨어진다.

비효율적인 시장은 '차익거래arbitrage'를 유도한다. 거래자가 실제 수요를 모르는 판매자에게서 상품을 구매해 실제 공급 상황을 모르는 구매자(혹은 물리적 거리나 문화적 장벽으로 인해 직접 교환할 수 없는 사람)에게 판매하는 방식이다.

1980~1990년대에는 리바이스 청바지가, 그중에서도 특히 클래식 501 모델이 미국보다 유럽과 아시아에서 훨씬 비싸게 팔렸다. 이 지역에서 501을 패션 아이템으로 마케팅하는 데 성공한 리바이 스트라우스Levi Strauss & Co.는 일부러 공급을 줄였다. 수요는 많은데 공급이 부족하니 미국에서는 겨우 30달러에 팔리는 청바지에 해외 소매업체는 100달러가 넘는 금액을 매겼다. 리바이스 시장은 비효율적이었다. 미국에서는 공급이 넘쳐나는데 유럽과 아시아에는 공급이 이뤄지지 않았기 때문이다. 그래서 저렇게 된 것이다. 차익거래가 횡행했고 미국으로 가야 할 청바지 화물을 해외시장으로 빼돌리는 유통업자뿐 아니라 리바이스가 '여행 가방 거래suitcase trade'라고 부른 방식, 즉 미국을 방문한 외국 여행자들이 리바이스를 사들여 직접 입거나 본국에서 되파는 거래가 이를 부채질했다. 리바이 스트라우스는 내가 처음 컨설팅한 기업 중 하나로 초기 프로젝트 중 하나가 바로 이 차익거래의 규모를 파악하는 것이었다. 우리는 컨설턴트를 동부와 서부 연안의 공항으로 보내 유럽과 아시아행 비행기 탑승을 기다리는 승객을 인터뷰하게 했다(9·11 이전에는 공항 보안이 훨씬 느슨했다). 미국에 머무는 동안

리바이스 청바지를 구매했는지, 몇 벌을 샀는지, 그걸 어떻게 할 생각인지 물었다. 놀라울 정도로 많은 사람의 짐에 리바이스 청바지가 있었고 많은 사람이 집으로 돌아가 청바지를 되팔 생각이라고 답했다.

차익거래 활동은 시장의 효율성을 높인다. 거래가 이뤄질 때마다 시장에 좀 더 많은 정보가 유입되고 수요와 공급의 연결 고리가 강화되기 때문이다. 이것이 리바이스 501 시장에서 일어난 일이다. 차익거래를 하는 관광객의 수요가 늘어나면서 미국 내 리바이스 501 가격이 상승했고 이들이 비공식적으로 청바지를 팔면서 해당 시장에서는 공급이 늘어나 가격이 하락했다. 전자상거래는 의도적으로 비효율적인 시장을 유지할 수 없게 했다. 현재 리바이스 기본 모델 501은 전 세계에서 약 90달러 정도에 팔린다.

자본과 자금 시장

지금까지 경제의 핵심적인 역학을 살펴봤다. 사람들은 시간을 돈으로 바꾸고 다시 돈을 시간과 돈의 또 다른 교환 산물인 재화로 바꾼다. 홀푸드Whole Foods 같은 실제 시장부터 '노동 시장' 같은 거래소까지 다양한 유형의 시장에서 이런 거래가 일어난다. 노동 시장은 통계 세상에만 존재하지만 대부분의 사람이 인생의 어느 시점에 참여하는 매우 현실적이고 중요한 곳이다. 하지만 이 책에서는 대부분의 투자 활동이 이뤄지는 특정한 시장을 좀 더 자세히 다룰 생각이다. 바로 금융시장, 이른바 돈을 거래하는 곳이다.

금융시장에서 돈은 단순한 교환 수단 이상의 역할을 한다. 돈이 슈퍼 히어로의 옷을 입고 자본으로 변신하는 공중전화 부스다. 앞서 자본은 열심히 일하는 돈이라고 설명했다. 그런데 이 말의 진짜 의미는 뭘까? 중소기업, 대기업, 정부, 자선단체 등 모든 조직은 어느 시점에서든 사명을 실천하는 데 사용할 모든 종류의 자산을 보유하고 있다. 바에는 술, 술잔, 맥주통, 가구, 이 물품을 구입하고 직원에게 월급을 주고 임대료를 내기 위한 현금이 필요하다. 다 비용이 들지만 이를 모으고 운영하는 바 주인이 유능하면 구입한 데 든 돈보다 더 큰 가치가 생긴다. 이 자산을 활용해 바가 벌어들인 수익으로 얼마를 더 벌었는지 측정할 수도 있다. 자본은 더 많은 돈을 벌기 위해 부과되는 돈이다.

다른 시장이 거래되는 재화의 가격을 책정하듯 금융시장도 자본의 가격을 책정한다. 바 주인이 2호점을 내고 싶다면 추가 자본이 필요하다. 가장 간단한 방법은 은행에서 빌리는 것이다. 이것이 기본적인 금융시장 거래다. 바 주인은 미래에 더 많은 돈을 갚겠다는 약속의 대가로 거액을 얻는다. 그 금액의 차이를 우리는 '이자'라고 부르는데 실제로는 돈의 가격이다(좀 더 깊이 파고들면 시간의 가격이다). 이자는 대개 백분율을 기준으로 하며 이를 토대로 '이자율'을 얻는다. 은행이 10만 달러를 빌려주고 8퍼센트 이자를 요구하면 바 주인은 10만 달러를 빌린 대가로 매년 8000달러를 갚아야 한다. 하지만 2호점에서 이자 8000달러를 갚고 이에 더해 수익을 얻을 수 있다면 바 주인에게는 좋은 일이다.

이 같은 간단한 은행 대출은 금융시장에서 일어나는 무수히 많은 금전 거래의 한 예시일 뿐이다. 하지만 모든 거래의 기본 원칙은 동일하다. 돈은 미래에 좀 더 많은 금액을 갚겠다고 약속하는 대가로 주어진다. 대출 형태로 거래하면 두 금액 차는 이자라고 불린다. 하지만 좀 더 일반적인 용어는 '수익'이다. '투자'는 돈을 내놓은 상대('투자자')에게 이윤 형태로 '수익'을 넘겨주는 것이다. 거래 반대편 상대는 그 돈을 자본으로 활용해 투자자에게 수익을 안겨주고도 남을 정도의 돈을 벌 수 있다고 믿기 때문에 기꺼이 그만큼의 수익을 내놓는다(예: 이자 8000달러보다 많은 돈을 버는 바 주인). 일이 잘 진행되면, 건전한 경제에서는 대부분 문제없이 진행되니 이 거래를 통해 양측 모두 가치를 창출할 수 있고 경제가 성장한다. 이것이 중요한 지점이다. 투자는 제로섬게임이 아니라 파이를 키우는 게임이다.

이쯤이면 우리가 어디로 향하고 있는지 이해될 것이다. 투자는 좋은 일이다. 누군가에게 돈을 주면 조금 뒤 더 많은 돈을 준다. 이를 반복하고 또 반복하면 기하급수적으로 돈이 늘어난다. 계속, 꾸준히 늘어난다. 올리버 스톤Oliver Stone 감독의 영화 〈월스트리트〉의 주인공 고든 게코의 말처럼 "돈은 절대로 잠들지 않는다Money Never Sleeps".

하지만 가끔 돈이 잠에서 깨어나지 않을 때도 있다(즉, 돈을 돌려받지 못한다). 바로 여기서 '신용 상태credit quality'가 중요해진다. 대출 기관은 대출자가 대출을 상환할 수 있을지, 원금과 이자를 갚지 못했을 때 압류할 담보를 제공할 수 있는지 평가해야 한다. 돈을 빌려주긴 쉽지만 신용 상태를 평가하긴 어렵다.

하지만 현명하게 투자하려면 자본의 기본 메커니즘을 이해하는 것만으로는 부족하다. 투자는 금융시장의 맥락 안에서 이뤄진다. 금융시장에서 활동하는 주체는 크게 세 부류로 나눌 수 있다. 기업, 은행을 비롯한 금융기관 그리고 정부다.

노동의 조직화: 기업

투자라고 하면 대개 기업의 주식을 사는 것을 가장 먼저 떠올린다. 기업은 우리 경제에서 자본을 가장 많이 사용하고 많은 인력을 고용하며 대부분의 제품을 제조하고 대부분의 서비스를 제공하니 당연한 일이다.

인류 역사의 대부분에서 민간사업은 소규모로만 운영됐다. 가족 농장, 대장장이, 구두 수선공 등이 그 예다. 군사 작전이나 도로망 구축 같은 좀 더 야심 찬 사업은 대개 정부의 영역이었고 때로 종교 단체가 맡기도 했다. 19세기 산업 생산이 늘어나면서 민간사업은 규모를 확장해야 했다. 공장에는 한 가족이나 관계가 긴밀한 집단을 넘어서는 수십 혹은 수백 명의 노동자가 필요했다. 따라서 야망 있는 기업가들은 인력 자원을 모을 방법이 필요했다. 하지만 아무런 관계가 없는 사람으로 구성된 대규모 집단에서 자원을 모으려니 많은 질문이 생겨났다. 사업이 성공하면 수익은 어떻게 배분할까? 실패하면 누구에게 더 많은 자본을 제공할 책임이 있을까? 가장 중요한 것은 누가 책임자일까? 시간이 지나면서 이런 문제를 해결하기 위해 등장한 것이 법인이다.

법인은 법적 개념이다. 물리적 실체가 있는 존재가 아니며 건물이나 사람을 가리키는 표현이 아니다. 하지만 법적 인격은 있다. 재산을 소유할 수도 있고 계약을 체결할 수도 있으며 돈을 빌리거나 빌려줄 수도 있고 소송을 제기하거나 소송을 당할 수도 있으며 세금도 내야 한다. 그렇다고 사람과 완전히 똑같지는 않다. 예를 들어 법인은 투표할 수 없고 결혼도 할 수 없으며 미성년자의 양육권을 가질 수도 없다. 하지만 기업에 필요한 거의 모든 것에서 법인은 개별 사업주를 대신할 수 있다.

법인에는 정관이라고 불리는 것에 명시된 내부 규칙이 있고 이에 따라 의사결정권자가 정해진다. 실제로 법적 분쟁이 발생하는 경우는 드물지만 이 규칙에는 법적 강제성이 있다. 정관에 따라 법인 임원들은 관리자들에게 의사결정권을 위임하고 근로자를 고용하거나 해고하고 법인 자본을 할당할 수 있다. 또 정관에 따라 감독과 책임 구조가 생긴다. 이로 인해 법인은 사람과 달리 훨씬 예측하기 쉽고 의사결정 과정이 투명하며 좀 더 합리적이다. 적어도 이론적으로는 그렇다. 은행이 단기 예금을 장기 대출로 전환하듯이 법인은 군중의 지혜를 통해 인간의 감정을 신중한 결정과 행동으로 전환한다. 맞는 말이다. 법인은 매일 어리석은 일을 한다. 하지만 개개인은 매분마다 미친 짓을 한다.

기업의 신중한 특성, 법적 지위, 조직 구조는 법인이 사명을 수행하는 데 무엇보다 중요하며 거액의 자본을 투입할 수 있는 능력을 준다. 법인에 자본을 제공하는 것은 금융시장의 주요 목적 중 하나다. 아니, 어쩌면 유일한 목적일 수도 있다. 뒤에서 주식과 채권에 관해 소개할 때 그 역학을 자세히 설명할 생각이다.

자본의 조직화: 은행

운영 주체(법인과 개인)는 금융시장에 직접 참여하지 않고 은행과 다른 금융기관의 서비스를 이용한다. 크게 네 가지 유형이 있다. 상업은행, 투자은행, 중개회사, 투자회사다. 이 넷을 명확하게 구분할 수는 없다. 또 제이피 모건 체이스J.P. Morgan Chase, 뱅크오브아메리카Bank of America 같은 대형 은행은 네 분야에서 모두 활동한다.

가장 기본적인 사업체는 흔히 상업은행이라고 불리는 전통적 은행이다. (아주) 간단하게 설명하면 상업은행은 하나의 고객 집단에서 자본을 빌려 다른 고객 집단에 자본을 빌려준다. 첫 번째 집단의 돈을 빌리는 대가로 주는 이자와 두 번째 집단에 돈을 빌려주는 대가로 받는 이자(제반 수수료 추가)의 차이인 예대마진이 곧 은행의 이윤이다.

우리는 대부분 첫 번째 집단의 일원으로 상업은행을 처음 접한다. 예금 형태로 은행에 돈을 빌려주는 것이다. 이자를 얻으려는 목적도 있지만 주로 돈을 안전하게 보관하는 장소가 된다. 은행의 전형적 이미지가 커다란 금고가 있는 위압적인 대리석 건물인 데는 이유가 있다. 은행이 예금자에게 제안하는 기본 가치는 그곳이 구두 상자보다 돈을 보관하기에 안전한 장소라는 것이다. 어쨌든 돈을 보유하고 있으니 은행은 현금 보관 서비스가 더 매력적이도록 수표를 발행, 처리하고 전자 지급 서비스를 제공하고 전자 입금을 받는 등 금융거래 메커니즘도 취급한다. 새로운 시장 진입자들은 이런 서비스를 끊임없이 수정하며 시장 점유율을 확보하기 위해 치열한 경쟁을 벌인다. 예를 들어 페이팔PayPal과 그 모방기업은 거래 사업 일부를 장악하고 있다. 암호화폐 애호가들은 기술만 있으면 누구나 자신을 위한 은행이 될 수 있다고 주장한다. 안전하고 편리하게 돈을 보관하는 것은 모든 경제 시스템의 기본 요소이며 대개 상업은행이 그 역할을 한다.

우리는 대개 은행에서 돈을 빌리는 두 번째 집단에도 속한다. 대출이자는 은행의 주요 수익원이며 대출 자체가 경제에 새로운 돈이 추가되는 방식이다. 오직 미래에 갚겠다는 약속만으로 돈을 빌려주는 무담보 대출부터 시간이 지나면서 다양한 의무와 약속을 이행해야 하는 복잡한 계약까지 대출 형태는 다양하다. 주택담보대출은 담보대출 중 하나인 은행 대출로, 당신이 돈을 갚지 못하면 은행이 당신의 집을 팔아 돈을 회수할 수 있다. 신용카드 역시 리볼빙 대출이라고 하는 은행 대출의 일종으로 원하는 일정에 따라 돈을 쓰고 갚을 수 있다.

투자은행은 상업은행과는 완전히 다른 종류의 은행이다. 골드만삭스, 모건스탠리 같은 투자은행은 재무 컨설팅 서비스와 자본 관리가 결합돼 있다. 거액의 복잡한 금융거래에 관해 고객에게 조언을 해주며 직접 자본을 투자해 이런 거래를 촉진한다(대개 다른 투자자가 나타날 때까지 임시로 투자한다). 금융시장에서 은행 자체 자본과 고객 자본도 거래한다.

중개회사는 좀 더 일상적인 금융거래를 지원한다. 대표적인 거래는 주식 매매지만 중개업자들은 다양한 금융자산을 취급한다. 상업은행과 투자은행 모두 흔히 중개 서비스를 제공한다. 전통적 기업 찰스 슈왑Charles Schwab이나 온라인 스타트업 로빈후드Ronbinhood, 퍼블릭Public처럼 중개만 하는 대규모 회사도 있다(나는 퍼블릭에 투자했다).

마지막으로 **투자회사**는 고객의 자금을 모아 직접 투자하며 펀드매니저가 위험과 수익의 불균형을 포착한 투자에서 수익이 실현되면 그 일부를 가져간다. 다양한 투자회사가 있고 이 세상의 많은 금융자본이 투자회사를 통해 시장으로 흘러 들어간다. 당신도 이미 이들을 통해 투자 상품을 보유하고 있을 가능성이 크다. 예를 들어 401(k) 자산은 피델리티 같은 투자회사가 운용한다.

일부 투자회사는 특정 유형의 투자에 특화돼 있다. 예를 들어 벤처투자자는 스타트업에만 투자한다. 특정 유형의 투자자를 전문으로 하는 곳도 있다. 뱅가드Vanguard와 피델리티는 개인 소액 투자자들의 자본을 모아 다양한 방식으로 투자한다. 헤지펀드는 돈이 많은 개인과 기관을 주요 고객으로 삼으며 위험 수준과 잠재 수익이 다른 곳에 집중적으로 대담하게 투자한다. 투자 기법이나 철학에 특화된 투자회사도 있다. 버크셔 해서웨이는 창업자인 버핏의 투자 원칙을 적용해 안정적이고 지속 가능하다고 판단되는 기업에 거액을 장기투자한다. 극초단타 매매자high-frequency trader들은 방대한 양의 컴퓨팅 자원과 복잡한 알고리즘을 동원해 아주 짧은 기간 동안 미세한 가격 변화를 주시하며 돈을 번다.

지난 수십 년간 나타난 주요한 변화 중 하나는 대중에게 주식을 판매하는 것 외에도 자금원으로써 '민간private' 자본의 중요성이 커졌다는 점이다. 특정 부류의 투자회사는 훨씬 더 커지고 많아졌다. 예를 들어 벤처캐피털은 한 세대 전만 해도 틈새시장에 불과했지만 지금은 연간 수천억 달러를 투자하는 시장으로 급부상했다. 몇 백만 달러씩 투자할 수 없는 개인 투자자들은 이런 분야에서 부를 창출할 기회를 얻기가 더 어렵다. 하지만 시장은 혁신적이다. 조금 뒤 자산군 논의에서 이에 관해 더 다룰 예정이다.

정부 역할

금융시장의 또 다른 중요한 주체는 정부다. 정부는 대단히 중요한 두 가지 역할을 한다.

첫째, 정부는 시장 운용의 토대가 되는 많은 기본 원칙을 제공하며 규제 조치나 소송, 드물게는 압류나 징역형을 통해 이런 원칙을 시행한다. 정부는 조세정책을 통해 투자 방향도 결정한다. 금융 서비스에 종사하는 많은 사람은 이 산업이 정부와는 다른 고유한 영역, 좀 더 효율적이고 존경받을 만한 영역에 속한다고 믿고 싶어 한다. 이는 미신일 뿐이다.

금융시장의 신뢰성은 게임 규칙을 제정하고 시행하는 정부의 권한에 100퍼센트 의존한다. 정부의 권한이 없으면 시장은 사기, 약속 위반, 노골적인 절도(2022년경 암호화폐 사건)의 수렁으로 빠져든다. 이런 기능을 완벽하게 해내는 정부는 없으며 상당수는 너무 엉망이지만 모든 시장은 정부 규제에 기대 시장 참여를 유도하는 데 필요한 신뢰를 쌓아나간다.

이 같은 규제 역할 중 어려움을 겪는 시장 참가자를 지원하는 부분은 논란의 여지가 더 많다. 대다수의 평론가는 어느 정도 지원이 필요하다는 데 동의한다. 예를 들어 연방예금보험공사Federal Deposit Insurance Corporation, FDIC는 저축예금과 당좌예금을 보장하며 경제에 충격을 가하는 대규모 예금 인출 사태bank-run가 발생할 위험을 줄이기 위해 위기 은행을 압류할 수 있다. 이는 대개 바람직한 것으로 여긴다. 하지만 2008년과 2020년 정부가 은행, 항공사, 자동차회사 그리고 더 많은 은행에 제공한 '구제금융'은 더 많은 논란을 불러일으켰다. 좋든 싫든 경제적 재앙과 맞닥뜨리길 원하는 선출직 공직자는 없다. 그래서 항상 개입하고픈 충동을 느낀다. 게다가 갈수록 구제금융을 받은 사람들이 정계를 과도하게 대표하고 있다.

정부의 두 번째 역할은 금융시장의 주요 참가자다. 미국 정부는 전 세계에서 타의 추종을 불허하는 단일 금융자본 집합이다. 이 글을 쓰는 시점을 기준으로 재무부 증권 보유자들이 미국 정부에 투자한 금액은 거의 25조 달러[9]에 육박한다. 뉴욕증권거래소에 상장된 모든 기업에 투자된 자본을 모두 더한 것과 거의 맞먹는다. 이는 미국 정부를 자금 시장에서 가장 중요한 참가자, 마치 움직임 하나하나가 수 킬로미터 떨어진 해류까지 교란하는 고래 같은 존재로 만들었다.

정부 기관 중 금융시장에서 가장 활발하게 활동하는 기관은 미국 중앙은행인 연방준비제도(이하 연준)이다. 연준은 정부의 은행이다(예금을 관리하고 지급을 촉진한다). 상업은행을 규제하고 투자자들이 의존하는 상당수의 중요 데이터를 제공하며 은행 시스템에서 돈을 빌리고 대출하는 것 역시 연준의 역할이다. 미국 재무부는 정부 채권을 발행하며 증권거래위원회, 노동부, 상무부를 포함해 수많은 기관이 금융시장의 다양한 측면을 규제하고 지원한다.

경제를 측정하는 방법

금융시장에는 투자자가 이해해야 할 또 하나의 근본적 측면이 있다. 바로 경제를 측정하는 방법이다. 개별 투자 결정('주식을 매수해야 할까', '집을 사는 데 얼마까지 쓸 수 있을까')은 부분적으로 그 투자의 고유한 상황에 따라 달라진다. 하지만 투자 결정을 내릴 때는 전체적인 경제 사정도 고려해야 한다. 우리는 이런 목적을 위해 널리 사용되는 일련의 지표를 개발했다. 덧붙여 이는 정부의 중요한 역할이기도 하다. 정부는 법적 권한을 이용해 이런 지표를 만드는 데 필요한 방대한 양의 데이터를 수집하고 투자자와 납세자가 제공한 자본으로 수집 데이터를 처리해 대중에게 무료로 제공한다. 미국 정부가 운영하는 여러 웹사이트에는 투자자에게 없어선 안 될 중요한 정보가 많다. 그중에서도 특히 노동통계국Bureau of Labor Statistics(www.bls.gov), 상무부(commerce.gov), 연준 경제 데이터Federal Reserve's Economic Data(fred.stlouisfed.org)를 눈여겨볼 만하다.

널리 사용하는 지표가 수십 개, 그 외의 틈새 지표가 수천 개에 달한다. 이해하기도 쉽고 경제 뉴스에도 자주 등장하는 몇 가지 범주와 지표를 정리했다.

국내총생산GDP. 모든 지표의 어머니다. GDP는 한 해 동안 한 국가에서 생산된 모든 완제품과 서비스의 총가치를 나타낸다. 특정한 경제의 가치가 아니라 **연간 생산량**을 측정한 것으로 대략 기업의 매출과 비슷한 개념이다.

GDP를 측정하는 방법은 다양하며 실제 데이터 수집과 분석은 복잡하다. 하지만 투자자에게는 이런 세부 사항이 별로 중요하지 않다. 사실 GDP 그 자체보다 더 중요한 것은 변화율이다. GDP가 변동 없거나 감소하면 그 경제에서는 투자를 해도 확실한 수익을 창출하지 못하고 미래 투자와 성장이 억제된다. 몇 분기 동안 GDP가 감소하고 다른 경제지표가 약세를 보이면 해당 경제는 '불황recession'에 빠진 것으로 간주된다. 드물긴 하지만 1930년대처럼 여러 해 동안 GDP가 감소하면 '공황depression'이라고 부른다.

소비자물가지수Consumer Price Index, CPI. 이는 '일련의 상품' 가격을 알려주는 표준 척도이자 시간에 따른 가격의 상대적 변화, 즉 일반적으로 가격 상승, 일명 '인플레이션'을 잡아내려는 시도다. 인플레이션은 대개 연간 백분율로 보고된다. 언론에서 인플레이션이 4.5퍼센트라고 보도하면 CPI가 12개월 전보다 4.5퍼센트 높다는 뜻이다. (하지만 파트 3에서 설명했듯 모든 상품과 서비스 가격이 같은 비율로 바뀌는 것은 아니며 경제학자들은 더 미묘한 차이까지 보기 위해 CPI를 여러 범주로 나눠 분석한다.)

소비자가격을 핵심 지표로 여기는 데는 몇 가지 이유가 있다. 먼저 소비자의 지출은 경제활동의 주요 동인이다. 소비자물가가 가파르게 상승하면 지출이 줄어들어 경제성장이 둔화할 수 있다. 하지만 투자자들의 더 직접적이고 실질적 관심은 연준이 영향력을 행사할 수 있는 단 두 개의 지표 중 하나인 인플레이션이다(나머지 하나는 뒤에서 다룰 실업이다). 연준의 인플레이션 목표는 2퍼센트며 인플레이션이 이를 웃돌기 시작하면 연준은 대개 금리를 인상하는 조치를 취한다. 즉, 돈을 좀 더 비싸게 만드는 것이다. 이는 경제 전반에 걸쳐 심각한 파급 효과를 일으킬 수 있다.

실업률. 이건 고용을 측정하는 우울한 방법이다. 고용률은 쉽게 파악하고 논의할 수 있으니 훨씬 더 긍정적인 방법일 것이다. 하지만 어떤 방법을 택하든 노동 시장의 수요와 공급 압력을 확인할 수 있다. 실업률이 낮으면, 다시 말해 노동 공급이 수요보다 상대적으로 낮으면 노동 가격, 즉 임금은 상승한다.

오해의 소지가 있는 '완전고용'이라는 용어는 노동 시장의 수급 균형과 일치하는 실업률을 뜻한다. 마법의 숫자라는 건 없지만 경제학자들은 대개 약 5퍼센트 정도를 '완전고용'으로 간주한다. 최근에 직장을 그만뒀거나 해고당한 사람, 처음 구직 활동을 하는 사람, 오랫동안 쉬다가 노동 시장에 복귀한 사람 등 실업 상태로 일자리를 찾는 사람이 언제나 존재하는 것은 당연한 일이다.

낮은 실업률은 직관적으로 선호된다. 노동자가 지출할 수 있는 돈이 늘어나기 때문에 단기적으로 경제력을 높일 수 있다. 하지만 실업률이 너무 내려가면(5퍼센트 아래 어딘가) 일손 부족, 임금 상승, 물가 상승, 인플레이션, 경제 생산량 감소 현상이 차례로 나타난다. 패스트푸드업체, 일부 소매업체 등 비용 구조상 저숙련·반숙련 노동자 비율이 높은 기업에는 높은 실업률이 (단기적으로) 유리할 수도 있다. 노동 공급이 많으면 인건비가 하락해 운영비가 줄어들기 때문이다. 하지만 실업률이 높으면 결국 소비자의 지출이 줄어들어 경제성장이 둔화한다. 인플레이션의 경우와 마찬가지로 연준(과 다른 나라 중앙은행)은 실업률을 바람직한 범위 내에서 유지하고 필요하다고 판단되면 금리를 조정해 대응한다.

금리. 돈의 비용, 좀 더 구체적으로는 대출 비용의 맥락에서 이미 여러 차례 언급했다. 하지만 투자자들이 자신의 투자에 부과되거나 지불하는 이자만 신경 쓰는 것은 아니다. 다른 사람들이 내는 이자율에도 지대한 관심을 보인다. 금리는 중력과 같아서 항상 모든 사람과 모든 것에 영향을 미치며 금리가 높을수록 성장과 이윤에 더 강한 압력을 행사한다.

실업률이나 GDP와 달리 '금리'를 보여주는 단 하나의 통합 지표는 없다. 대신 분석가들과 경제 전문지는 30년 고정금리, 7년간 고정금리가 적용되고 이후 10년간 변동금리가 적용되는 담보 대출금리, 3개월짜리 신종 기업 어음, 10년 만기 국채, 양도성 예금증서 등 정신없을 정도로 많은 금융 상품에 적용되는 수십 가지 금리를 언급한다. 대부분의 이런 특정 금리는 해당 상품과 관련된 시장에 참여하지 않는 사람에게는 중요하지 않다(집을 구매할 계획이라 주택 담보대출금리에 극도로 관심을 둘 예정인 경우가 아니라면).

그보다는 그 금리들이 어떻게 연결돼 있으며 특히 연준이 정한 단 하나의 이자율이 여기에 어떤 영향을 미치는지 이해하는 것이 더 중요하다.

연준은 정부의 자금을 운용하며 거래 서비스 등을 제공한다. 하지만 정부가 가장 큰 경제 참여자이자 심판이기도 하다는 사실을 기억해야 한다. 연준(과 다른 나라 중앙은행)이 은행 부문에서 막강한 힘이 있는 것은 정부와의 특별한 관계 때문이다. 은행은 매일 수십억 달러의 거래를 처리하며 충분한 자본을 확보하기 위해 서로 돈을 빌려주기도 하고 연준 자체에서 빌리기도 한다. 주로 만기가 하루에 불과한 초단기 대출이다. 연준은 설득과 경제적 유인책을 동원해 은행들이 흔히 기준금리federal funds rate라고 부르는 목표 금리를 유지하도록 유도한다. 연준이 '금리를 인상한다'는 언론 보도는 곧 연준이 기준금리를 올린다는 뜻이다.

그럼 기준금리는 왜 중요할까? 다른 모든 금리를 결정하는 기준이 되기 때문이다. 덧붙이자면 정부의 명령이어서가 아니라 수요와 공급이라는 더 강한 힘 때문이다. 예를 들어 당신이 은행장이고 대출해줄 수 있는 돈이 1000달러 있다고 생각해보자. 가장 안전한 투자 방법은 연준 금고에 돈을 넣어두거나 연준이 지원하는 다른 은행에 돈을 빌려주는 것이다. 연준에 투자한다는 것은 부채를 갚아온 역사가 300년에 다다르고 세계에서 규모가 가장 큰 경제에 과세할 권한이 있으며 최악의 상황이 발생하면 연간 7000억 달러의 군사 예산을 동원할 수 있는 미국 정부에 투자하는 것이나 다름없다. 미국 정부에 돈을 빌려주는 것은 사실상 위험이 없다. 예를 들어 미국이 3.5퍼센트의 이자율을 제안하면 좀 더 낮은 금리로 다른 누군가에게 돈을 빌려줄 합리적 이유가 없다. 당연히 그들이 더 위험한 채무자일 수밖에 없다. 이 3.5퍼센트는 무위험 이자율risk-free rate라고 알려져 있다. 고객이 들어와 1000달러 대출을 요청하면 수반되는 위험을 기준으로 무위험 이자율보다 높은 금리를 부과할 수 있다. 연준이 기준금리를 5퍼센트로 올리면 그 누구도 이보다 낮은 금리로 대출받지 못한다.

모든 대출은 위험 사다리 어딘가에 위치하며 연준은 사다리 가장 아래 있다. 정부와 대형 은행 다음으로는 수익성 높고 부채 없는 대기업이 가장 위험도 낮은 채권자다. 따라서 이들은 돈을 빌릴 때 기준금리에 가까운 금리를 적용받는다. 그다음 재무 상태가 좋지 않은 기업은 좀 더 많은 이자를 내야 한다. 이런 대출은 때로 정크본드junk bond(신용 등급이 낮은 기업이 발행하는 고위험·고수익 채권—옮긴이)라는, 눈길을 끌긴 하지만 오해의 소지가 있는 용어로 불린다. 좀 더 안정적인 기업만큼은 아니지만 이런 기업의 신용 위험 역시 상대적으로 괜찮은 편이

금리 사다리

최대

금리

최저

신용카드

소비자금융

회사채

은행 간 대출

기준금리

다. 집과 자동차를 담보로 돈을 빌리는 소비자도 위험하긴 하지만 끔찍한 수준은 아니다. 담보로 내놓을 자산이 있기 때문이다. 위험의 끝에 있는 방법은 신용카드 같은 무담보 소비자금융이다. 연준이 금리를 0.5퍼센트 포인트 인상하면 그 여파가 사다리 위로 올라간다. 여파는 고루 퍼지지 않고 위로 올라갈수록 증폭되는 경향이 있다. 대기업의 대출금리 인상 폭이 1퍼센트포인트 미만일 때 신용카드 대출금리는 몇 퍼센트포인트로 뛸 수도 있다.

금리에 관해 하나 더 짚고 넘어가야 할 것이 있다. 금리는 작은 숫자로 표현되기 때문에 아주 작은 변화라도 큰 영향을 미칠 수 있다. 분석가들은 보통 소수점 단위 변화에까지 관심을 둔다. 따라서 '베이시스포인트basis points'에서 이자율을 측정한다는 표현을 자주 듣게 된다. 이는 1퍼센트의 100분의 1, 즉 0.01퍼센트를 뜻한다. 금리가 1.5퍼센트에서 1.8퍼센트로 인상되면 30베이시스포인트가 올라간 것이다. 때로 나는 정말로 아는 티를 내고 싶을 때 '비프bp'라고도 한다. 예를 들어 "연준이 내일 기준금리를 25~50비프 정도 내릴 것 같아요"라는 식이다. 비프는 라틴어로 "BMW를 사느라 인생 첫 연간 보너스를 날렸지만 후회하지 않는다"라는 뜻이기도 하다.

시장지수. 마지막 척도는 주가지수다. 가장 유명한 지표로 다우, S&P500, 나스닥 등이 있지만 그 외에도 많다.

가장 오래됐을 뿐 아니라 가장 독특한 지수는 흔히 줄여서 다우Dow라고 불리는 다우존스 산업평균지수Dow Jones Industrial Average다. 수십 년 동안 다우는 선도 기업 우위first mover advantage가 무엇

인지 잘 알려주는 유일한 평균치였다. 1896년 찰스 다우Charles Dow
가 처음 만든 다우존스는 제조 분야 대기업 수십 개의 주가를 모
두 더해 주가 계산 방식의 미묘한 차이를 설명하기 위해 고안한
'다우 제수Dow Divisor'를 곱한 수치다. 주식시장 상황을 평가하는
기발한 방법이다. S&P500은 이론의 여지는 있지만 좀 더 합리적
으로 가장 규모가 큰 500대 상장 기업 총가치의 가중평균치다. 나
스닥종합지수Nasdaq Composite는 나스닥 거래소에서 거래되는 모
든 주식의 가중평균치라는 면에서 좀 더 광범위하지만 동시에
1980~1990년대 두각을 나타낸 나스닥에는 기술기업 비중이 높기
때문에 왜곡된 면도 있다.

　계산 방식에 상당한 차이가 있음에도 실제로는 세 지수가 서
로 비슷한 움직임을 보인다. 그래도 나스닥의 변동 폭이 좀 더 큰
편이며 기술주의 가파른 성장 덕에 지난 수십 년간 나머지 두 지

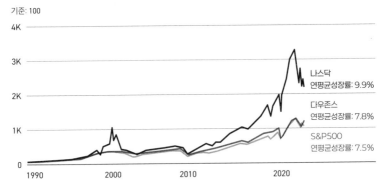

나스닥, S&P500, 다우존스 성과

출처: 로고Rogo

　　　　　　　　　　　　　　　　　　　　　　　　　부의 공식

수보다 뛰어난 성과를 보였다.

　이 지수들과 관련해 몇 가지 짚고 넘어갈 사항이 있다. 첫째, 이 지수들은 대기업의 성장 잠재력에 대한 투자자의 신뢰를 측정한다는 점에서 중요하긴 하지만 이들에 대한 언론의 보도량만큼 중요하진 않다. 특히 이 지수들은 주식시장의 부분적인 지표일 뿐 경제 자체를 측정하는 지표는 아니다. 실제로 이런 지수에 포함되지 않은 기업이 경제활동의 대부분을 담당하며 경제같이 복잡한 개념을 단 하나의 지표에 모두 담을 순 없다. 주식시장을 '목줄을 맨 반려견', 경제를 '그 줄을 쥔 사람'이라고 생각하자. 산책을 끝낸 후 도착하는 장소는 같다. 하지만 반려견(시장)은 이리저리 왔다 갔다 하면서 산책 방향에 무수히 많은 잘못된 신호를 보낸다.

　둘째, 투자자에게 이런 지수의 가장 유용한 기능은 투자수익률의 기준점을 제시한다는 것이다. 자본 시장에 뛰어든 당신은 투자 자본에 대해 최대한의 수익을 얻길 원하며 경쟁 상품과 비교해 투자를 평가해야 한다. 우리가 '시장을 이겼다'거나 '시장보다 못했다'고 하는 것은 특정 주식이 **주식시장 지수보다** 얼마나 오르거나 내렸는지를 나타낸다. 흔히 기술주 동향을 파악할 때는 나스닥, 그 밖에 주식의 동향을 파악할 때는 S&P500을 활용하지만 더 자세히 알고 싶다면 산업별뿐 아니라 규모 및 기타 요인별로 정리한 수십 개의 지수가 있다. 언제든 누군가 어떤 회사 주식이 그해 얼마만큼 올랐다(혹은 내렸다)고 하면 본능적으로 가장 먼저 그 수치를 좀 더 넓은 시장과 비교해야 한다. 장기적으로는 시장 지수가 개별 기업 '평균치'보다 더 나은 성과를 낸다. 이는 '생존 편향

survivorship bias', 다시 말해 기업이 불안정해지면 지수에서 제외되고 더 성공적인 기업이 그 자리를 대신하기 때문이다. 시간이 지날수록 시장을 이기는 기업이 드물다는 사실을 기억해두자.

돈에 대한 가치 평가

시장 지수는 그 지수에 포함된 기업의 가치를 반영한다. 모든 투자 결정의 중심에는 가치 평가가 있다. 투자 기회란 주식 한 주, 금괴 하나, 학군이 좋은 지역에 있는 방 세 개짜리 집 같은 자산을 구매할 기회다. 투자자의 과제는 그 자산의 가치보다 낮거나 혹은 같은 가격에 이를 구매하는 것이다.

가격 vs. 가치

가격과 가치는 다르다. 자산 가격은 대개 쉽게 확인할 수 있다. 시장에서 판매되는 금액이다. 주가는 거래소에서 실시간으로 보고되며 집 가격은 세금 기록으로 남는다. 이와 달리 자산 가치는 그 자산이 미래에 얼마나 많은 돈을 벌어줄 것으로 예상할 수 있는지를 나타낸다.

자산 가치는 구매자마다 다르다. 학군이 좋은 지역에 있는 집은 자녀가 장성한 은퇴한 부부보다 아이가 어린 가족에게 좀 더 가치 있다. 제조 기술 특허 포트폴리오와 탄탄한 매니아층을 보유한 틈새형 신발회사는 맥도날드보다 나이키에 좀 더 가치 있을 가능성이 크다. 소유주에게 비금전적 방식으로 이익이 되는 것도 많다(그래도 가치는 측정할 수 있다). 근사한 선글라스가 있다고 소득이 늘어나진 않는다. 하지만 햇빛으로부터 눈을 보호하고 잠재적 파트너에게 더 매력적으로 보이게 하며 자신감을 주는 등 여러 가치가 있다.

효율적인 시장에서는 가격과 가치가 일치한다. 하지만 진정으로 효율적인 시장은 드물고 완벽하게 효율적인 시장은 존재하지 않는다. 가격은 내재 가치와 결부돼 있지만 심리, 시사, 정치적 역학 관계, 불완전한 정보로 인해 보통은 정확하게 일치하지 않는다. 시간이 흐르면 이런 혼란스러운 요인은 사라지고 대부분의 자산 가격은 가치로 수렴하는 경향을 보인다. 전설적 투자 전문가 벤저민 그레이엄Benjamin Graham은 "단기적으로 시장은 투표 기계지만 장기적으로는 저울"이라는 유명한 말을 남겼다.[10] 그레이엄이 개척한 가치 투자value investing는 가격이 가치보다 낮은 대상을 찾아 투자한 다음 가격과 가치가 같아질 때까지(즉, 주가가 오를 때까지) 기다리는 방법이다.

가치 평가에는 거의 모든 자산에 적용되는 원칙과 개별 자산군 고유의 특정한 고려 사항이 있다. 여기서는 먼저 일반 원칙을 다루고 각 자산군을 소개할 때 세부 사항을 설명할 생각이다.

기본적인 가치 평가 방정식

가치 평가는 예측이다. 좀 더 구체적으로 말하면 세 가지, 소득과 잔존가치, 위험을 예측하는 것이다.

첫째, 해당 자산을 보유하는 동안 어떤 소득이 생길 것인가?

일부 자산에는 쉬운 일이다. 100달러짜리 지폐 한 장에서 생기는 소득은 0이라고 확실하게 말할 수 있다. 반면 100달러를 금리 4퍼센트 저축계좌에 넣어두면 매년 4달러가 생긴다. 많은 자산이 예측 가능한 수익 흐름을 보여준다. 회사채에는 그 채권을 발행한 회사가 얼마를 지급할지 명확하게 명시돼 있다. 어떤 자산은 예측하기가 더 어렵다. 예를 들어 집은 다른 사람에게 빌려주거나 거기에 거주함으로써(그러면 집세를 아낄 수 있다) 상당한 소득이 생길 수 있지만 그 소득의 가치를 예측하기는 더 어렵다. 또 집을 비롯한 일부 자산은 부대 비용이 발생해 그 자산이 창출할 순수입을 정확하게 파악하려면 이를 예측해야 한다.

둘째, 미래에 그 자산을 팔 때 얼마를 받을 수 있을까? 가치 평가 용어로는 보통 잔존가치라고 한다. 다시 한번 말하지만 잔존가치 예측 난이도는 서로 다르다. 인플레이션이 없다고 가정하면 100달러짜리 지폐나 100달러가 든 저축계좌나 모두 내일도 정확히 100달러의 가치가 있다. 집은 어떨까? 집의 가치는 경제 상황, 특정 지역의 역학 관계, 유지 수준 등에 따라 달라진다.

셋째, 위험이다. 이 맥락에서는 불확실성이라고도 표현할 수 있다. 첫 두 예측이 맞을 가능성은 얼마나 될까? 미래 현금흐름과 잔존가치가 동일하게 예측되는 두 건의 투자 기회가 있다면 예측 신뢰도가 좀 더 높은 기회, 즉 위험이 낮은 기회를 선택해야 한다. 위험이 클수록 가치 있는 투자를 하는 데 필요한 수익률도 높아진다.

기본적인 가치 평가 방정식은 이 세 가지 예측 요인을 모두 포함한다.

가치 =
(미래 소득 + 잔존가치) × 위험 공제

수학적으로 정확한 계산 방법은 아니며 또 다른 중요한 요소도 있다. 하지만 원칙적으로는 어떤 금융자산이든 구매할 때 이렇게 생각해야 한다. 그 자산을 보유하는 동안 소득을 얼마나 얻을 것인가? 미래에 얼마를 받고 팔 수 있는가? 이 두 예측을 얼마나 확신하는가?

스포츠 팀은 (대개) 현금흐름이 0이나 마이너스다. 모든 수입을 경기장에 재투자해야 하기 때문이다(예: 선수). 하지만 중계권의 시장 가치가 증가하면 잔존가치도 급증한다. 뿐만 아니라 중년의 위기에 사로잡혀 구단주 전용 공간에서 네 번째 아내와 친구들에게 뽐내고 싶다는 일념으로 기꺼이 수십억 달러를 내는 억만장자는 계속 생겨날 것이다. 허츠Hertz는 구매한 차량을 빌려주고 꽤 많은 돈을 벌어들이지만 잔존가치는 시간이 갈수록 하락한다. 주거용 임대 부동산은 지난 50년 동안 막대한 부를 창출했다. 수익흐름(임대료)이 증가하고 가격(잔존가치)이 상승하고 (다른 자산보다) 미래 임대료와 판매 가치가 계속 상승할 것이라는 명백한 보증이 있는 자산군이기 때문이다.

시간의 화살

가치 평가에서 '또 다른 중요한 요소'는 같은 돈이라도 내일이 되면 오늘보다 가치가 떨어진다는 것이다. 복리의 힘 탓에 지금부터 몇 년 후의 돈은 오늘의 돈보다 상당히 가치가 적어진다. 이것이 바로 돈의 시간 가치이자 투자의 기본 원칙이다.

미래의 보상을 100퍼센트 확신하더라도 여전히 미래에 받기로 약속한 돈의 가치를 떨어뜨리는 두 가지 요인이 남아 있다. 인플레이션과 기회다. 인플레이션은 앞선 파트에서 설명했듯 시간이 지나면 가격이 상승하기 때문에 돈의 가치는 사실상 줄어든다. 똑같이 100달러를 내더라도 1년 후에는 지금 100달러로 살 수 있는 것과 같은 양의 상품을 살 수 없다.

미래 돈의 가치가 떨어지는 또 다른 이유는 기회비용이다. 지금 돈이 있으면 투자를 하고 수익을 얻을 수 있다. 하지만 자산을 실제로 매각해 돈을 받을 때까지 잠재 수익은 실현되지 않으므로 그 돈이 지금 있을 때 벌 수 있을 것으로 예상되는 금액만큼 미래 돈의 가치가 줄어든다.

자산 가치가 미래에 돌려받는 돈(현금흐름)에 달려 있기 때문에 돈의 시간 가치를 고려해야 한다. 투자의 위험성(다시 말해 예측에 대한 불확실성)에 따른 가치 감소는 기본 공식을 세울 때 이미 반영했다. 그러니 돈의 시간 가치만 추가하면 된다. 현금흐름을 얻을 때까지 기다려야 하는 기간을 근거로 투자의 위험성과 가치 감소를 조합하면 '할인율'을 얻을 수 있다. 이에 따라 공식을 업데이트할 수 있다.

가치 =
(미래 소득 + 잔존가치) × 할인율

투자자들은 기대 수익 '할인'을 자주 이야기한다. 이는 곧 할인율을 적용한다는 뜻이다. 모든 미래 현금흐름은 현재에 맞춰 할인돼야 한다. 위험이 없는 가상의 현금흐름에조차 기회비용이 따른다.

기준 할인율은 무위험 이자율, 즉 위험이 없는 자본에 돈을 투자할 때 받는 금리다. 이론적으로 그런 건 없다. 하지만 앞서 설명했듯 미국 정부에 돈을 빌려주는 것이 거의 무위험 이자율에 가깝다. 은행은 대출을 결정할 때 기준금리를 무위험 이자율로 사용하지만 투자자는 그럴 수 없다. 따라서 전문 분석가는 90일물 국채 가치 평가 모델에만 이 금리를 적용한다. 하지만 개인 투자자에게 더 실질적인 무위험 이자율은 저축계좌나 MMF에 투자할 때 받을 수 있는 가장 높은 금리다.

무위험 이자율을 얻기 위해 어떤 방법을 쓰든 핵심은 언제든 적어도 그 정도 이익은 얻을 수 있다는 뜻이다. 그러니 이보다 낮은 이익에 결코 만족해서는 안 된다. 타당한 투자를 하려면 기회 위험성이 클수록 **무위험 이자율**보다 높은 기대 수익률을 얻을 수 있어야 한다.

요약하면 부를 얻기 위해서는 현재 소득을 가능한 한 많이 투자 자본으로 전환해야 한다. 가장 큰 투자수익(미래 현금흐름)을 위험(현금흐름이 발생할 것이라는 확신)에 따라 조정한 다음 이를 근거로 투자 대상을 선택해야 한다. 지금부터는 투자 방안, 즉 주된 금융자산 범주를 살펴보자.

자산군과 투자 스펙트럼

투자를 하는 데 금융에 관한 해박한 지식이 필요하진 않다. 자본주의의 자율주행에는 세 가지 단계만 있으면 된다. 성공적 투자를 위한 **유일한** 방법은 아니지만 이 조언을 적용하면 경제적 안정을 이룰 수 있다고 입증된, 믿을 만한 길을 가는 것이다. 다만 돈을 버는 역량과 투지, 저축하고 투자하는 절제력이 필요한 만큼 쉽지는 않다는 사실을 기억해야 한다.

1) 장기 자금(일명 투자 자본)을 피델리티나 슈왑 같은 투자회사의 일반계좌에 넣어두면 좋다. 수수료는 없어야 한다.
2) 이 자본을 미국 기업 주식에 대부분을 투자하는, 수수료가 낮고 분산된 대여섯 개 ETF에 투자한다.
3) 목표 금액(즉, 불로소득만으로 살 수 있을 만큼의 돈)에 도달할 때까지 투자 계좌에 계속 자본을 추가해야 한다.

이는 탄탄한 전략이지만 섬세함이 부족하다. 그래서 많은 성공적인 투자자가 때때로 이를 피해 간다. 이유는 두 가지다. 첫째, 인생은 좋은 쪽으로든 나쁜 쪽으로든 커브볼을 던지며 살다 보면 경기 하락에서 자신을 보호하기 위해 혹은 수익을 극대화하기 위해 이 전략에서 벗어나야 할 때가 있다. 생애 첫 집을 구입할 수도 있고 예상치 못한 의료비를 지출할 수도 있으며 자녀나 매력적인 투자 기회가 생길 수도 있다. 이런 핵심 접근법에서 벗어나야 할 때는 언제일까? 그 결정은 어떻게 해야 할까?

둘째, 모든 직업과 생활 방식은 자본주의 틀 안에 존재하며 이 큰 시스템을 이해해야 가장 좋은 방법을 찾아갈 수 있다. 어쩌면 바꿀 수 있을지도 모른다. 자본가로서 돈을 쓰면, 즉 투자하면 이상적인 목표가 아니라 현 상황에 대한 통찰력을 얻는다. 단순한 지적 지식만이 아니라 가격과 가치, 시장 역학, 위험을 평가하고 대처하는 능력에 본능적 감각이 생긴다.

우리 대부분은 살면서 사이 코드너 같은 멘토를 만날 만큼 운이 좋지 않다. 하지만 관심사나 정치 성향이 어떻든 투자 지식을 쌓을 수 있고 또 쌓아야만 한다. 앤디 워홀Andy Warhol은 "사업을 잘하는 것이 가장 매혹적인 예술"[11]이라고 말했다. 프리드리히 엥겔스Friedrich Engels는 칼 마르크스Karl Marx와 《자본론Das Kapital》을 집필하면서 아버지 소유의 방직 공장을 경영했다. 생애 첫 집을 사려고 나서기 전 금리와 세금 공제에 대한 직관적인 이해력을 키워야 한다. 스타트업에 필요한 자금을 조달할 생각이라면 시장과 제품, 전략을 아는 것만으로는 충분치 않다. 투자자가 시장을 어떻게 바라보는지, 왜 그 자리에 있는지, 당신에게 무엇을 원하는지, 그들에게서 무엇을 얻을 수 있는지, 다시 말해 가치 평가, 실질 가치 저하, 지배구조, 유동성 선호 등을 이해해야 한다.

균형 잡힌 접근 방법

가장 뛰어난 단 하나의 투자 같은 건 당신에게도 또 그 누구에게도 없다. 필요에 따라 위험, 수익, 다른 여러 사항을 고려해 평생 다양한 투자를 하게 될 것이다.

파트 3에서 돈을 일일 지출 양동이, 중기 지출 양동이, 장기투자 양동이에 나눠 담는 방법을 제안했다. 일일 지출 양동이에 든 돈은 투자할 수 있을 정도로 오래 남아 있지 않는다. 하지만 중기와 장기 양동이는 투자 자본으로 다뤄야 한다.

만약 비상용 준비금을 모으기 시작했다면 그 돈은 중기 양동이로 들어간다. 대학원이나 집 등에 거액의 경비가 예상된다면 중기 양동이에 목표를 추가해야 한다. 장기 양동이에 돈을 넣을 때는 이런 요구 사항을 기억해야 한다. 1~2년 내 필요하다고 예상되는 돈을 변동성이 높거나 유동성이 낮은 투자에 묶어두면 안 된다. 이 돈에는 가격이 안정적이고 넣고 빼기 쉬운 자산군이 더 좋다. 금기가 높은 예금계좌가 가장 간단하지만 국채와 등급이 높은 회사채도 고려해야 한다.

만약 401(k) 계좌가 있다면 그 돈은 모두 장기 양동이에 포함된다. 보통 계획된 투자 대상이 몇 가지로 제한되기 때문에 선택폭이 넓지 않을 수도 있다. 하지만 선택지를 공부하고 돈을 알맞게 할당하는 것은 유익한 교육이며 장기 수익에도 실질적인 영향을 미칠 수 있다. 이 파트를 모두 읽고 나서 그동안 거들떠보지 않았던 401(k) 안내서에 적힌 내용이 이해되는지 확인해보길 바란다. (다시 말하지만 가장 좋은 방법은 가능한 한 401(k)처럼 매칭 자금과 세금 혜택을 받을 수 있는 기회를 최대한 활용하는 것이다.)

퇴직연금 분담금 외의 저축을 시작하면 마치 당신의 명령대로 움직이는 군대 같은 장기 자본을 확보할 수 있다. 많은 사람이 보너스나 뜻밖의 소득이 생기면 저축을 한다. 필요한 만큼의 비상용 자금이 있고 과세 유예 저축을 최대한 활용 중이며 중기 양동이 목표를 하나씩 달성해나가고 있다면 본격적인 금융 학습에 돌입해야 한다. 다시 말하지만 이 말이 위협적으로 들려도 걱정하지 말라. 분수에 맞지 않는 생활을 절제하면 두 번째 양동이와 세 번째 양동이에 돈을 넣을 수 있다. 여기에는 시간이 걸린다. 질문: 코끼리 한 마리를 먹어치우려면 어떻게 해야 하나요? 답: 한 번에 한 입씩 먹으면 됩니다. 인내심을 갖되 지금 시작하세요.

취향에 따라 조정할 수 있지만 장기 예산으로 분류할, 다시 말해 401(k) 분담금이 아닌 저축으로 현금 1만 달러를 모을 때까지는 다음과 같이 80 대 20 비율로 나누는 것이 좋다.

대부분은 패시브 투자 상품(주로 ETF)에 넣는다. 이런 상품을 사서 오랫동안, 어쩌면 영원히 보유해야 한다(자본주의를 쉽게 활용하는 방법을 떠올려보자). 이것이 바로 패시브 투자다.

저축한 돈(처음 1만 달러까지)의 20퍼센트는 액티브 투자에 할애해야 한다. 몇 천 달러면 거래하기에 충분하다. 돈을 잃었을 때 고통을 느낄 정도는 되지만 미래의 경제적 안정을 불필요하게 위협할 정도는 아니다. 목표는 빨리 부자가 되는 것이 아니라 시장을 배우고 위험을 익히며 가장 중요하게는 자신을 아는 것이다. 장기적으로 투자자산을 능동적으로 관리하는 방식이 모두에게 맞진 않는다. 액티브 투자에는 시간이 필요하다(특히 젊을 때는 더욱 그렇다). 감정적으로 혼란스럽고 정신적으로 피곤할 수 있으니 마유을 단단히 먹어야 한다.

그럼 왜 (액티브 투자를) 하는 걸까? 아스와스 다모다란Aswath Damodaran이라는 내 동료는 인생의 교훈만큼 훌륭한 규제가 없다고 말한다. 우리는 대부분, 아마 젊은 사람이라면 모두가 시장을 이길 수 있다고 착각한다. 젊은이들은 누구나 이런 생각을 할 것이다. 좋다. 얼마든지 시도해봐도 된다. 아마도 언젠가는 그럴 수 없다는 사실을 깨달을 가능성이 크고 장기적으로는 액티브 투자 실적이 패시브 투자 실적보다 낮을 것이다. 하지만 누군가는 이걸 즐기고서 교훈을 얻을 것이다. 그리고 당신이 시장보다 더 잘 알고 가치를 더 잘 판단하는 대상에 큰 투자를 할 기회가 생길 것이다(예를 들어 낡았지만 골조가 튼튼한 옆집이 유언 검인[고인의 자산을 분배하고 채무를 정리하는 법원 감독 절차—옮긴이] 절차를 밟을 수도 있다. 엄마 친구가 은퇴하면서 당신이 고등학교 때 일한 적 있어 잘 아는 가게를 팔려고 내놓을 수도 있다). 이런 투자는 처음으로 직접 해보는 금융 투자가 아닌 편이 이상적이긴 하다.

액티브 투자 비용을 단주 거래가 가능하고 대부분의 투자에 수수료가 붙지 않는 증권계좌에 넣어두자. 패시브 투자를 하고 있는 곳과 다른 증권사를 이용하고 싶을 수도 있다. 이는 두 투자의 구분을 강화하고 패시브 투자 자금을 액티브 투자 자금으로 차용하는 일을 방지해준다(이렇게는 하지 말라). 한 회사에서 계속 투자하고 싶다면 두 계좌를 분리하는 것이 좋다.

1만 달러가 넘는 돈을 모았다면 추가로 모은 모든 돈 혹은 거의 모든 돈을 패시브 투자 상품에 넣어야 한다. 시장에서 2만 달러를 능동적으로 관리한다고 2000달러일 때보다 더 많은 교훈을 얻을 수 있는 건 아니다. 액티브 투자 상품에 2000달러 이상 투자하기로 결정했다면 미리 자산 배분 계획을 세우고 이를 따라 손실에서 끝나지 않도록 해야 한다. 손실, 세금, 수수료 등을 계산해 실제 수익률도 추적해야 한다. 꼼꼼하게 기록해나가는 훈련이 안 돼 있다면(어쨌든 세금을 내려면 기록이 필요할 것이다) 액티브 투자는 당신에게 맞지 않는다.

액티브 투자를 시작하기 전에, 2주 후 만기되는 게임스탑GME 콜옵션[주식시장에서 기관과 개인 투자자가 충돌한 대표적인 사건으로 흔히 언급되는 게임스탑 주가 폭등 사건을 뜻한다. 2021년 1월, 대형 헤지펀드를 비롯한 공매도 세력에 거부감을 느끼던 개인 투자자들이 게임스탑 주식과 콜옵션(일정한 조건이 충족됐을 때 주식을 살 수 있는 권리)을 대량 매수하는 사건이 벌어졌다. 개인 투자자들의 결집으로 주가가 폭등해 주식과 콜옵션을 보유한 개인은 상당한 이익을 얻은 반면 게임스탑 주가 폭락을 예견하며 공매도 포지션을 유지했던 기관들은 막대한 손실을 입었다.—옮긴이]으로 그동안 저축한 돈을 '욜로'하기 전에(그러지 말라) 경제적으로 어떤 상태여야 하는지 빠르게 훑어보자.

액티브 투자를 시작하기 전에 개인 투자를 할 거라면 당신은 다음과 같아야 한다.

1) 실제 지출을 반영하고 저축 항목을 포함한 수선 예산대로 따르고 있어야 한다.

2) 세금 혜택이 있는 퇴직연금 분담금이 최대 한도여야 한다.

3) 자신의 상황에 맞는 비상용 자금을 충분히 저축하고 계획 중인 중기 양동이 비용을 순조롭게 충당하고 있어야 한다.

4) 추가로 현금을 저축하고 있어야 한다(세 번째 양동이). 이 돈을 아래 설명된 여러 자산군에 투자해야 하며 패시브 투자와 액티브 투자의 비율은 80 대 20이면 된다.

이 요건이 충족됐다면 준비가 된 것이다. 그럼 어디에 돈을 투자해야 할까?

투자 스펙트럼

가장 간단한 자본 투자 방법은 이자가 붙는 저축예금에 돈을 넣어 은행에 돈을 빌려주는 것이다. 은행은 주로 다른 고객에게 빌려주는 데 당신이 맡긴 돈을 쓰고 그 대가로 당신에게 (매우) 적은 이자를 지급한다. 6개월, 12개월 등 일정 기간 돈을 인출하지 않기로 약속하면 은행은 (약간) 더 높은 이자를 지급한다. 이런 상품은 보통 정기예금 또는 CD라고 불린다.

그러나 저축예금과 정기예금은 금리가 매우 낮아 진정한 부를 쌓기에 충분치 않다. 부를 쌓으려면 더 공격적으로 투자하고 (즉, 더 많은 위험을 감수하고) 더 높은 수익을 지급하게 해야 한다. 전통적인 방법은 영리사업, 다시 말해 주식을 팔아 마련한 자금으로 원자재를 구입하고 월급과 임대료를 지불하고 제품 생산 비용

투자 상품

낮음 ──	────	위험 ──	────	→ 높음	
저축계좌	금융시장/ 정기예금	회사채와 국채	ETF와 뮤추얼 펀드	개별 주식	옵션

을 대는 마이크로소프트나 맥도날드 같은 기업에 투자하는 것이다. 투자할 회사를 선택하려면 많은 작업과 전문 지식이 필요하기 때문에 많은 투자 회사가 당신과 다른 고객의 자본을 모아 유망한 여러 기업에 투자해준다. 뮤추얼 펀드(그리고 좀 더 최근에 등장한 ETF)가 소비자를 위한 상품의 전형적인 예시며 이는 헤지펀드와 벤처캐피털의 기본 원리기도 하다.

　직접 또는 투자회사를 통해 기업에 투자하는 방법 외에도 땅, 원자재 같은 경제 자원에 직접 투자할 수도 있다.

　스펙트럼의 반대쪽 끝에는 기본적으로 금융시장에 돈을 거는 파생상품에 투자하는 투자자들이 있다. 풋옵션, 콜옵션, 공매도, 선물거래 등이 모두 파생상품 시장에서 사용되는 도구다. 파생상품은 경제와 자금 시장에서 중요한 역할을 하지만 잠재적 수익이 높은 만큼 위험도 클 수 있다는 부작용이 있다.

　이런 자산군은 금융 시스템에 중요하기 때문에 자세하게 다뤄볼 생각이다. 여기에 투자하지 않더라도 이를 기본적으로 이해하는 것은 매우 유용하다. 사실 이런 자산군을 잘 알수록 당신은 직접 투자를 원치 **않는다**는 사실을 확신하게 될 것이다. 아마 당신도 그중 한 명일 대부분의 사람, 대부분의 투자 자본에 해당하는 궁극적인 해답은 마지막 부분에 적혀 있다. 장기 양동이, 즉 언젠가 먹고사는 데 필요한 돈은 수수료가 낮고 분산된 ETF에 투자해야 한다는 것이다. 거기까지 먼 길을 돌아서 갈 예정이다(그리고 ETF가 뭔지 자세히 설명할 것이다). 하지만 주요 자산군을 살펴보는 동안 이 원칙은 기억해둬야 한다.

주식

주식은 의심의 여지 없이 투자의 주역이다. CNBC, 〈월스트리트저널The Wall Street Journal〉 같은 경제 전문 매체는 기업 실적이나 주가에 많은 방송 시간과 지면을 할애한다. 투자 관련 SNS는 온통 주식 이야기로 도배되고 투자를 생각하면 가장 먼저 떠오르는 것 역시 주식이다.

이유가 뭘까? 먼저 주식은 부를 창출하는 경제의 원초적 힘과 역사상 가장 큰 부를 창출하는 주체인 미국 기업에 가장 직접적으로 접근하는 수단이다. 기업이 이런 경제력을 축적할 수 있고 또 축적하는 시스템이 바람직한지는 논쟁의 여지가 있다. 하지만 지금과 같은 세상에서 경제적 안정을 얻는 최고의 기회는 기업이라는 로켓에 편승하는 것뿐이다. 아니면 이와 비슷한 뭔가를 하면 된다.

주식이 경제의 맥과 직접 연결된 이유를 이해한다는 것은 주식과 주식 소유권이 어떻게 작용하는지 이해하는 것이다. 주식이 뭔지 제대로 이해하지 못해도 얼마든지 주식을 사고팔 수 있고 돈을 투자할 수 있다. 하지만 주식은 당신의 포트폴리오에서 가장 크거나 두 번째로(부동산 다음으로) 큰 자산군일 것이다. 그러니 경제적 안정을 추구하는 데 기둥이 되는 주식의 기본 원리를 이해하는 데 잠깐 시간을 할애해볼 만하다.

앞서 설명했듯이 법인은 여러 당사자의 자원을 한데 모으는 법적 구조다. 주식은 그 자원이 모이게 하는 메커니즘이다.

지분

주식 소유권 혹은 지분이라는 것에는 두 가지 차원이 있다. 지배권과 경제성이다. 우리 같은 개인 투자자는 지배권에 관심이 적으니 빠르게 살펴보려고 한다. 법인을 일상적으로 운영하는 사람은 CEO이며 CEO는 이사회의 요구에 응한다. 주주는 대개 1년에 한 번 투표를 통해 이사를 선출한다. 대개 한 주당 한 표를 행사할 수 있다. 안타깝게도 최근에는 일부 주식에 한 주당 한 표 이상의 의결권을 부여하는 차등의결권dual-class 지분 구조로 이행하는 추세다. 이런 주식을 보유한 사람은(대개 기업 창업자와 초기 투자자) 기업을 효과적으로 지배할 수 있다. 하지만 의결권이 어떻든 기본 구조는 같다. 주주는 누가 이사회에 앉을지 결정하고 이사회는 CEO 고용이나 해고 같은 중요한 결정을 내리며 CEO는 분기별로 기업을 운영한다. 기업 매각 같은 몇몇 중대한 결정은 주주 투표 의제로 남는다.

대부분의 투자자에게 중요한 것은 주식 소유의 경제적 차원이다. 주식은 해당 기업과의 경제적 이해관계를 나타낸다. 구체적으로 이는 두 가지 의미다. 첫째, 주주는 기업 자산에 '잔여 청구권residual claim'이 있다. 기업은 죽진 않지만 자본주의라는 역동적 시장에서 영원한 것은 없다. 다른 누군가(대개 다른 기업)에게 인수되든 폐업하든 기업이 소멸하고 기업 부채가 모두 상환되고 남은 가치는 주주들에게 분배된다. 보유한 주식에 따라 해당 지분에 상응하는 자산을 받게 된다.

하지만 대부분의 경우 우리는 사라질 것으로 예상되는 기업의 주식을 사지 않고 승승장구할 것으로 예상되는 기업의 주식을 산다. 잔여 자산 가치와 마찬가지로 보유한 주식에 따라 해당 지분에 상응하는 미래 이윤의 청구권을 가진다. 기업은 돈을 버는 조직이며 주식은 이윤을 나누는 방식이다. 대부분의 기업에서는 이런 일은 직접적으로 일어나지 않는다. 주주들이 매일 하루가 끝날 무렵 아니면 매 분기나 매년마다 한데 모여 기업 은행 계좌에 있는 현금을 나누지는 않는다. 대신 기업 경영자(CEO와 이사회)가 언제, 얼마나 많은 이윤을 주주에게 나눠줄지 결정한다. 특히 빠르게 성장하는 신생 기업 경영진은 보통 이윤을 재투자해 기업을 키운다. 예를 들어 더 많은 사람을 고용하고 새로운 공장이나 지점을 여는 것이다. 경영진이 투자금을 현명하게 활용하면 기업 전망은 점차 개선되고 주주들이 당장 자기 몫만큼 현금 수익을 얻지 못한다 해도 미래에 더 큰 현금흐름이 생길 것이라는 시장의 기대 때문에 주식 가치가 상승한다.

이윤 분배

결국 가장 성공적인 기업은 현실적으로 모든 이윤을 다 활용할 수 없는 시점, 다시 말해 '성숙' 단계에 도달한다. 이들은 이윤 일부를 주주에게 돌려주기 시작한다. 이를 위해 직접 현금을 배당금으로 지급하거나 기업 이윤을 사용해 자사주를 매입하는 자기주식 취득을 통해 이뤄진다.

배당금은 전통적 방식이며 오늘날도 안정기에 접어든 수많은 대기업이 배당금을 지급한다. 배당금이 공짜 돈이나 선물의 일종이 아니라는 사실을 이해하는 것이 중요하다. 항상 주주의 돈이었지만 소유권, 주식 같은 형태에서 현금 형태로 바뀐 것뿐이다. 사실 기업이 배당금을 지급하면 주식의 시장 가치는 주식에서 배당금으로 이전된 가치를 반영해 대개 배당금의 가치만큼 하락한다. 자사주 매입은 주주에게 이윤을 돌려주는 우회적 방법이다. 현금으로 배당금을 지급하지 않는 대신 주식 가치가 상승하기 때문이다. 기업이 자사주를 매입하면 주가는 올라간다. 기업 총가치를 나누는 '발행' 주식 수가 줄어 기업 전체 자산과 미래 이익에서 주식 한 주가 차지하는 몫이 커지기 때문이다.

자사주 매입은 주주에게 이윤을 분배하는 수단으로 선호되며 배당금을 대체하고 있다. 역사적으로 배당금의 이점은 투자자가 주식을 팔지 않고도 투자수익 일부를 현금으로 누릴 수 있다는 것이었다. 옛날에는(2020년 전, 어쩌면 그보다 더 전에는) 주식을 매도할 때 높은 수수료를 지불해야 했다. 특히 한 번에 100주 미만을 매도할 때 그랬다. 하지만 수수료가 아예 없거나 미미한 주식거래, 단주 거래가 가능해지면서 배당금은 투자자에게 실질적인 혜택을 거의 주지 못하고 있다. 이제 투자자가 보유 주식에서 현금을 얻고 싶으면 주식 몇 주 혹은 한 주의 일부를 매도해 '합성 배당금synthetic dividend'을 창출할 수 있다. 주식 가격이 올라가는 한 투자자는 계속해서 점점 더 적은 양의 주식을 팔아 꾸준한 현금흐름을 얻을 수 있다. 한편 자기주식 취득은 투자자들에게 중요한 세금 관련 혜택을 준다. 주주가 세금 납부 시기를 조절할 수 있다는 것이다. 배당금을 받으면 받은 그해에 세금(대부분의 경우 양도소득세율이 적용된다)을 내야 한다. 하지만 기업의 자기주식 취득으로 주식 가치가 상승하면 주식을 팔기 전까지는 상승분에 대한 세금을 내지 않는다. 수년 동안 주식을 보유하면 세금이 이연된 상태로 투자금이 늘어난다.

대부분의 기업 이윤은 실제로는 현금 형태로 주주에게 분배되지 않으며 주주에게 가장 중요한 수익은 기업 주가 상승이다. 주식을 매수한다는 것은 곧 주가가 해당 주식의 실제 가치와 일치한다는 믿음 혹은 이상적으로는 주가가 실제 가치보다 낮으며 시장이 결국 이 사실을 깨달아 주가가 실제 가치만큼 올라갈 것이라는 믿음에 돈을 거는 것이다.

그렇다면 다시 가치 평가를 위한 본질적 질문으로 돌아가야 한다. 주식의 진정한 내재 가치는 어떻게 측정할 수 있을까? 앞서 설명했듯 간단히 답하자면 주식을 통해 미래에 받을 모든 현금흐름의 현재 가치가다. 하지만 또 질문이 생긴다. 미래 현금흐름의 현재 가치를 어떻게 알까? 이를 위해서는 기업이 주주에게 운영 상황을 보고할 때 사용하는 도구를 간략히 소개해야 한다. 바로 재무제표다.

재무제표

기업 내부적으로 방대한 기록을 남기지만 주주에게 보고할 때는 주요 문서는 세 가지로 분류한다. 바로 손익계산서, 현금흐름표, 재무상태표다. 공개시장에서 거래되는 주식을 발행한 기업은 매 분기 이런 보고서를 작성해 증권거래위원회Securities and Exchange Commission, SEC에 제출하며, 증권거래위원회는 전자공시시스템(sec.gov/edgar)을 통해 대중에게 제공한다.

먼저 재무상태표와 현금흐름표를 간략하게 살펴본 다음 대부분의 기업 투자자에게 가장 흥미롭고 중요한 손익계산서로 넘어가자. **재무상태표**에는 기업의 자산과 부채, 주식에 대한 몇 가지 기본 정보를 기재한다. 자산은 현금이든 투자금이든 대부분 돈이며 공장 장비나 건물 같은 유형 자산도 있다. 특허나 저작권 같은 지적재산과 기업이 받아야 할 채무도 모두 자산으로 간주된다. 기업이 갚아야 할 채무(즉, 빚)는 부채다. 그 기업에 대한 다른 청구권과 마찬가지다. 다른 일반적인 부채는 미래의 연금 지급 의무, 소송으로 인한 손실처럼 경영진이 발생 가능성이 있다고 판단한 잠재 비용 준비금 등이 있다. 건전한 기업의 경우에는 총자산 가치가 부채보다 크며 이 둘의 차이는 자기자본shareholder's equity이라고 알려져 있다. 혼란스럽게도 재무상태표에 기록된 자기자본의 가치는 주식의 시장 가치가 아니다. 대개 후자가 전자보다 훨씬 비싸다. 주식의 시장 가치는 그 시점에서 기업의 자산을 평가한 수치가 아니라 미래 이윤에 대한 권리에 해당하기 때문이다.

현금흐름표는 말 그대로 기업에 들어오고 나가는 현금의 움직임을 추적한다. 기업은 대개 운영 상태를 추적하기 위해 발생주의 회계라는 것에 의존하기 때문에 현금흐름표가 필요하다. (이 문장만 읽어도 졸음이 밀려온다면 이 문단은 건너뛰어도 좋다.) 발생주의 회계는 실제로 주고받은 현금을 무시하고 **가치 주인**이 바뀌는 시점을 기록한다. 예를 들어 발생주의 회계를 사용하는 기업이 2023년 12월 31일 100달러에 제품을 판매한 후 2024년 1월 31일에 지급을 받는다면(상업 거래에서는 흔한 약정이다) 현금은 2024년이 돼야 들어오지만 이 기업은 거래를 통한 매출이 2023년에 발생했다고 기록한다. 현금흐름표에는 이 기업이 100달러의 매출을 올렸다는 주장과 100달러가 아직 기업 은행 계좌에 들어오지 않았다는 사실이 양립할 수 있다. 재무상태표와 마찬가지로 현금흐름표에도 세부 분석에 도움이 되는 중요한 정보가 포함돼 있지만 기업의 비즈니스를 이해하는 주요 방법은 아니다.

이때 우리는 **손익계산서**를 살펴본다. 이 자료는 기업이 어떻게 수익을 창출하고 앞으로 얼마나 많은 수익을 창출할 것으로 기대되는지 가장 좋은 밑그림을 보여준다.

손익계산서를 위에서부터 아래로 읽어보면 비즈니스를 통해 흘러가 운영에 공급되는 돈이라는 강이 묘사돼 있다. 이 강 상류에는 매출, 즉 재화와 서비스를 팔아 번 돈이 있다. 개당 10달러짜리 부품을 10개 판매하면 총매출은 100달러가 된다. 손익계산서를 훑어 내려가면 거대한 매출의 강이 비즈니스의 각 구성 요소에 공급되기 위해 굽이굽이 흘러간다. 강물이 가장 먼저 그리고 보통 가장 큰 규모로 선택하는 곳은 강이 시작되는 부분, 매출원가다. 이는 제품 생산에 필요한 원자재 비용과 생산에 직접 투입되는 인건비다. 매출원가를 지불하고 나서 남은 돈은 매출총이익이라고 한다. 다음은 비즈니스를 운영하는 데 필요한 다양한 비용인 운영비다. 대개 운영비에는 판관비SG&A, Selling, General, and Administrative expenses라고 통칭되는 일련의 판매비와 일반관리비 등이 포함된다. 이는 주로 영업 부서, 마케팅 부서, 고위 경영진, 그 외 지원 부서 직원에게 지급하는 급여다. R&D 비용은 판관비에 포함되기도 하고 별도로 기재되기도 한다. 상류에서 흘러 내려온 물을 운영비에 충분히 쓰고 남은 돈이 영업이익이다.

영업이익은 자금 조달과 세금의 영향을 고려하기 전에 기업이 그 운영 능력으로 얼마나 많은 돈을 벌었는지 보여주는 중요한 수치다. 물론 자금을 조달하고 세금을 내려면 실제로 비용이 발생하지만 동시에 다음과 같은 비즈니스의 근본적 질문과는 구분된다. 고객이 그 제품을 원하고 많은 돈을 지불할 의향이 있는가? 고객이 지불할 가격보다 적은 비용으로 제품을 만들어서 팔 수 있는가? 기업이 신제품 개발을 통해 미래에 투자하고 있는가? 전문가들은 영업이익을 측정하기 위해 이자 및 세전이익Earnings Before Interest and Taxes, EBIT이라는 표현을 사용하기도 한다.

EBIT을 변형한 법인세·이자·감가상각비 차감 전 영업이익 Earnings Before Interest, Taxes, Depreciation, and Amortization, EBITDA라는 것

손익계산서

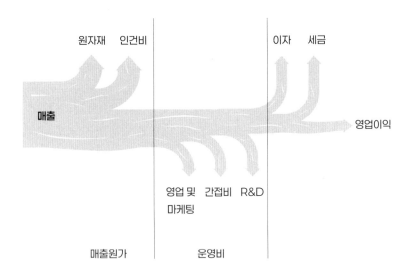

도 역시 많은 관심을 끈다. 감가상각은 발생주의 회계의 또 다른 산물이다. 기업은 1년 이상 사용할 자산을 구입할 때 해당 자산의 비용을 손익계산서에 지출로 기록하지 않는다. 대신 자산의 총비용을 예상되는 사용 기간으로 나눈 다음 매년 손익계산서에 감가depreciation를 반영한다. 예를 들어 1000달러짜리 컴퓨터를 5년 동안 사용할 것이라면 5년 동안 매년 손익계산서에 200달러의 감가비를 기재한다. (실제로는 공식이 더 복잡하지만 기본 원리는 이렇다.) 상각amortization 역시 같은 개념이지만 특허 같은 무형자산에 적용된다는 차이가 있다. 감가상각비는 기업에 실제로 부과된 비용이 아니므로(과거 그 자산을 취득할 때 현금 지급이 발생했다), 당기에 기업이 얼마나 많은 수익을 냈는지 더 잘 이해하고 싶다면 사용한

물을 다시 강물에 더하는 것이 도움이 될 수 있다. 즉, EBITDA를 계산하려면 손익계산서의 영업이익에 현금흐름표의 감가상각비를 더하면 된다.

매출총이익 =
매출 - 매출원가
영업이익(EBIT) =
매출총이익 - 판관비(SG&A)
순수익 =
영업이익 - 이자 - 세금

CEO들은 그들의 사업이 좀 더 수익성 좋아 보인다는 단순한 이유로 EBITDA를 강조하길 좋아한다. L2를 매각할 때 나 역시 투자 유치용 프레젠테이션pitch deck에서 EBITDA를 강조했다. 하지만 이 관행은 논란의 여지가 있다. 감가상각비가 현금 지출은 아니지만 그래도 기업은 자본을 지출해야 하고(예: 장비 구입, R&D 투자 등) EBITDA는 기업의 재무구조에서 이런 매우 실질적인 비용을 효과적으로 지워버린다. 버핏은 이런 이유로 EBITDA에 비판적이라고 잘 알려져 있다. "경영진은 이빨 요정이 자본 지출을 지불한다고 생각하는 건가요?"[12]라고 질문한 적도 있다.

최근에는 마케팅 비용과 종업원 급여 같은 비용까지 제외한 보통 '조정 EBITDA'라고 하는 좀 더 공격적인 지표를 사용하는 추세다. 특히 초기 단계에서 벗어나지 못한 기업이 그렇다. 이 지표의 수상쩍은 옹호 논리는, 이 제외된 비용은 기업의 성장 단계에서 발생하는 특수성이기 때문에 미래 운영 모델의 일부로 여기면 안 된다는 것이다. 하지만 주의해야 한다. 이런 지표는 대부분 내리막길에서 자동차 연비가 얼마나 좋은지 알려주는 자동차 영업 사원과 다르지 않다.

손익계산서를 보면 영업이익(EBIT) 아래에는 자금 조달 비용(주로 채무 이자 지급)과 세금이 있다. 기업 보유 현금 일부를 투자했다거나 세금 환급을 받거나 그 외에 비정기적 수입원이 있다면 때로 이 지점에서 강물이 약간 늘어나기도 한다. 대출 원금, 즉 빌린 돈은 손익계산서에 기재되지 않고 이자 비용(혹은 수익)만 기재된다는 사실을 기억해야 한다. 대출은 기업의 실제 운영과는 관련 없기 때문에 매출이라는 강의 일부가 아니다.

강에 남은 물이 얼마나 되든 이것이 이익이다. 보통 순이익 혹은 순수입이라고 한다. 상장 기업은 이를 절대 달러 가치로 기재한 다음 '주당순이익Earnings Per Share'이라고도 한다. 순이익을 발행 주식 수로 나눠 계산한다. 흔히 EPS라고 불리는 주당순이익은 기업의 수익성을 보여주는 최종 척도로 주식 한 주를 보유했을 때 청구 가능한 수익이 얼마인지 나타낸다(대부분의 돈은 기업에 남아 있겠지만).

주식 가치 평가
주식의 가치를 추정하는 가장 간단한 방법은 주당순이익에 '배수'를 적용하는 것이다. 이는 가장 최근 수익을 기준으로 기업의 미래 현금흐름 가치를 추정하는 대략적인 방법이다. 예상 성장률이 높을수록 현재 수익에 적용해야 할 배수가 커진다. 상장 기업의 경우 주식거래 가격과 주당순이익의 비율을 기준으로 기업의 전망을 시장이 어떻게 평가하는지 가늠할 수 있다. 이를 주가수익비율Price to Earnings Ratio, PER이라고 한다. PER이 높을수록 시장은 더 기업의 향후 수익이 늘어날 것이라 예상한다. PER이 30을 웃돌면 일반적으로 고성장 기업을 의미하는 반면 성숙하고 성장이 느린 기업의 PER은 10에 가깝다.

PER은 시장 배수market multiple라고 알려져 있다. 가장 흔히 볼 수 있는 지표지만 유일한 지표는 아니며 가장 유용한 지표도 아니다. 투자자들은 손익계산서의 주요 항목을 살필 때 배수를 자주 눈여겨본다. 시가총액이 1000달러, 매출이 100달러, 매출총이익이 50달러, EBIT이 25달러, 순수익이 10달러인 기업의 매출 배수는 10, 매출총이익 배수는 20, 순수익 배수는 100이다.

재무제표에 있는 모든 수치를 기준으로 배수를 계산할 수 있다. 구독 비즈니스는 구독자 한 명당 가치를 평가 기준으로 삼기도 한다. 배당금을 지급하는 주식은 배당수익률, 즉 연간 총배당금을 주가로 나눈 값을 기준으로 가치를 평가할 수 있다. 분석 전문가들은 시장 가치 외에 다른 수치 비율도 확인한다. 매출총이익률은 매출에서 얼마만큼의 이익을 얻는지 보여주는 비율로 기업의 가격결정력을 알려주는 반면 재고회전율(매출원가를 재고로 나눈 값)은 기업이 얼마나 효율적으로 제품을 생산하고 판매하는지 알려준다.

주식 가치 평가 배수

	소득	시가총액	배수
매출	100$	1,000$	10
매출총이익	50$	1,000$	20
EBIT	25$	1,000$	40
순수익	10$	1,000$	100

배수 자체만으로는 많은 정보를 얻을 수 없다. 하지만 특정 산업을 잘 알면 그 산업의 일반적인 배수를 알게 된다. 이는 주로 비교 수단으로 유용하다. 같은 산업에 속한 두 기업 중 한 곳의 EBIT 배수는 20인 반면 나머지 한 곳의 EBIT 배수는 35라면 시장이 두 번째 기업을 좀 더 낙관적으로 보고 있다는 뜻이다. 사람들은 대개 배수만 보고 첫 번째 기업은 '싸다'고 하고 두 번째 기업은 '비싸다'고 한다. 하지만 이는 모두 상대적인 것이다.

일반적으로 손익계산서 아래쪽에 있는 여러 배수는 기업의 실제 수익성을 반영하므로 좀 더 큰 의미가 있다. 하지만 비영업 요인(세금 및 자금 조달 활동) 역시 수익에 영향을 미칠 수 있기 때문에 수준 높은 투자자들은 종종 EBIT 배수에 주목한다. 그러나 고성장 기업이나 인수 대상 기업을 평가할 때는 매출 배수가 최고의 가치 척도일 수 있다.

배수를 계산할 때는 시가총액과 기업 가치의 차이를 이해하는 것이 중요하다. 시가총액은 기업 주가에 발행 주식 수를 곱한 값이다. 이는 곧 기업 주식의 가치다.

시가총액 =
주가 × 주식 수

부채나 현금 보유량이 많지 않은 기업의 주식 가치는 기업 가치와 같다. 하지만 부채와 현금은 구조를 복잡하게 한다. 반직관적이지만 기업의 시장 가치를 구하려면 시가총액에 기업의 장기 부채를 더하고 현금을 **빼야** 한다. 그 결과가 기업 가치다. 배수를 구할 때는 시장 가치보다 기업 가치를 사용하는 것이 더 정확하다. 하지만 다시 한번 말하건대 부채나 현금이 많지 않은 기업이라면 시가총액도 괜찮다.

기업 가치 =
(시가총액 + 부채) - 현금

하나의 배수만 확인해도 약간의 정보를 얻을 수 있긴 하지만 (배수가 높을수록 성장에 대한 시장 기대치가 더 크다) 배수는 주로 상대적인 척도다. 다시 말해 가치 평가 대상과 **비교 가능한** 기업이 있어야 한다. 비교할 기업을 선택하는 것이 항상 생각만큼 쉽진 않다. 경쟁 시장에 확실한 비교 대상이 있는 경우도 있다. 예를 들어 홈디포와 로우스Lowe's는 모두 주택 개조 제품 및 서비스 소매업체로 규모도 비슷하다. 만약 이들이 서로 다른 배수로 거래되고 있다면 한쪽(더 높은 배수)이 성장에 더 유리하다는 시장의 신호다. 하지만 마이크로소프트와 비교할 만한 좋은 기업이 있을까? 마이크로소프트가 클라우드 서비스 시장에서 아마존과 치열한 경쟁을 벌이고 있긴 하지만 아마존의 핵심 사업인 소매업에서는 전혀 활동하지 않는다. 마이크로소프트오피스는 구글 독스, 구글 스프레드시트와 경쟁하지만 구글은 이런 제품을 무료로 준다. 한쪽이 자사 제품에 가격을 책정하지 않는데 재정적으로 두 기업을 비교할 수 있을까?

배수는 상대적인 데다 비교 가능한 기업이 있는지에 따라 제한받는다. 좀 더 직접적으로 가치를 평가하는 방법은 '현금흐름 할인Discounted Cash Flow, DCF모형'을 구축하는 것이다. 현금흐름 할인모형 구축은 전문 투자자의 핵심 역량이지만 개인 투자자는 이를 자세히 이해할 필요 없다. 간단하게만 말하면 현금흐름 할인모형은 손익계산서에서 출발하지만 기업의 최근 실적을 보여주는 대신 그를 토대로 미래를 예측한다. 그런 다음 앞에서 설명한 대로 **모든 미래 현금흐름은 할인해야** 하므로 미래 수익에 할인율을 적용해 회사의 현재가치를 산출한다. 이렇게 계산한 상장 기업의 현재가치가 시장가격과 다르다면 이는 곧 시장에 대한 당신의 가정이 시장 여론과 다름을 보여준다. 즉, 투자 기회가 있다는 뜻일 수도 있다.

어떤 가치 평가 수단을 사용하든 기업이 실제로 어떤 사업을 하고 있는지 어느 정도는 이해해야 한다. 비교 대상을 찾는 것처럼 이 역시 생각보다 까다로울 수 있다. 하지만 사업 종류가 다르면 기업 유형도 달라진다. 예를 들어 엑손Exxon이나 쉐브론Chevron 같은 세계적인 석유 기업은 수십 년 동안 투자금을 회수하지 못할 가능성이 있는 유전을 운영하는 데 수십억 달러를 투자해야 한다. 이를 위해 초기에는 막대한 자본이 필요하지만 일단 석유가 흐르기 시작하면 어마어마한 수익을 얻는다. 이런 점에서 석유 기업도 일부 소프트웨어 기업과 다르지 않다. 둘 다 수년간 선행 개발에 투자해야 하지만 일단 제품이 나오면 거의 비용 없이 무한대로 제품을 출하할 수 있다. 이런 모델을 법률사무소와 비교해보자. 변호사 한 명과 법률사무원 한 명으로 구성된 소형 법률사무소는 첫날부터 이익을 낼 수 있다. 노트북 몇 대, 사고 보험, 임대한 사무실 공간, 근사한 정장 몇 벌 같은 간접비는 미미한 수준이며 거기에다 업무 시간당 최고한도액을 청구할 수 있다. 하지만 파트 2 '집중력'에서 전문 서비스 제공업체는 규모를 키우기 어렵다고 말한 것이 기억나는가? 사무소를 차린 변호사의 예약이 꽉 찬 상태에서 매출을 두 배 늘리려면 다른 변호사를 고용해야 한다. 매출을 열 배 늘리려면 변호사를 열 배 고용해야 한다. 지명된 파트너가 새로 고용한 열 명의 변호사에게 맡길 만한 일감을 충분히 확보하지 못해도 이들은 여전히 급여를 기대한다.

겉으로 나타나는 일과 실제 사업이 전혀 다른 기업도 있다. 예를 들어 구글은 검색엔진을 선도하는 기업이지만 검색엔진이 아니라 광고를 판다. 그게 구글의 진짜 사업이다. 구글은 기술적으로 진보한 시스템을 개발하고 배포하지만 사업 관점에서 보면 마이크로소프트나 애플 같은 기술 기업이라기보다 전통적인 텔레비전 방송국이나 신문사와 좀 더 비슷하다. 관심을 끄는 콘텐츠를 생산한 다음 광고주에게 그에 접근할 권한을 판매하는 것이 핵심적인 수익 창출 사업이기 때문이다. 기업의 재무와 성장 전망 그리고 궁극적으로 기업 가치를 이해하기 위해서는 기업이 실제로 매출을 내는 방식과 그 비용을 파악하는 것이 무엇보다 중요하다.

주식 투자

대부분의 경우 주주는 법인을 통해 직접 주식을 구입하지 않는다. 대부분의 주식거래는 '유통시장'에서 이뤄진다. 다시 말해 제삼자가 서로 주식을 사고판다. 게다가 주식을 살 때 지불한 돈은 기업이 아니라 그 주식을 판 주주에게 흘러간다. 그렇지만 당신은 여전히 그 기업에 투자하고 있다. 이전에 다른 누군가가 했던 투자를 인수해서 말이다. 기업이 유통시장에서 그들의 주식에 지불된 돈을 받지 못해도 경영진은 여전히 주가에 지대한 관심을 보인다. 주가는 일반적으로 그들의 보상과 직원을 유치하는 데 중요한 부분이며 다른 기업을 인수할 때 사용할 수 있다. 뿐만 아니라 추가로 주식을 발행하면 기업의 잠재적 자금원이 된다. 이들은 때로 시장에서 주식을 사는 것처럼 신규 자본 조달을 위해 주식을 팔기도 한다. 기업이 처음으로 주식을 파는 것을 기업공개Initial Public Offering, IPO라고 하며 이는 법인의 발전에서 중요한 사건이다. 후속 판매는 추가 공모secondary offering라고 하며 처음보다 훨씬 적은 축하를 받는다.

개별 기업의 주식을 사고파는 것은 투자에 빠져들고 기업과 주식을 공부하는 데 동기를 부여하는 좋은 방법이다. 나도 개별 주식을 보유하고 있으며 신중한 개인 투자자가 정보에 입각해 일반적으로 개별 주식을 소유하는 것을 선호한다. 내가 강하게 반대하고 또 데이터로도 효과가 없다는 사실이 확인된 일은 쉴 새 없이 주식을 사고파는 것이다.

더 많이 거래할수록 더 많이 잃는다. 인지적으로나 감정적으로 지칠 뿐 아니라 효과도 없다. 보유 기간이 1년 미만인 자산은 양도소득세 혜택도 받을 수 없는 만큼 세금 면에서도 효율성이 떨어진다. 데이트레이딩은 하지 말라.

회사 생활을 하다 보면 어느 시점에 당신이 그곳에서 일하고 보수의 일부가 주식으로 제공돼서 어쩔 수 없이 그 기업의 주식을 보유하게 될 가능성이 크다(요즘은 대개 양도제한조건부 주식 restricted stock units을 준다). 이런 경우 나는 양도 가능한 때가 되자마자 가능한 한 빨리 가장 절세에 도움이 되는 방식으로 주식을 처분하라고 조언한다. 세금 때문이라면 보상으로 받은 주식을 보유하는 것이 타당할 수도 있지만 아니라면 일하고 있는 회사의 주식을 보유하는 것은 합리적이지 않다. 이유가 뭘까? 당신이 이미 그 회사에 너무 많이 노출돼 있어 더는 위험을 집중하기보다 분산해야 하기 때문이다. 미래의 보수, 노동 시장에서의 평판, 업무를 통해 얻는 심리적 보상이 모두 그 기업의 성공에 달려 있으니 위험에 노출되는 것이다. 주식은 매우 유동성이 높다. 그러니 현금이 아닌 주식 형태로 받았다고 해서 그 보수를 다르게 대할 필요

없다. 주식이 아니라 동일한 가치의 현금을 받았을 때 그 돈으로 당신이 다니는 회사의 주식을 살 것인가? 아닐 것이다.

그럼에도 주식을 보유해야 하는 사람이 있을까? 창업자나 사업 초창기 직원, 투자자는 주식 매도에 신중해야 한다. 이들이 공격적으로 주식을 매도하면 시장이(그보다 더 심각하게는 직원들이) 회사의 전망을 의심할 수도 있기 때문이다. 하지만 지나치게 주저할 필요는 없다. 벤처투자자와 은행가는 항상 창업자에게 회사에서 돈을 빼지 말라고 충고한다. 이것이 그들에게 이익인 이유는 그래야 주가가 가능한 한 높게 유지되며 창업자가 가능한 한 자신의 사업에 종속되기 때문이다. 나는 항상 창업자들에게 칩을 조금 떼어놓으라고 말한다. 창업자의 이익은 가족을 위해 경제적 안정을 확보하는 것이며 성장주는 위험하기 때문이다. 오랫동안 소규모 자영업을 진행해온 사람(즉, 파트 2에서 언급한 메인 스트리트 경제)의 존재적 관심사는 회사 자산을 조금씩 개인 자산으로 전환하는 것이어야 한다. 그래야 가업을 매각하거나 승계하는 등의 단일 사건이 경제적 안정을 좌우하지 않는다.

업계에 대한 남다른 정보와 지식을 토대로 외부 분석 전문가보다 기업의 잠재력을 정확하게 이해하는 직원도 있다. 수익이 현재 주가보다 빠르게 성장할 것이라고 믿을 만한 충분한 이유가 있다면 회사 주식을 계속 보유(혹은 심지어 매수)해 회사에 대해 노출을 늘리는 이유가 될 수 있다. 하지만 업무나 동료 혹은 직접 개발한 제품에 대한 본능적인 애정 때문에 판단력이 흐려지지 않도록 주의해야 한다. 또 신약 승인, 대형 고객과의 계약 체결 같은 공개

되지 않은 '내부자 정보'를 바탕으로 거래해선 안 된다. 그렇게 한 사람은 구속될 수 있다.

직원이 아니더라도 특정 기업이나 산업을 깊이 있게 이해할 방법이 있다. 주요 고객은 누구도 얻지 못하는 통찰력을 발휘하기도 한다. 학자와 과학자도 특정 산업을 고유하게 이해할 수 있다. 2000년대 중반까지 나는 최고의 소매기업이 전자상거래 분야로 전환할 수 있도록 긴밀하게 협력했고 주식시장에 상장된 한 회사를 포함해 여러 개의 전자상거래 회사를 설립하기도 했다. 나는 이 분야의 잠재력과 이를 달성하려면 무엇이 필요한지 깊이 깨달았다. 시장이 아마존을 상당히 저평가하고 있다는 사실이 내게 분명하게 보였고 나는 순자산의 상당 부분을 제프 베이조스Jeff Bezos와 아마존 경영 팀에 걸었다. 이 투자로 지난 20년간 25배의 수익을 올렸다. 결코 가볍게 한 투자가 아니었다. 20년의 경험이 그 뒤에 있었다.

최근 몇 년 새 정부 정책 주도의 투자, 특히 환경, 사회, 지배구조Environmental, Social, and Governance, ESG 투자가 주목받고 있다. 개인 투자자 입장에서 나는 이런 투자를 좋아하지 않는다. 아무리 주식을 사도 당신의 개별 투자는 기업 결정에 영향을 미치지 못한다. 하지만 당신의 미래 경제적 안정에는 영향을 미친다. 사회에 파괴적인 소수 기업의 이윤을 나눠 갖고 싶지 않을 수도 있다. 나역시 오랫동안 페이스북Facebook 주식을 보유했지만 이 기업이 젊은이들과 우리 사회 전반에 실제 피해를 입힌다고 확신하게 됐을 때 결국 주식을 매도했다. 하지만 전체 포트폴리오 방향을 정책 선호도를 기준으로 정하지 말길 권한다. 그보다는 투표하고 지역 의원에게 로비하고 지역사회 활동에 참여하자. 하지만 자본은 당신에게 투자보다 더 큰 의미가 있다. ESG 상표는 특히 기업 홍보팀이 앞다퉈 환경, 사회, 지배구조 같은 표현을 무기화한 결과 아무 의미도 없는 말이 돼버렸다. (대형 기관의 경우 정책 투자의 의미가 다를 수 있다. 투자 선택이 실질적인 영향을 미치기 때문이다. 하지만 이는 완전히 다른 이야기다.)

채권

기업과 정부는 채권을 발행하며 채권시장의 규모는 120조 달러가 넘을 정도로 어마어마하다. 채권은 부채의 일종이지만 두 당사자 사이의 대출 대신 '유가증권'으로 전환된 부채다. 유가증권이란 그 자산과는 독립적으로 사고팔 수 있는 일부 기초자산에 대한 권리다.

기업 주식은 기업 지분에 대한 권리라 유가증권의 일종이라 볼 수 있지만 해당 기업의 개입 없이 시장에서 거래된다. 그럼에도 여전히 해당 기업에 구속력이 있는 법적 권리다. 채권은 같은 개념이지만 적용 대상이 대출이라는 차이가 있다.

채권의 원리를 단순한 예로 들면 이렇다. 아마존이 100달러를 빌린다고 가정해보자. 아마존은 웰스 파고 같은 은행을 찾아간다. 웰스는 아마존의 장부를 살펴보고 신용 위험이 좋은 편이라고 판단한 후 6퍼센트 대출금리를 제안한다. 아마존은 "우리 회사는 전

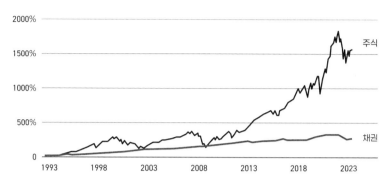

미국 주식시장과 채권시장 성장률

출처: 모닝스타Morningstar, 채권: 뱅가드 채권시장지수펀드Vanguard Total Bond Market Index Fund,
주식: 뱅가드 주식시장지수펀드Vanguard Total Stock Market Index Fund

자상거래 시장과 클라우드 시장을 지배하는 기업입니다. 현금흐
름도 엄청나죠. 그러니 4퍼센트 어때요?"라고 제안한다. 결국 양
측은 협상 끝에 대출금리를 5퍼센트로 정한다. 웰스가 아마존에
지금 당장 100달러를 빌려주면 아마존이 1년 후에 105달러를 갚
는다는 뜻이다. 웰스는 105달러를 갚겠다는 아마존의 약속을 붙
들고 있지 않고 1년 후 1.05달러(원금 1달러에 이자 5퍼센트)를 주겠
다는 작은 약속 100개로 쪼갠다. 그다음 이를 공개시장에서 판매
한다. 이것이 바로 채권이다. 투자자는 1년 동안 채권을 보유한 후
1.05달러를 받을 수도 있고 유통시장에서 주식을 사고팔 듯 다른
투자자에게 채권을 팔 수도 있다.

채권이 증권이 돼 유통시장에서 거래되면 흥미로운 일이 벌
어진다. 웰스와 아마존이 맨 처음 거래 조건을 협상했을 때 가장

중요한 변수는 금리였다. 아마존은 4퍼센트, 웰스는 6퍼센트를 원했지만 결국 5퍼센트에 합의했다. 하지만 채권을 매수하려는 투자자에게 5퍼센트 금리는 아무 의미가 없다. 이 채권은 그 채권을 손에 들고 나타나는 사람이 누구든 1년 후 1.05달러를 주겠다는 약속이다. 유통시장에서 채권을 사고파는 사람은 아마존이 원래 얼마를 빌렸는지, 맨 처음 합의한 금리가 무엇이었는지 상관하지 않는다. 채권 보유자는 1년 후 1.05달러를 갚겠다는 아마존의 약속이 얼마나 가치 있는지만 신경 쓸 뿐이다. 이것이 바로 채권이 거래되는 가격이다.

아마존에 공급망 문제, 경영진 교체, 데이터 유출 같은 심각한 사업 문제가 생기면 투자자는 아마존이 1.05달러를 주지 못할 수도 있다는 걱정에 빠져 채권의 가치를 저평가하게 된다. 채권의 예상 현금흐름은 변하지 않았지만 위험이 달라졌고 이런 이유로 할인율이 커져 채권의 현재 가치가 하락한다. 웰스가 아마존과 협상한 당시에는 1달러의 가치가 있었지만 몇 달 후 회사가 곤경에 빠지자 약속의 가치는 0.90달러에 불과했다. 이런 일이 벌어질 위험을 신용 위험, 혹은 채무불이행 위험이라고 한다.

기업에 대한 투자자의 인식이 바뀌지 않아도 채권 가격은 달라질 수 있다. 금리가 올라가면 구매자는 더 나은 투자 선택지가 생겨 1년 후 1.05달러를 받기 위해 지금 1달러를 지불하지 않을 것이다. 투자자가 지금 미국 정부에 1달러를 주고 1년 후 1.06달러를 약속받는다면 1년 후 1.05달러를 주겠다는 약속을 믿고 아마존에 1달러를 주지 않을 것이다. 아마존이 아무리 탄탄한 채무자라

해도 미국 정부보다 더 신뢰할 만한 대상은 아니다. 따라서 아마존 채권 가격은 1달러 밑으로 떨어지게 된다. 반면 금리가 내려가면 1년 후 1.05달러를 주겠다는 아마존의 약속이 좀 더 좋아 보이고(미국 정부의 제안이 이제 1.05달러보다 적기 때문이다) 채권 가격은 1달러를 웃돌게 된다. 광범위한 금리 변동으로 채권 가격이 달라질 가능성을 이자율위험interest rate risk이라고 한다.

아마존이나 더 넓은 시장에서 무슨 일이 일어나고 있든 상환일이 가까워질수록 돈의 시간 가치 때문에 채권 가격은 1.05달러에 근접한다. 시간이 줄어들면 잘못될 위험도 줄어든다. 아마존이 매우 심각한 어려움에 처하지 않는 한 내일 1.05달러를 주겠다는 아마존의 약속에는 1.05달러의 가치가 있다.

몇 가지 용어를 보자. 채권이 만기됐을 때 지급되는 금액을 액면가라고 한다. 아마존 사례에서 액면가는 1달러다. 원래 협상한 이자율은 표면금리coupon rate다. 여기서는 5퍼센트였다. 대부분의 채권은 만기가 1년 이상이라 발행자는 만기가 될 때까지 이자를 지불한다. 앞의 사례에서는 1년이 끝나는 날 딱 한 차례, 0.05달러만 낸다. 채권이 만기되는 날(즉, 원금을 갚는 날)을 만기일이라고 한다. 여기서도 1년이 끝나는 날, 즉 아마존이 원금 1달러와 이자 0.05달러를 갚는 날이다.

하지만 가장 중요한 용어는 '수익률yield'이다. 수익률이란 시장가격으로 채권을 샀을 때 얻을 수 있는 연실효금리effective annual interest rate다. 아마존 사례로 돌아가보면 만기까지 1년 남은 채권을 1달러에 매입하면 1년 후 1.05달러를 받을 수 있기 때문에 수익률은 5퍼센트다. 반면 만기까지 6개월 남은 채권을 1달러에 매입하면 수익률은 10퍼센트가 된다. 단 6개월 만에 5퍼센트 수익을 얻고 이를 연간 이자율로 변환하면 10퍼센트가 된다. 채권 수익률은 시장가격에 따라 매일 달라지며 시장이 발행자의 지급 약속을 얼마나 매력적으로 여기는지 측정한다. 항상은 아니지만 대개 채권시장과 주식시장은 반대 방향으로 움직인다. 주식 실적이 좋으면 투자자들은 채권을 덜 매입하려 하고 이에 따라 더 낮지만 더 안정적인 수익을 보인다. 이로 인해 가격이 하락하면 위험 조정 채권 수익률이 주식 수익률과 경쟁할 때까지 채권 수익률이 상승한다. 이런 관계를 이해하려면 연습이 필요하며 역학을 체화하는 가장 좋은 방법은 채권을 매입하고 가격(과 수익률)을 추적하는 것이다.

정부도 채권을 발행한다. 사실 정부가 발행하는 채권이 채권 시장의 많은 부분을 차지하며 미국 연방 정부가 주요 발행자다. 대부분의 미국 채권은 재무부가 100달러 단위로 발행하며 만기는 4주부터 30년까지 다양하다. (만기가 짧은 채권은 '단기 재정증권 T-bill, 티빌'이라고 하고 만기가 긴 것은 그냥 채권이라고 한다. 하지만 기능적으로는 같다.) 재무부는 매주 새로운 채권을 발행하고 투자자에게 경매를 진행해 금리를 결정한다. 하지만 유가증권 형태로 일단 시장에 공급되면 회사채와 마찬가지로 시장이 결정하는 가격에 거래된다. 채권이 만기되면 고정 이자가 지급된다. 국채의 주목할 만한 장점은 주 정부가 부과하는 소득세가 면제된다는 것이다.

채권은 기업에 투자하는 대안적 방법이자 정부에 투자하는 유일한 방법이다. 주식보다 덜 위험하고 수익률을 예측하기 쉬우며 대부분의 경우 만기까지 보유하는 한 손실 위험이 거의 없다. 하지만 적당한 수익만 나며 상승 가능성도 거의 없다. 발행 기업이 아무리 훌륭한 성과를 내도 채권에 기재된 것보다 많은 돈을 주지 않는다. 채권 소유자가 기업에서 받을 수 있는 최대 금액은 채권에 인쇄된 금액이다. 그 외의 초과 수익은 모두 주주에게 돌아간다. 언제나 그렇듯 위험에는 보상이 따른다.

부동산

부동산은 모든 자산 중 으뜸이다. 개별 필지의 가격은 오르기도 하고 내리기도 하지만 장기적으로 보면 부동산은 불패다. 토지(와 건물)가 있으면 소득을 산출할 수 있고(빌려주거나 개발하거나 직접 사용함으로써) 잔존가치가 거의 보장된다. 더는 만들어내지 않기 때문이다. 그뿐 아니라 부동산을 보유하면 여러 측면에서 유리한 세제 혜택을 누릴 수 있다. 여유가 있는 투자자에게는 부동산이야말로 타의 추종을 불허하는 장기투자 대상이다.

하지만 모든 투자가 그렇듯 단점이 하나 있다. 사실은 두 가지다. 먼저 부동산은 다른 어떤 투자자산보다 유동성이 떨어진다. 구매자를 찾기 어렵고 거래 비용이 높다. 사실 땅을 사는 순간부터 보통 투자 손실이 시작된다. 중개인과 감정평가사, 때로는 측량사 그리고 손 내밀고 있는 수많은 정부 기관에 돈을 내야 한다. 게다가 부동산을 처분하고 싶을 때 또 다른 비용을 지불해야 할 것이다.

둘째, 부동산은 보유하는 것만으로도 재산세, 보험료, 유지비 같은 비용이 발생한다. 미개발 토지라 해도 담장 설치와 보안, 화재와 홍수 방지, 이전 소유주가 버려둔 폐기물 위험이나 그 외에도 토지로 인해 발생할 수 있는 여러 가지 방법으로 유지비가 든다.

요컨대 부동산은 훌륭한 투자 대상이지만 자본주의 시스템에 존재하는 대부분의 훌륭한 투자 대상이 그렇듯 돈을 벌려면 돈이 든다. 부동산에 투자하려면 수년간 부동산에 묶어둘 수 있는 상당한 자본과 소유권 유지를 위해 충분한 유동 현금이 필요하다. 부동산 재벌이 아닌 평범한 사람이 부동산에 투자할 기회를 찾을 방법은 많지 않다.

대부분의 사람에게 가장 중요한 부동산 투자 대상은 집이다. 이 책을 읽는 대부분의 독자에게 집은 평생 투자 포트폴리오에서 가장 큰 부분을 차지할 것이다. 거의 모든 사람에게 집은 할 수 있는 가장 큰 구매이자 받을 수 있는 가장 큰 대출이며 월 예산에서 가장 큰 비용이다. 이런 투자는 우리 삶을 안정시키는 강력한 힘이 될 수 있기에 내 집을 사는 것은 보통 경제적 안정으로 가는 중요한 디딤돌로 여겨진다. 이 같은 인식이 미국을 비롯한 세계 각국의 조세정책 및 경제정책에 영향을 미쳐 주택 소유를 부추겼다. 집을 소유하는 것과 빌리는 것 중 무엇이 더 나은지 많은 논쟁이 벌어지고 있으며 주택 구입이 현명하지 않은 경우도 분명히 존재한다. 하지만 대부분의 사람에게 나는 경제적 안정을 얻기 위한 계획의 중심에 주택 구매를 두라고 강력하게 추천한다. 이 책의 많은 부분처럼 주택 소유에 관한 내 조언은 두 가지 영역을 바탕으로 한다. 경제적인 것과 개인적인 것이다.

먼저 경제적 측면부터 살펴보자. 역사적으로 주거용 부동산은 장기적으로 볼 때 좋은 투자처였다. 집의 가치를 다른 투자와 비교하는 것은 다양한 세제 혜택, 부동산 소유로 인한 비용과 이익(앞에서 봤듯 월세는 안 내지만 재산세는 내야 한다), 높은 지역적 특색 등으로 매우 복잡하다. 이런 면에서 많은 사람이 원하는 곳(날씨, 기타 천연자원, 고용 근접성 등)에서 가격이 상승한 이력이 있는 지역에 지어진 집을 사는 것이 좀 더 나은 투자다. 새롭게 부분적으로 개발돼 주변에 아무것도 없는 지역이 저렴한 데는 이유가 있다. 변두리 지역의 부동산 투자는 2008년 집값이 폭락했을 때 많은 가정의 재정 안정성을 무너뜨렸다. 하지만 장기적으로 볼 때 부동산에는 다른 어떤 자산군에도 없는 세금 혜택을 받을 수 있고 믿을 수 있다.

주택 매매로 얻은 **양도소득** 중 25만 달러(부부는 50만 달러)에는 세금이 면제되고(주택 개수 비용을 제외하면 양도소득으로 간주되는 금액을 줄일 수 있다) 그 이상의 금액에는 양도소득세율이 적용된다. 40만 달러에 집을 구매해 5년 후 50만 달러를 받고 팔면 양도소득이 10만 달러에 불과하므로 소득세를 내지 않는다. 투자용 부동산(다시 말해 직접 거주하지 않는)에도 다양한 과세이연과 최소화 방안이 있다. 연방 정부와 주 정부는 생애 첫 주택 구매자와 중·저소득층 구매자를 위해 많은 프로그램을 운영한다. 또 IRA와 401(k) 같은 은퇴 계좌에서 위약금 없이 일부 자금(고액은 안 된다)

만 인출해 계약금을 낼 수도 있다.

집값 상승이 주택 소유로 얻을 수 있는 유일한 경제적 이점은 아니다. 집은 거주할 수 있는 유일한 투자 수단이며 당신에게는 살 집이 필요하다. 밀레니얼 세대는 생활비가 많이 드는 도심에 거주하며 소득의 50퍼센트 이상을 임차료로 낸다. 집을 사면 임차료를 아끼는 대신 재산세, 보험료, 유지비가 나간다. 첫 집을 구매하는 사람들은 주택 소유의 실제 비용을 과소평가하는 경우가 많다. 하지만 정말로 운이 나쁘거나 어리석은 선택을 한 것이 아니라면 임차료를 아낀 돈이 내 집을 유지하는 데 드는 돈보다 많다.

대부분의 사람에게 집을 사는 것은 담보대출을 받아야 한다는 뜻이며 이자 비용도 상당하다. 2010년대에는 낮은 이자율 덕에 주택 구입이 더 매력적이었다. 코로나19 팬데믹 이후 금리가 상승하기는 했지만 1970년대처럼 주택 담보대출 금리가 두 자릿수로 오를 가능성은 없어 보인다. 주택 담보대출은 말 그대로 '담보' 대출이어서(제때 돈을 내지 못하면 은행이 집을 압류하거나 매각할 수 있다는 뜻이다) 대출 기관이 감수하는 위험이 낮기 때문에 다른 형태의 신용 대출보다 상대적으로 금리가 낮다. 주택 담보대출 없이 집을 살 수 있더라도 집에 모든 돈을 묶어두면 자본을 다른 데 투자할 수 없다. 투자에는 언제나 기회비용이 따른다. 따라서 자본을 다른 곳에 투자해 주택 담보대출 이자보다 많은 돈을 벌 수 있다면 여전히 주택 담보대출을 받는 것이 경제적으로 좋은 선택일수 있다.

최근 몇 년간 조세 혜택이 줄어들긴 했지만 미국 조세정책은 주택 구매를 장려하는 중요한 동인이다. 1913년 소득세가 도입된 이래 주택 보유자는 주택 담보대출 이자를 소득에서 공제해왔다. 이는 여전히 유효하지만 세법이 개정돼 주택 담보대출 이자 공제로 실질적 이익을 얻는 주택 보유자는 소수에 불과하다. 2017년 감세 및 일자리 법Tax Cuts and Jobs Act(일명 트럼프 감세법)이 도입돼 '표준 공제액'이 두 배 늘어났다(부부는 6000달러에서 1만 2000달러). 그 결과 주택 담보대출 규모가 매우 크거나 그 외 다른 방식으로 많은 금액을 공제받을 수 있는 경우가 아니라면 주택 담보대출 이자 공제가 무의미해졌다. 그 영향은 놀라울 정도다. 세법이 변경되기 직전 연도에는 납세자의 21퍼센트가 주택 담보대출 이자를 공제받았다. 하지만 2018년에는 이자를 공제받은 사람이 8퍼센트에 불과했다.[13] 가계소득이 10만~20만 달러인 납세자 중 주택 담보대출 이자를 공제받은 사람의 비율은 61퍼센트에서 21퍼센트로 급감했다.

주택 담보대출 이자 공제 변화를 강조한 것은 공제가 주택 구매를 결정하는 데 중요한 요소였던 역사가 100년이 넘기 때문이다. 따라서 친구나 가족의 조언과 2018년 이전 공개된 모든 자료(그리고 그 후 출판된 많은 자료)에는 그 역사가 반영돼 있다. 개개인의 상황에 따라 주택 담보대출 이자 공제는 여전히 도움이 될 수도 있다. 하지만 단지 지인이 그렇다고 했기 때문에 무조건 주택 담보대출 이자가 도움이 될 것이라 가정하면 안 된다. 세법은 자주 바뀌므로 집을 사기 전에 현재 규정이 내게 어떻게 적용되는지 살펴봐야 한다.

그렇긴 해도 주택 담보대출 이자 공제는 결코 주택 구매의 주된 원인이 아니었으며 주택 보유는 여전히 많은 사람에게 경제적으로 타당한 선택이다. 거기다 개인적 요인도 있다. 주택 담보대출을 갚는 것은 일종의 '강제저축'이다. 다시 말해 주택 담보대출을 갚으려는 강한 동기가 부여돼 거의 반드시 하게 된다는 뜻이다. 아무리 의도가 좋다 해도 매달 소득에서 1000달러를 떼어내 투자 펀드에 넣긴 어렵다. 주택 담보대출을 갚아나가면 은행에 진 빚이 줄어들고 집의 가치 중 당신 소유가 늘어난다.

집이 있다는 것은 경제적 안정과 삶의 안정을 약속한다. 유동성이 부족하다는 집의 특성 역시 장점이 될 수 있다. 지역과 직장에까지 헌신할 수 있기 때문이다. 제약이 생기면 집중하게 되고 집중하면 유연할 때보다 더 빨리 원하는 곳에 도달하게 된다. 파트 3 '시간'에서 당신이 변할 것이라고 한 내 의견을 떠올려보라. 변화 중 하나는 당신이 좀 더 보금자리와 안정성에 관심을 두고 좀 더 자리 잡게 될 가능성이 크다는 것이다. 따라서 지금은 집이 짐처럼 느껴지더라도 10년 후에는 피난처로 여겨질 가능성이 매우 크다. 지금 당장은 젊을 수도 있다. 하지만 30일 후에 집을 비우라는 통보를 받아들일 준비를 하고 남은 평생을 월셋집에서 살 수는 없다.

경제적 측면과 마찬가지로 이번에도 역시 상쇄되는 요소가 있다. 보금자리는 위대하다. 이사를 가기 전까지는 말이다. 집을 파는 데는 가장 좋은 시기에조차 비용이 많이 든다. 시장이 좋지 않을 때 어쩔 수 없이 집을 팔면 혹독한 상황이 될 수도 있다. 집을 사면 보금자리를 옮기기 힘들다는 이유로 이직이나 삶의 질을 높일 기회를 포기할 수도 있다. (참고: 보유 중인 주택을 임대하면 문제를 해결할 수 있을 뿐 아니라 시장 상황에 따라 돈을 벌 수도 있다. 하지만 위험 부담이 있기 때문에 신중하게 관리해야 한다.) 마지막으로 집은 유지 보수가 필요하고 납세 의무가 생기며 장담하건대 가구를 들이고 집을 개선하는 데 계획보다 많은 비용을 지출하게 될 것이다.

직접 거주할 집을 구매하는 것 외에도 다른 유형의 부동산에 투자할 수 있다. 투자용 부동산을 직접 소유하는 것은 소득을 자본으로 전환하고 경제적 안정을 구축하는 **훌륭한** 방법일 수 있다. 문제는 간접비가 많이 든다는 것이다. 부동산은 '수동적' 소득치고 상당히 능동적이다. 파트 2 '집중력'에서 내가 투자용 부동산 소유 경험을 이야기한 것도 이런 이유에서다. 부동산에 투자하는 것은 두 번째(혹은 첫 번째) 직업을 갖는 것과 비슷하다. 절제력 훈련이 잘돼 있고 꼼꼼하며 손재주가 좋고 도급업자를 대하는 것이 편안하며 세입자와 협상하고 계약을 실행할 수 있을 만큼 강인하고 지역 시장에 관한 풍부한 지식과 인맥이 있으며 무엇보다도 잘 해낼 시간이 있다면 임대나 재판매를 위한 투자용 부동산을 매입하는 방법도 진지하게 고려해보자. 작게 시작하고 점진적으로 키우라.

금융회사를 통해 부동산에 투자할 수도 있다. 부동산 투자신탁Real Estate Investment Trust, REIT 기업은 (보통) 주식시장에 상장돼 있다. 또 많은 민간단체가 세계 각지에 부동산을 소유하고 있다.

쇼핑몰이나 사무용 빌딩 같은 단일 개발 프로젝트를 지원하는 소규모 컨소시엄부터 수십억 달러의 자산을 보유한 다국적 지주회사까지 다양하다. 상장된 REIT는 좀 더 엄격한 규제를 받기 때문에 상대적으로 안전한 반면 민간 부동산 단체에 투자할 때는 당신이 상당한 주의를 기울여야 한다. 하지만 대개 이런 투자는 부동산 투자라기보다 주식 투자에 가깝다. 투자 대상인 경영진과 사업 모델이 어쩌다 보니 소프트웨어나 운동화가 아닌 부동산 분야에 속해 있는 것뿐이기 때문이다.

상품, 통화, 파생상품

투자의 변두리에는 경제활동과 다소 거리가 먼 자산군도 있다. 상품과 통화도 실제 자산이다. 상품은 석유, 금, 옥수수 같은 원자재고 통화는 돈이다. (대개) 유동적인 시장에서 거래된다. 상품 가격에 영향을 미치는 것은 현실 세계의 고려 요소다. 예를 들어 날씨는 천연가스와 농산물 가격에 큰 영향을 미친다. 세계적인 제조 패턴 변화는 원자재 가격을 움직인다.

통화 가격은 이를 사용하는 국가의 경제 상황, 특히 금리에 따라 달라진다. 금리가 높을수록 통화가치는 높아진다. 그 통화에 투자하면 그만큼 높은 수익을 올릴 수 있기 때문이다.

가장 잘 알려진 비트코인을 비롯한 암호화폐는 주로 이를 하나의 자산군으로 대하는 시장 정서에 따라 거래되며 역사상 변동성이 매우 컸다. 궁극적으로는 암호화폐가 정부가 발행하는 통화와 함께 안정적이고 오래가는 가치 저장 수단으로 자리 잡을 가능성이 있지만 아직은 기술적, 사회적 면에서 상당한 장애물이 남아 있다.

이런 자산은 대부분 투자자가 일반적으로 기초 자산을 직접 접하지 않는다. 대신 미래 가격 변동 위험을 반영하도록 설계된 파생증권을 거래한다. '선물'은 상품 기반 파생증권이며 주식 기반 파생증권은 '옵션'이라고 한다. 기본적으로 미래 가격 변동에 돈을 거는 셈이다.

파생상품은 금융시장에서 흥미로운 역할을 한다. 위험을 낮추면서 동시에 높이는 도구다. 파생상품의 주요 목적은 기업과 투자자가 특정 시장에 대한 노출을 '헤지hedge'할 수 있게 도와주는 것이다. 대표적인 예가 대두 농사를 짓는 농부나 채굴업자 같은 단일 상품 생산자다. 생산자의 생계는 상품 가격에 달려 있어 가격이 급락하면 완전히 파산할 수 있다. 파생상품은 위험에 노출된 기업이 원하는 것과 반대되는 결과에 높은 레버리지를 제공하기 때문에 가격이 원하는 것과 반대로 움직이면 파생상품에 베팅해 얻은 이익이 사업 운영 비용을 상쇄한다. 금 채굴업자는 금 가격 하락에 베팅해 금 가격에 대한 노출을 헤지할 수 있다. 반면 다량의 금을 구매하는 기업은 금 가격이 올라가는 데 베팅할 수 있다. 기본적으로 보험인 셈이다. 마찬가지로 여러 국가에서 사업을 하는 기업은 통화 가격 변동에 노출돼 있다. 예를 들어 어떤 기업이 직원에게 달러로 월급을 주지만 고객은 대개 유로로 결제한다고 생각해보자. 유로가 달러와 비교해 상당한 강세를 보이면 이 기업에 매우 불리하다(다시 말해 물건을 팔고 받은 유로로 구매할 수 있는, 급여에 필요한 달러가 더 줄어든다). 따라서 달러가 강세를 보일 것이라는 데 베팅하면 위험을 헤지할 수 있다.

이런 베팅을 하려면 누군가는 그 반대편에 있어야 한다. 파생상품 시장에는 오직 금전적 이익을 얻으려는 사람이 많다. 위험을 매수하고 위험에 수반되는 높은 수익을 찾는 것이다. 파생상품은 아주 복잡해질 수 있고 좀 더 극단적인 예를 '이색exotic' 파생상품이라고 표현하기도 한다. 2008년 금융위기에 이색 파생상품이 중요한 역할을 했다. 당시 은행은 제대로 이해하지도 못한 채 '부채담보부증권Collateralized Debt Obligation, CDO'을 거래하고 있었고 주택시장이 무너지자 수십억 달러의 손실을 입었다.

개인 투자자가 접할 가능성이 있는 파생상품 중 하나로 주식옵션이 있다. (주식 옵션은 회사에서 고용주에게 보수로 받는 스톡옵션과는 다르다.) 주식 옵션은 특정 주식을 정해진 가격(행사가격이라고 한다)에 사거나 팔 수 있는 옵션을 구매하는 것이다. 주식을 매수할 수 있는 옵션은 콜옵션call option으로 기본적으로 주가 상승에 베팅하는 것이다. 반면 주식을 특정 가격에 매도할 수 있는 옵션은 풋옵션put option으로 주가 하락에 베팅한다.

옵션거래는 레버리지 효과가 뛰어나기 때문에 개인 투자자에게 매력적이다. 콜옵션에 몇 백 달러를 투자하면 짧은 기간 안에 수천 달러의 이익을 얻을 수 있다. 하지만 계약 유형에 따라 초기 투자금을 훨씬 초과하는 천문학적 손실을 입을 수도 있다. 투자를 하면서 처음 베팅한 금액보다 큰 돈을 잃는 방법은 많지 않은데

옵션거래에서는 얼마든지 그럴 수 있다.

옵션 시장과 모든 파생상품 시장을 지배하는 것은 시장의 세세한 부분까지 모두 분석하는 것을 전업으로 삼는 똑똑한 전문가들이다. 이런 거래자들은 개별 계약 매수가 아니라 조건이 다른 여러 계약을 서로 연결해 '스트래들straddle', '스트랭글strangle', 아이언 버터플라이iron butterfly' 같은 그럴듯한 이름의 구조를 만들어 내 돈을 번다. 개별 계약을 매수하는 개인 투자자는 이런 큰 물고기들이 쉽게 이익을 얻기 위해 집어삼키는 송사리에 불과하다.

개인이 기관과 같은 방식으로 파생상품을 활용해 위험을 헤지할 수 있는 상황도 있다. 예를 들어 거주 중인 나라와 일하는 나라가 다르면 통화 위험에 노출될 수 있다. 고용주에게 받은 유동성 낮은 주식 때문에 특정 산업이나 지역에서 과도한 위험에 노출되거나 다른 투자가 상당한 금리 위험에 노출될 수 있다. 이런 상황에서 파생상품은 보험의 역할을 한다. 즉, 고도의 레버리지 상품에 소액을 투자하면 잠재적 손실에서 자신을 보호할 수 있다. 나는 장기투자에 적합하다고 판단한 한 종목에 거액을 투자한 다음 수입 흐름을 만들어내기 위해 옵션을 활용하기도 했다.

시장 참여자가 스톡옵션을 비롯한 파생상품을 활용해 투자 활동을 손볼 방법은 무궁무진하다. 하지만 엄밀하게 말해, 아니 어떤 식으로 따져도 개인 투자자의 일회성 옵션 투자는 투자가 아니라 도박이다. 도박은 재밌는 오락일 수도 있고 심각한 중독일 수도 있고 그 사이에 있는 뭔가일 수도 있다. 하지만 투자는 아니다.

펀드

개인 투자자와 관련 있는 마지막 금융자산은 특정 자산군이라기보다 다른 자산군에 접근하는 수단이다. 또 당신이 이런 자산에 접근하는 주요 수단이 돼야 한다. **언젠가 생활비로 써야 할 장기 양동이는 펀드에 넣어둬야 한다.** 펀드 설명을 자산군 마지막에 배치한 것은 펀드가 다른 자산의 집합체며 금융 시스템을 이해하려면 펀드를 제대로 이해하는 것이 중요하다고 생각하기 때문이다. 하지만 장기투자의 실용적인 목적에서 가장 중요한 분야도 펀드다.

여러 변형된 펀드가 있긴 하지만 기본 모델은 개인 투자자의 자본을 한데 모아 전문 투자자들이 공개된 투자 전략에 따라 더 큰 규모로 투자하는 것이다. 펀드는 투자 방법, 수수료, 투자 방식에 따라 다양하다.

전통적인 펀드 모델은 뮤추얼 펀드다. 최근에는 ETF의 등장으로 과정이 간소화됐다. ETF는 단일 증권으로 분산된 투자 포트폴리오에 접근할 수 있는 좀 더 비용효율이 높은 방법을 제안한다. ETF는 사고팔기 쉬울 뿐 아니라 세금 문제에서 뮤추얼 펀드보다 유리하다. 일부 뮤추얼 펀드는 수동적으로 보유하기만 해도 과세소득이 발생하기 때문이다.

펀드 매매 전략은 다양하다. '액티브 펀드'는 (보통) 복잡하며 인간의 분석에 의존한다. 수수료가 높을 가능성도 크기 때문에 되도록 피하는 것이 좋다. '패시브 펀드'는 알고리즘에 따라 자산이 분배되며 가장 단순한 전략은 S&P500처럼 인기 있는 지수를 추종하는 것이다. 사실 아주 낮은 수수료만 받고 S&P500 ETF를 판매하는 투자회사가 많다. 그중 가장 유명한 것은(가장 저렴하지는 않지만) 원조 ETF인 SPDR(종목 코드: SPY)로 1993년부터 투자자에게 S&P500을 추종하는 단일 증권을 제공해왔다. 거의 모든 상장주식을 아우르는 러셀 3000 등 다른 지수를 추종하는 ETF, 다양한 거래 전략을 따르는 ETF, 통화와 상품에 투자하는 ETF도 있다.

모든 펀드에는 수수료가 붙으며 종종 다층 구조라 분석하기 힘든 경우가 많다. 뮤추얼 펀드 수수료 구조는 ETF 수수료보다 더 복잡할 수 있다는 것도 ETF를 선호하는 또 다른 핵심이다. 가장 중요하게 여겨야 할 수치는 운용보수율expense ratio이다. 이는 1퍼센트 미만의 낮은 수치여야 하며 낮을수록 좋다. 뮤추얼 펀드는 매매나 기타 서비스에 수수료를 부과하기도 하지만 ETF는 주식처럼 거래되며 요즘은 거의 수수료가 없다.

최근에 등장한 또 다른 혁신적인 상품으로 '로보어드바이저 robo-advisor' 펀드가 있다. 전용 계좌에 돈을 넣어두면 투자회사가 알고리즘에 따라 투자하는 방식이다. 수수료는 매우 낮지만 복리의 힘 때문에 시간이 지나면 낮은 수수료도 큰 금액으로 불어난다. 게다가 로보어드바이저의 역할은 투자자의 돈을 여러 ETF나 뮤추얼 펀드에 할당하는 것뿐이다. 투자에 관한 책을 여기까지 읽었다면 로보어드바이저에 수수료를 내지 않고도 ETF를 직접 관리할 수 있을 정도의 정보와 관심이 있을 가능성이 크다.

가치 평가를 다루면서 무위험 이자율 개념을 설명했다. 이는 어디에 투자하든 기본이 되는 수익률로 저축계좌에 적용되는 금리보다 높아야 한다. 하지만 이것이 기준치라면 장기투자의 기준점은 S&P500 ETF가 돼야 한다. 내 말은 저축계좌에 돈을 넣었을 때 얻을 수 있는 수익률로는 부를 일굴 수 없다는 뜻이다. 투자할 때 더 많은 수익을 얻으려면 더 많은 위험을 감수해야 한다. S&P500 수익률을 추적하면[14] 진정한 투자수익을 얻기 위한 투자수익률이 어느 정도인지 알 수 있다(1957년에 처음 탄생한 이후 약 11퍼센트 수익률을, 지난 20년 동안에는 8퍼센트 수익률을 기록했다). 단기적으로 S&P500은 위험한 투자 대상이다. 올해 주택 담보대출을 갚는 데 써야 할 1만 달러를 S&P500에 넣으면 안 된다. 그 돈은 무위험 저축계좌에 넣어둬야 한다. 하지만 장기투자용 자산, 즉 인플레이션보다 높은 수익률을 올리고 언젠가 상당한 재산으로 불어나길 바라는 돈의 투자수익률을 판단할 때는 S&P500 ETF를 기준점으로 삼아야 한다. 위험과 수익률 관점에서 다른 투자 대안과 S&P500 ETF를 비교해보자. 수익률이 8퍼센트가 넘는 투자 상품에 투자하려면 얼마나 많은 위험을 추가로 감수해야 하는가? 장기투자 자금의 상승 잠재력을 늘리기 위해 그만한 위험을 감수하는 편이 나을 수도 있다. 수익률이 그보다 적다면 얼마나 더 안전한가? 지금부터 수십 년 후보다 일찍 사용할 돈을 투자할 때는 추가적인 안정성을 원하겠지만 장기투자를 할 때는 좀 더 위험에 편향돼도 괜찮다.

　장기투자 자본을 여러 자산군에 분배하는 방식은 다양하다. 경제학자는 상상 가능한 모든 접근법을 주장해왔지만 투자 고문은 대개 젊을 때는 주로 기업 주식에 투자하고 회사채같이 위험이 낮은 투자 상품에는 상대적으로 적은 돈을 투자한 다음 은퇴 시기가 가까워지면 위험이 낮은 자산으로 전환하는 방안을 권장한다. 접근법 중 하나는 '100-(마이너스) 나이' 법칙이다. 전체 자산에서 주식의 비중을 100에서 나이를 뺀 숫자에 맞춰야 한다는 법칙이다(35세라면 장기투자 자산의 65퍼센트를 주식에, 나머지 35퍼센트를 채권에 넣어둬야 한다). 하지만 2005년 경제학자 로버트 쉴러Robert Schiller(나중에 주가 분석 공로를 인정받아 노벨상을 받았다)는 여러 가지 서로 다른 전략을 분석했고 기업 주식에 100퍼센트를 투자하면 가장 뛰어난 성과를 낼 수 있으며[15] 포트폴리오에 좀 더 보수적인 투자가 포함되면 수익률이 내려갈 뿐이라는 사실을 알아냈다.

점점 소득이 높아지는 일을 하고 있으며 중기 양동이에 돈을 채워 넣을 만큼 절제력이 훈련돼 있다면 젊을 때 좀 더 위험성 높은 곳에 장기투자 자금을 넣길 권한다. 고성장 주식에 더 많이 투자하고 채권과 같은 저위험 상품에는 조금만 투자하거나 전혀 하지 말라.

최종 보스: 세무당국

국세청만큼 나와 갈등을 빚는 기관도 없을 것이다. 국세청 직원은 국가의 세입을 확보하는 생색 안 나는 일을 하고 있다. 로마 정치인 키케로Cicero는 세금이 안보, 인프라, 사회 투자에 필요한 자금을 제공하기 때문에 세금이 곧 '국가의 원동력'이라고 설명한다. 애국심은 이제 사람들의 관심 밖일 뿐 아니라 이 책과도 거리가 멀다. 하지만 미국 정부가 잘하는 게 뭔지 생각해보자. 일기예보, 항공모함 지휘, 친환경 에너지 투자 등 뭐가 됐든(나는 이 일들을 잘해내고 있다고 생각한다) 그런 일을 해낼 수 있는 것은 국세청이 세금을 징수하기 때문이다. 이런, 아무래도 내가 국세청을 사랑하는 모양이다!

하지만 국세청은 내게서 세금을 징수하는 기관이기도 하다. 현명한 투자 결정을 내릴 때마다, 회사를 매각할 때마다, 돈을 벌 때마다, 내 회사에서 일하면서 내가 이 자리까지 올 수 있게 도와준 수백 명의 훌륭한 인재에게 급여를 줄 때는 말할 것도 없이 국세청은 군침을 흘리며 내 어깨 너머로 지켜본다. 이런, 아무래도 나는 국세청을 미워하는 모양이다!

이를 돌파할 유일한 방법은 모든 합법적 수단을 동원해 세금 부담을 최소화하고 제 몫을 내고 있다는 만족감을 느끼며 세금을 납부하는 것뿐이다. 전쟁 포로가 된 미국 군인에게는 탈출을 시도해야 할 의무가 있다. 일반 시민에게도 국가와 가족을 위해 최소한의 합법적인 세금을 납부해야 할 이중 의무가 있다고 생각한다. 내가 방금 정부를 전쟁 중인 적군에 비교했나? 말했다시피 나는 국세청과 갈등이 있다.

어쨌든 내 소중한 감정은 제쳐두고 합법적으로 세금 부담을 최소화할 방법을 생각해보자. 세금 전략은 '멈추고 떨어뜨리고 굴리는' 세 단계로 이뤄져 있다. 다시 말해 인식, 이해, 지원이다.

세금이 수입, 투자, 지출에 영향을 미친다는 사실을 항상 정확하게 **인식**해야 한다. 뭔가를 하지 **않겠**다는 결정을 비롯한 모든 재무 결정은 세금에 영향을 미친다. 명백하게 보이는 것도 있지만 그렇지 않은 것도 많으며 이로 인해 장기적인 결과가 크게 달라질 수 있다. 편집증에 가까울 정도로 세금을 인식해야 한다.

세금을 제대로 인식하려면 과세제도의 전반적인 운영 방식과 주요 구성 요소를 기본적으로 **이해**해야 한다. 세금 환급을 준비하는 시기뿐 아니라 1년 내내 이런 이해를 바탕으로 결정을 내려야 한다. 그때쯤이면 대부분 승패가 결정된다. 내 경험과 지식은 대개 미국에 국한돼 있다. 따라서 미국 과세제도에 초점을 맞출 수밖에 없지만 이런 문제 중 상당수는 보편적이다.

뒤에서 이해가 필요한 기본 개념을 좀 더 자세히 설명하겠지만 세 번째 단계를 간단하게 말하자면 이런 문제에 혼자 맞설 필요가 없다는 것이다. 사회생활 초기, 특히 급여를 받는 직원일 때는 세금이 단순하고 선택지가 제한적일 가능성이 크나. 뒤에 설명된 내용만으로도 전반적인 사항은 대부분 이해할 수 있다. 물론 개개인의 상황에 따라 추가로 조사를 해야 한다. 소득이 늘어나 투자를 시작하거나 프리랜서나 개인 사업자가 되거나 부동산이나 다른 복잡한 자산을 구매하는 경우에는 전문적인 세무 자문을 **지원**받는 대가로 돈을 내야 할 수도 있다. 처음에는 세금 환급을 도와주는 세무 대리인에 불과할 수도 있다. 하지만 머지않아 좀 더 다각적인 지도가 필요하다는 사실을 깨닫게 될 것이다. 그 사람을 찾아보자. 내가 아는 가장 똑똑하고 열심히 일하는 사람에는 내 세무사들도 포함된다. 이들은 내가 낸 돈의 몇 배를 돌려주는 가장 훌륭한 투자 대상이기도 하다.

소득세

가장 큰 부분을 차지하는 것이 소득세다. 미국에는 연방 소득세와 (대부분의 주에) 주 소득세 그리고 (뉴욕시를 비롯한 일부 지역에) 지방 소득세가 있다. (소득세가 없는 주에 살면 돈을 모으는 데 엄청난 도움이 된다. 잠시 후 더 자세히 살펴보자.) 연방 소득세가 가장 많고 주 소득세는 상대적으로 적기 때문에 여기서는 연방 소득세에 집중할 것이다. 몇 년 동안 소득세를 납부해왔다면 대부분 익숙한 내용일 가능성이 크다. 하지만 금융시장에 대한 전반적인 이해가 유용하듯이 한 걸음 물러서서 큰 그림을 보면 유용하다.

소득세는 말 그대로 소득의 일정 부분을 떼어가는 세금이다. 이 방정식에는 백분율과 소득이라는 두 가지 요소가 있다. 세금을 둘러싼 정치적 논의는 세율에 집중돼 있다. 이해하기 쉽고 한눈에 들어오는 요소기 때문이다. 하지만 2600쪽 분량이 넘는 세법에서 개인 소득세율에 관한 내용은 모두 더해 한 쪽도 되지 않는 도표 몇 개에 설명돼 있을 뿐이다. 나머지는 대개 소득 계산에 관한 내용이다.

세무 세상에서 '소득'은 벌어들인 총액이 아니라 세액 산출 근거로 사용되는 수치(대개 실제로 번 돈보다 상당히 적다)를 뜻한다. 내 소득에 적용되는 세율을 구하라고 세무사에게 돈을 주진 않는다. 세무사의 역할은 과세소득으로 집계되는 금액을 최소화하는 것이다. 당신도 그렇게 해야 한다.

과세를 막는 1차 방어선은 비과세소득이다. 비과세소득에서 가장 큰 비중을 차지하는 것은 차용금이다. 차용금은 소득이 아니기 때문에 과세 대상이 아니다. 예를 들어 집을 살 때 주택 담보대출을 받았다면 빌린 돈에는 세금을 내지 않는다. 홈에쿼티론home equity loan(주택 담보대출을 제외한 주택의 순가치를 담보로 은행에서 빌린 현금—옮긴이), 즉 은행이 준 현금 역시 마찬가지다. 이자도 갚고 원금도 갚아야 하는 만큼 공짜는 아니지만 세금은 없다. 억만장자 역시 세금을 피하기 위해 이런 방법을 쓴다. 예를 들어 제프 베이조스, 일론 머스크 같은 기술 기업 창업자들은 보수를 주로 주식으로 받지만 거의 팔지 않는다. 대신 그 주식을 담보로 초저리 거액을 대출받은 다음 세금이 붙지 않는 대출금으로 호화롭게 생활한다(거기다 이자도 공제한다). 주식을 팔지 않으면 회사에서 의결권도 지킬 수 있다. 비상장 기업 소유주들은 회사에 기대 좀 더 풍요로운 삶을 누린다. 회삿돈으로 여행비나 오락비를 대는 식이다. 소유주는 궁극적으로 사업 이윤을 비용으로 사용하는 셈이기 때문에 어떤 식으로든 대가를 지불하긴 한다. 하지만 사업 이윤이 줄어들긴 해도 사용한 돈에 소득세는 내지 않는다. 이런 전략을 지나치게 공격적으로 활용하면 탈세로 간주돼 기업의 사업 활동으로 채무가 발생했을 때 소유주의 개인 자산이 압류될 수 있다.

다른 사람 혹은 다른 뭔가가 돈을 벌게 만드는 것 역시 소득을 산정할 때 돈이 아예 나타나지 않게 하는 또 다른 방법이다. 법인을 세우고 다양한 활동으로 얻은 매출을 개인이 아닌 법인이 받게 하는 투자자나 기업가도 있다. 케이맨제도처럼 세율이 낮은 곳에 법인을 세우는 것이 하나의 전략이 될 수 있지만 반드시 그런 것은 아니다. 상황에 따라서는 가족 구성원에게 돈을 받게 할 수도 있다. 법률사무소나 병원 같은 전문 서비스 제공업체는 과세소득을 최소화하고 세금 납부 시기를 뒤로 미루기 위해 돈을 회사에 남겨둔다.

하지만 우리가 받는 돈은 대부분 과세 대상이다. 세법에 따라 소득은 크게 두 부류, 즉 경상소득과 양도소득으로 나눌 수 있다. 경상소득은 주로 임금을 뜻하며 양도소득은 주식이나 집 같은 자산을 팔아 얻는 이익을 뜻한다. 때에 따라 세율이 바뀌지만 미국에서는 대개 경상소득보다 양도소득에 낮은 세율이 적용된다.

양도소득세율은 소득과 과세 관할 지역에 따라 다르다. 연방 정부가 적용하는 소득세율은 저소득 가구에 적용되는 0퍼센트부터 가장 소득이 높은 가구에 적용되는 23.8퍼센트까지 다양하다. 주 정부 역시 0~10퍼센트 범위에서 다양한 세율을 적용하며 그 이상도 있다.* 자산을 매수 가격보다 낮은 가격에 매도할 때 생기는 자본 손실은 소득에서 공제되지만 현재는 연간 최대 3000달러에 불과하다(나머지 손실분은 미래 연도로 이월할 수 있다).

따라서 세금만 생각하면 경상소득 1달러보다 같은 금액의 양도소득이 분명 낮다. 하지만 대체로 일단 돈을 벌고 나면 소득 분류를 바꿀 수 없다. 따라서 자산 관리 계획을 세울 때 이런 차이를 고려해야 한다. 양도소득에 낮은 세율을 적용하는 이유 중 하나는 일반적으로 투자가 부를 쌓는 데 중요하기 때문이다. 이는 헤지펀드, 사모펀드, 부동산 등 자산을 거래해 돈을 버는 직업에도 유리하다. 하지만 세율이 낮아도 여전히 세금을 피할 수는 없다. 주식 포트폴리오가 강세장에서 급등하거나 상승장에서 임대용 부동산을 살 때는 세금을 잊기 쉽다. 하지만 국세청은 아니다.

이제 경상소득이 남았다. 경상소득을 줄이는 중요한 방법은 공제다. 공제란 주로 의회가 과세소득을 줄이기로 한 지출 항목이다. 이를 만든 데는 많은 이유가 있거나 아예 명확한 이유가 없다.

---

* 하지만 두 개의 중요한 제약을 기억해야 한다. 첫째, 좀 더 낮은 세율을 적용받으려면 최소 1년 이상 자산을 보유해야 한다. 둘째, 401(k)나 IRA 같은 과세이연 프로그램을 통해 얻은 투자수익은 수익이 발생한 시점에 과세되진 않지만 자산 매도로 얻은 이익을 포함한 모든 인출액에는 일반 소득세율이 적용된다.

특정 항목을 공제 대상에 포함한 정책적 근거를 살펴보면 논쟁의 여지가 없는 것도 있고 명백히 불합리한 것도 있다.

하지만 대부분의 사람에게 공제는 예전만큼 좋은 세금 절감 도구가 아니다. 실제로 표준 공제라고 알려진 기본 공제 외에 뭔가를 활용하는 납세자는 10퍼센트에 불과하다.[16] 2023년에는 표준 공제액이 성인 한 명당 1만 3850달러(따라서 부부는 두 배)였다. 경상소득이 10만 달러라면 표준 공제액만 빼도 과세소득이 8만 6150달러로 줄어든다. 하지만 표준 공제를 적용하면 대부분의 다른 공제를 받지 못한다는 문제가 있다. [401(K), IRA 같은 퇴직연금 분담금은 여전히 공제된다.] 실질적으로 이른바 항목별 공제를 모두 더한 금액이 표준 공제액보다 많지 않으면 공제가 그만한 가치가 없다는 뜻이다. 납세자 열 명 중 아홉 명은 그렇지 않다.

항목별 공제를 활용할 수 있는 나머지 10퍼센트의 경우 가장 큰 공제 항목 두 가지는 주 소득세와 주택 담보대출 이자 지급이다. **상환금**은 공제 대상이 아니고 오직 이자만 공제된다(주택 담보대출 초기에는 이자가 납부액 대부분을 차지한다). 의료비, 대부분의 자선 기부금, 일부 교육비, 퇴직연금 납입금 등도 모두 중요한 세금 공제 대상이다. 소득 수준이 높아지면 학자금 대출이자 같은 공제 항목이 점차 사라진다.

뭔가에 대한 '세금이 공제된다'고 할 때 실제로 어떤 식으로 세금이 공제되고 표준 공제가 어떤 역할을 하는지 제대로 이해하는 것이 중요하다. 기부를 비롯한 대부분의 공제는 표준 공제 대신 항목 공제를 선택할 때만 도움이 된다. 기억해보자. 앞서 납세자 90퍼센트는 항목 공제를 하지 않는다고 설명했다. 주택 담보대출이 없다면 표준 공제를 피하기에 충분할 만큼 항목 공제 대상이 많을 가능성이 매우 낮다. 심지어 그런 경우에도 학생 대출 같은 공제 항목 상당수에는 대개 10만 달러 정도의 소득 한도가 적용된다. 마지막으로 공제를 받을 수 있더라도 세금에서 공제되는 것이 아니라 소득에서 공제된다. 적용 세율에 따라 공제액의 3분의 1 정도를 절약할 수 있을 뿐이다.

저소득층 납세자에게 주로 혜택을 주는 다른 종류의 세액 공제tax credit도 있다. 공제 후 납세자의 소득이 0 이하로 내려가 오히려 정부에서 돈을 받는 경우도 있다. 근로소득세액 공제와 자녀 세액 공제는 모두 소득세 제도를 통해 세액 공제 형태로 제공되는 중요한 사회 안전망 프로그램이다.

자영업자(프리랜서)의 세금 상황은 더 복잡하다. 좋은 소식은 출장이나 장비 등 업무 관련 비용은 소득에서 공제된다는 것이다(표준 공제를 적용한 후 추가로). 나쁜 소식은 피고용 상태였다면 고용주가 냈을 법한 세금을 추가로 내야 한다는 것이다. 또 4월 5일 한 번 세금을 납부하는 것이 아니라 1년 내내 예납세금을 내야 한다. 자영업으로 상당한 소득이 있다면 세무 전문가의 조언을 구하는 것이 이득일 것이다.

이 모든 계산을 끝내고 나면 과세소득에 따라 세율이 정해진다. 하지만 하나의 숫자로 결정되진 않는다. 소득세에는 누진세가 적용된다. 소득이 올라가면 세율이 올라간다는 뜻이다. 단 초과한 소득에만 높은 세율이 적용된다. 2022년 소득세를 납부한 미혼 납세자를 생각해보자. 첫 1만 275달러에는 10퍼센트, 다음 3만 1500달러에는 12퍼센트, 다음 4만 7300달러에는 22퍼센트의 세율이 적용됐다. 이런 식으로 53만 9900달러를 넘는 소득에 적용되는 37퍼센트의 최고 세율에 이를 때까지 점점 높아진다. 이것이 중요한 이유는 더 많은 돈을 벌면 전체 세율이 높아지지만 이미 얼마나 많은 세금을 부과받았는지는 달라지지 않기 때문이다. 즉 돈을 더 많이 벌었다고 처벌을 받진 않지만 더 높은 세금을 부과받는다.

고소득 함정

소득 증가에 따라 세율이 높아지는 조세제도를 누진세 progressive tax라고 한다. (정치와는 무관한 경제학적 개념일 뿐이다.) 누진세가 널리 사용되는 것은 소득의 한계효용을 반영하기 때문이다. 연간 3만 달러를 버는 사람이라면 세금으로 내는 돈이 1달러 늘어날 때마다 삶의 질이 대폭 낮아진다. 연간 30만 달러를 버는 사람에게는 세금이 1달러 늘어나도 부담이 훨씬 덜하며 300만 달러를 버는 사람에게는 아무 의미도 없다. 따라서 누진세제는 가장 형편이 좋지 않은 사람에게는 세금을 덜 걷고 형편이 좋은 사람에게는 더 많이 걷는다. 단 소득에만 누진세가 적용된다는 사실을 기억하자. 판매세, 재산세, 자동차 등록세, 그 외 대부분의 다른 세금에는 모두 '역진세'가 적용된다. 소득이 얼마든 모두 같은 돈을 낸다는 뜻이다. 이는 저소득층에 더 큰 부담을 준다.

소득세가 미치는 영향

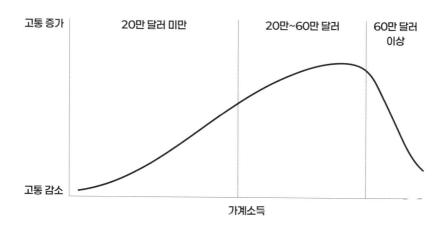

미국의 세율 체계는 어느 정도까지는 누진적이지만 최고 세율 구간(현재는 53만 9900달러)에 도달하면 더는 올라가지 않는다. 따라서 소득이 최고 세율 구간에 **가깝지**만 그 이상은 아닌 사람, 즉 의사, 변호사, 엔지니어, 고위급 관리자 같은 고소득자가 소득세의 **영향**을 가장 많이 받는다. 진짜 부자들이 세금을 줄이기 위해 사용하는 수단을 고려하지 않았을 때의 이야기다. 버핏은 자신이 비서보다 세율이 더 낮다는 유명한 말을 남겼다.[17]

연간 소득이 50만 달러인 가구와 200만 달러인 가구를 비교해보자. 두 번째 가구는 **약간** 더 높은 세율을 적용받겠지만(버핏처럼 훌륭한 세무사를 두지 못했다면) 두 가구 모두 세율이 높은 주에 거주한다고 가정하면 소득의 약 50퍼센트를 세금으로 내야 한다. 세율은 같지만 둘 중 소득이 낮은 가구가 삶의 질에 훨씬 큰 영향을 받을 것이다. 돈의 한계효용이 감소하기 때문이기도 하고 사립학교 학비, 퇴직연금, 자동차 할부금, 주택 담보대출 상환금 등 풍요로운 삶을 위한 비용은 모두 50만 달러 미만이기 때문이다. 자본주의는 사람들에게 팔 뭔가를 끝없이 만들어내지만 세후 소득이 50만 달러를 넘어서면 모든 의미에서 사치스러운 데 돈을 쓰게 된다. 세금을 내고 나면 50만 달러에 달하는 가계소득은 25만 달러로 줄어든다. 200만 달러의 가계소득이 100만 달러로 줄어들 때보다 훨씬 타격이 클 수밖에 없다.

하지만 그게 전부가 아니다. 시간 범위를 늘리면 세금은 소득이 50만 달러인 가구에 상대적으로 훨씬 큰 영향을 미친다. 고소득자는 훨씬 많은 소득을 자본으로 전환할 수 있기 때문이다. 가계소득이 200만 달러인 가정은 연간 50만 달러로 생활하며 가계소득이 50만 달러인 가정(세금을 내고 나면 25만 달러가 남을 뿐인)은 꿈도 꾸지 못할 정도로 매우 높은 생활수준을 누린다. 매달 4만 달러 이상을 쓰면서도 1년에 50만 달러를 저축할 수 있다. 연간 50만 달러를 연이율 8퍼센트 수익률로 투자하면 10년이면 800만 달러의 투자 자본이 생기고 매년 60만 달러가 넘는 투자 소득(양도소득세율을 적용받는다)을 얻는다. 초고소득자들은 일반적으로 높은 소득세율을 적용받지만 삶의 질이나 부의 빠른 축적에는 별다른 영향이 없다. 그보다 훨씬 많은 소득을 자본으로 전환할 수 있기 때문이다.

'노동주의laborism'가 아니라 '자본주의'라고 부르는 데는 이유가 있다. 부를 일구려면 노동임금보다 자본 투자가 필요하다. 임

부의 공식

금 상당액을 투자 자본으로 전환할 수 있게 되면 빛과 같은 속도로 부가 늘어난다.

근로소득세

근로소득세는 소득세의 일종이지만 원칙이나 실행 면에서 훨씬 단순하다. 급여를 받는 피고용인의 경우 급여에서 세금이 자동으로 공제되기 때문에 특히 그렇다. 하지만 근로소득세는 자영업자들에게 불쾌한 놀라움을 안긴다.

연방 정부는 크게 두 가지 근로소득세, 즉 사회보장세social security tax와 메디케어세medicare tax를 징수한다. 사회보장세는 12.4퍼센트지만 절반은 '고용주가 부담하기' 때문에 급여명세서에는 6.2퍼센트만 떼는 것으로 표시된다. 여기에 작은따옴표를 친 것은 당신을 고용할 때 회사는 나머지 6.2퍼센트를 부담해야 한다는 사실을 잘 알고 있으니 속지 말라는 뜻이다. 하지만 사회보장세에는 상한선이 있다. 2023년에는 임금 16만 200달러였다. 연간 소득이 이 금액을 넘어서는 시점부터 그해가 끝날 때까지는 사회보장세가 부과되지 않는다. 메디케어세는 2.9퍼센트고 마찬가지로 고용주와 피고용인이 반씩 나눠 낸다. 메디케어세에는 상한선이 없고 고소득자는 좀 더 높은 세율을 적용받는다. 대부분의 주에도 근로소득세가 있지만 일반적으로 매우 낮고 상한선도 낮은 수준이다.

임금을 받으면 근로소득세를 피할 수 없다. 공제 항목도 없고 401(k)로 들어가는 돈에도 근로소득세가 적용된다. 자영업자는 근로소득세를 간과하기 쉽지만 고용주와 고용인의 몫을 모두 내야 하므로 소득이 16만 달러가 될 때까지는 근로소득세율이 15퍼센트가 넘어 큰 타격을 준다.

실효세율과 한계세율

소득세에는 누진세율이 적용되고 근로소득세에는 상한선이 있다. 따라서 모든 소득에 똑같은 세율이 적용되는 것이 아니며 어떤 사람에게는 이런 차이가 상당해서 중대한 인생 결정에도 영향을 미친다.

핵심 개념은 '실효'세율과 '한계'세율의 차이다. 골치 아프지만 중요한 개념이다. 실효세율은 전체 세율을 뜻하는 반면 한계세율은 이후 1달러를 추가로 벌 때 내는 세율을 나타낸다. 자녀가 있는 가정을 생각해보자. 한 배우자는 20만 달러를 벌고 나머지 배우자는 집에서 아이들을 돌본다. 주택 담보대출과 합리적인 세금 계획이 있는 경우라면 과세소득은 13만 달러로 줄어들고 연방 정부가 징수하는 소득세와 근로소득세는 3만 2000달러쯤 된다. 이경우 연방 실효세율은 16퍼센트다.*

---

* 주택 담보대출 이자와 기타 항목에 공제를 적용받고 있으며 401(k)에도 최대한 많은 돈을 넣고 있다고 가정하면 과세소득은 13만 달러가 되고 연방 소득세는 1만 9800달러, 근로소득세는 약 1만 2800달러, 연방 실효세율은 16퍼센트다. (1만 9800달러+1만 2,800달러)/20만 달러. 하지만 세법은 매년 바뀌기 때문에 이 구체적 수치는 점차 구식이 돼버릴 것이다.

하지만 나머지 배우자가 다시 일을 시작하면 어떻게 될까? 실효세율 16퍼센트는 부부 공제, 첫 번째 배우자의 사회보장세 상한선, 누진 소득세 등이 모두 더해진 결과다. 두 번째 배우자가 연봉 10만 달러인 일을 시작하면 전액이 과세소득이 돼 연방세가 3만 달러 늘어난다. 다시 말해 한계세율이 30퍼센트가 돼버린다. 추가 수입에 실효세율 16퍼센트가 적용된다고 가정할 때보다 세금이 무려 1만 4000달러나 늘어난 셈이다. 주 정부가 부과하는 세율이 높으면 차이는 한층 더 벌어진다.

이런 식의 불균등한 결과는 세법 곳곳에 있다. 따라서 개개인의 현재 상황을 근거로 도출한 결론을 모두에게 똑같이 적용하는 것은 위험하다. 소득이 증가하면 예상치 못한 세금 지출이 생기거나 저축이 사라지기도 한다. 마찬가지로 사소한 세법 변화 때문에 일부 전략이 무용지물이 되고 새로운 전략이 등장할 수도 있다. 따라서 세금 계획을 세울 때는 **타이밍**이 무엇보다 중요하다.

이연

세금 계획을 세울 때는 타이밍이 가장 중요하다. 기본적으로 평생 내는 실효세율을 가능한 한 낮출 수 있도록 소득을 분산해야 한다. 경상소득이라면 대개 가장 소득이 높은 해의 소득을 이연하는 것이 좋다(혹 이사를 할 예정이라면 가장 세율이 높은 지역에서 발생한 소득을 이연할 수 있다). 소득이 높은 해에는 한계세율이 높아진다. 연방 정부가 최고 세율 구간에 적용하는 세율은 37퍼센트에 달하며(과세소득 54만 달러부터), 세율이 높은 주에 거주하고 있다면 10퍼센트 이상을 추가로 내야 한다. 한계세율이 47퍼센트인 해에 발생한 소득을 한계세율이 20퍼센트인 해로 1달러씩 이연할 때마다 27센트를 절약할 수 있다. 세금 효과만으로 27퍼센트 이익을 얻는 것은 믿기 힘들 정도로 엄청난 일이다. 세금으로 날아가지 않은 27퍼센트의 돈을 투자해 복리의 힘을 더하면 세금을 절약한 것만으로도 돈을 두 배로 불릴 수 있다.

401(k)와 IRA 퇴직연금을 활용하면 이런 이익을 얻을 수 있다. 일부 소득에 대한 세금을 납부할 시점을 직접 결정할 수 있기 때문이다. 퇴직연금은 두 가지 종류가 있다. 전통계좌와 로스Roth계좌다. 어떤 것이 가장 효과적인지는 개인과 상황에 따라 다르다.

좀 더 간단하게는 401(k)와 IRA로 나눌 수 있다. 401(k)는 고용주가 제공하는 것으로 고용주가 고용인 급여에서 정해진 금액을 공제해 계좌에 입금한다. 반면 IRA는 개인이 운용하는 계좌다. 뿐만 아니라 401(k)는 연간 분담금이 훨씬 많지만 고용주가 제공해야만 가입할 수 있다. (자영업자는 스스로 401(k)를 운용할 수 있다.)

전통계좌와 로스계좌의 차이는 좀 더 복잡하다. **전통계좌**에 돈을 넣으면 그해의 과세소득에서 납입액만큼 공제된다. 따라서 소득세율이 30퍼센트고 IRA에 1000달러를 넣는다면 과세소득이 1000달러만큼 줄어들어 300달러를 절세할 수 있다. 또 돈을 인출하지 않는 한 투자 이익이 발생해도 세금을 내지 않는다. 대신 나중에 돈을 인출할 때 그 돈에 대한 소득세를 낸다. 연금 수령 연령이 되기 전에 돈을 인출하면 세금과 수수료를 모두 내야 하는 만큼 59.5세가 되기 전에는 유동적이지 않은 돈이다. 또 늦어도 73세에는 인출을 시작해야 한다.

로스는 반대다. 돈을 납입하는 해에는 공제받지 못하지만 나중에 돈을 인출하기 시작하면 모두 세금이 면제된다. 뿐만 아니라 언제든지 돈을 인출할 수 있으며(투자 소득 제외) 돈을 인출해야 할 의무도 없다. 로스 IRA는 중산층과 저소득층 근로자만 가입할 수 있는 반면 로스 401(k)는 누구나 가입할 수 있다.

소득이 가장 높은 시기에는 전통 401(k)와 IRA에 최대한 많은 돈을 넣는 것이 좋다. 이런 시기에 세금을 내면 높은 소득에 적용되는 높은 세율에 맞춰 많은 돈을 세금으로 내야 하기 때문이다. 하지만 사회생활 초기 소득이 낮다면 세후 소득을 로스 IRA나 로스 401(k)에 넣는 편이 나을 수도 있다. 지금은 세율이 낮고 은퇴 후 자산이 쌓이면 세율이 높아질 가능성이 크기 때문이다. 또 로스에는 필요하면 좀 더 일찍 일부 자금을 인출할 수 있다는 추가 장점도 있다.

특정 상황에 맞는 저축과 세금 계획도 있다. 대학 학자금 저축계좌529 college savings plan를 활용하면 학비를 저축하고 세금을 아낄 수 있다. 건강 저축계좌Health Savings Account, HSA에 돈을 모아두면 나중에 의료비로 사용할 소득에 부과되는 세금을 피할 수 있다. 이런 유의 계좌는 모든 세금 전략의 핵심 개념인 소득 이연의 요체다. 노동과 비교했을 때 자본의 장점은 수익 시기를 조절할 수 있다는 것이다. 돈이 필요할 때까지 나날이 가치가 올라가는 자산을 붙들고 있다가 세금을 이연할 수 있는 반면 노동을 통해 벌어들인 소득은 돈을 번 바로 그 시점에 과세된다.

전통 401(k)	전통 IRA	· 당장 절세 · 59.5세 이전에 인출 시 불이익 · 늦어도 73세부터는 의무 인출
로스 401(k)	로스 IRA	· 나중에 절세 · 59.5세 이전에 인출해도 불이익 없음 · 의무 인출 규정 없음

· 고용주 · 납입 한도 높음　　　· 직접 · 납입 한도 낮음

퇴직연금 계좌와 다른 수단 사이에서는 이익을 극대화할 수 있는 방향으로 소득을 적절히 활용해야 한다. 예를 들어 한계세율이 낮을 때는 소득을 취하고 한계세율이 높을 때는 이연해야 한다. 소득이 최고조인 시기에는 대개 소득을 이연하는 것이 좋다. 하지만 상황에 따라 정답이 달라질 수 있다. 궁극적 목표는 특정 연도가 아니라 평생 내는 세금을 최소화하는 것이다. 뿐만 아니라 사회생활 초기에 내는 세금은 나중에 내는 세금보다 좀 더 비싸다. 그 돈을 투자하지 못하는 데서 기회비용이 발생하기 때문이다.

오랜 투자 경험에서 얻은 조언

다른 사람이 오른쪽으로 갈 때 왼쪽으로 가라

다른 사람을 따라 움직이면 어리석은 선택을 하고 돈을 잃게 된다. 모두 오른쪽으로 가면 왼쪽으로 가야 한다. 맨 처음 한 분야에 자금이 몰리면 시장이 형성될 수 있다. 사람들의 관심을 끌려면 일정한 자본이 필요하기 때문이다. 하지만 곧 더 많은 자금이 몰릴수록 진입 가격은 더 높아지고 수익률은 더 낮아진다. 모든 사람이 마이애미에 있는 콘도를 사거나 학자금 대출을 받으면 콘도 가격과 교육비는 상승하고(인플레이션 효과) 수익은 줄어든다. 학비를 생각해보면 더 많은 돈을 낼수록 학위의 가치가 줄어든다. 지난 80년 동안 대학 학위의 투자수익률은 엄청났다. 하지만 대학에서 함께 일하는 동료들과 나는 수십 년 동안 매일 이렇게 자문해왔다. "의무는 줄이면서 보수를 늘릴 방법은 없을까?" 그 결과 대학은 많은 돈을 내야만 갈 수 있는 곳이 됐고 학비가 대폭 인상된 탓에 대학 학위의 투자수익률이 급락했다. 과잉투자로 수익률이 나빠져 대략 3분의 1 정도는 대출을 상환하지 못한다.

감정을 믿지 말라

저축계좌보다 위험한 곳에 돈을 투자하면 수익률이 마이너스가 될 때도 있다. 당연한 과정이니 과민하게 반응하면 안 된다. 결국 얼마나 큰 위험을 감당할 수 있는지는 손실을 얼마나 용인할 수 있는지에 따라 결정된다.

손실로 고통받을 때 교훈을 얻자. 먼저 당신이 어떤 사람인지 알아야 한다. 손실이 생겼을 때 심리적으로 얼마나 큰 타격을 받았는가? 이를 극복하는 데 얼마나 걸렸는가? 이 질문의 답을 통해 당신이 액티브 투자에 얼마나 적합한지 알 수 있다. 당신의 전략도 잘 알아야 한다. 억만장자 투자자인 레이 달리오는 손실을 통해 교훈을 얻을 것을 강조한다. 그의 저서 《원칙》에는 엄격한 실수 분석과 학습에 관한 500쪽짜리 강의가 담겨 있다. 달리오는 의사결정 과정을 자세히 기록하고 검토하며 어떤 부분이 잘못됐는지 파악해 같은 실수를 저지르지 않을 방법을 찾아야 한다고 강조한다. "사람들이 가장 흔히 저지르는 실수는 문제가 생겼을 때 근본적인 원인을 진단해 개선하기 위해 노력하기보다 일회적인 문제로 대하는 것이다…. 철저하고 정확하게 진단하려면 시간이 걸리지만 장기적으로 더 큰 결실을 거둘 수 있다."[18] 내게 달리오 같은 절제력은 없다. 그런 사람은 드물다. 하지만 투자, 사업 결정, 인간관계에서 무엇을 잘못했는지 시간을 갖고 진지하게 고민하면 항상 '막대한 배당금'이 뒤따랐다.

상승장에서도 같은 원칙을 적용해야 한다. 이익 실현을 두려워해선 안 된다. 밈 주식 예측이 맞아떨어졌든 직접 설립한 스타트업이 주식시장에 상장됐든 투자자산이 급등하면 그 자산에서 상당한 수익을 확보하고 분산투자해야 한다. 심리적으로는 거부감이 들 수 있다. 어제의 선택이 옳았다면 올바른 선택이 습관이 된 것처럼 느껴질 테고 결국 내일도 같은 일이 반복될 것이라 믿게 된다. 하지만 중력과 평균 회귀는 금융 세계의 철칙이다. 집을 담보로 회사 주식을 사서 엄청난 부자가 된 기업가의 일화를 들을 때마다 같은 선택을 했다가 실패한 사람이 수백 배에 달한다는 사실을 기억해야 한다. 나 역시 1997년 설립한 레드 엔벨로프에 계속 돈을 쏟아부은 결과 마흔쯤 파산할 뻔했다. 노력해서 얻은 이익을 실현하고 매도 결정이 잘못된 것이었길 바라는 편이 낫다.

데이트레이딩은 하지 말라

액티브 투자와 도박에 가까운 데이트레이딩의 경계선은 가늘지만 그 선을 넘어보면 그것이 분명히 존재한다는 사실을 알게 될 것이다. 이런 경험은 흔하다. 상승장에서는 운을 재능으로, 도파민을 투자로 착각하는 사람이 많다. 증권사는 당신을 중독 상태에 붙들어둘 방법을 기꺼이 찾아낸다. 로빈후드 같은 주식 앱으로 벌어들인 수익을 스크린샷으로 저장해 공유하는 행위는 당뇨, 고혈압과 함께 인간의 본능을 초월하는 공업 생산이 만들어낸 심각한 병폐다. '투자'와 구별되는 트레이딩trading은 일이나 생산성처럼 느껴질 수 있다. 하지만 아니다. 트레이딩은 도박이다. 한 연구에서는 2년 동안 액티브 투자를 택한 개인 투자자 중 수익을 올린 사람이 3퍼센트에 불과하다[19]는 사실이 밝혀졌다. 코로나19로 집에서 많은 시간을 보낼 수밖에 없었던 사람, 그중에서도 수백만 명의 (대개) 젊은 남성은 도파민을 자극하는 로빈후드의 폭죽 화면과 하루 24시간 내내 높은 변동성을 보이는 암호화폐 거래에 중독됐다.

대부분의 데이트레이더는 괜찮을 것이다. 감당할 수 있는 수준의 손실을 입을 뿐이다. 대부분은 그렇다. 하지만 훨씬 암울한 결과와 맞닥뜨리는 사람도 많다. 젊은 남성은 특히 공격적으로 위험을 감수하기 때문에 피해를 입기 쉽다. 데이트레이더 열 명 중 아홉 명은 남성이며[20] 도박하는 젊은 남성 중 14퍼센트는 중독된다(젊은 여성이 중독에 빠지는 경우는 3퍼센트에 불과하다).[21] 우리 대부분은 중독되지 않고 도박할 수 있다. 술을 마신다고 모두 알코올의존증이 되지 않는 것과 같은 원리다.

이사하라

부를 축적하는 데 도움이 되는 가장 강력한 도구 중 하나는 가장 중요한 자원인 시간을 더 높은 수익을 제공하는 시장에 할애하는 것이다. 젊을 때는 이런 전략이 특히 유용하다. 지난 20년간 미국 경제가 다른 어떤 경제보다 빠른 속도로 지속 성장한 이유 중 하나는 미국인의 DNA에 내재한 이사 본능 때문이다. "젊은이들이여, 서부로 가라!" 나이가 들면 특정한 지역에 뿌리를 내리게 돼 유연성이 줄어든다. 따라서 젊은 시절에 지리적 유연성을 적극적으로 활용해야 한다. 나이가 몇 살이든 기회를 찾기 위해 주위를 탐색하라.

세율이 높은 주에서 낮은 주로 이사하는 것만으로도 인생을 바꿀 만한 변화를 만들어낼 수 있다. 플로리다, 텍사스, 워싱턴을 비롯한 일부 주에는 소득세가 없다. (워싱턴은 최근 양도소득세를 도입했지만 공제 금액이 높다.) 소득세만 고려하면 안 된다. 정부가 유지되려면 자금이 필요하다. 따라서 소득세율은 낮지만 판매세율이나 재산세율이 높은 주도 있다. 하지만 전체적인 조세 부담은 주마다 크게 다르고 소득과 소비 패턴에 따라 그 차이는 상당할 수도 있다.

뉴욕이나 캘리포니아처럼 세율이 높기로 악명 높은 주를 떠나면 매년 총소득을 10퍼센트 이상 아낄 수 있다. 계속해서 소득을 늘려나가고 절세한 금액을 투자할 정도로 절제력을 기르면 장기투자 목표를 달성할 것이다. 분명 어디에 사는지는 세금 외에도 경제적이나 개인적 측면에 중대한 영향을 미칠 수 있다. 하지만 다양한 기회를 놓고 취업 기회, 주택 가격, 다른 요인을 고민할 때는 적어도 세금 문제를 따져봐야 한다.

- **수입을 자본으로 전환하라.** 자본은 가치 창출을 위해 투입된 돈이다. 투자는 그 가치의 일부를 얻기 위해 자본을 제공하는 것이다. 부를 일구려면 소득만으로는 안 되고 투자를 해야 한다.
- **경제를 배우라.** 개별 기업 운영부터 연준의 금리 변동까지 경제 생태계는 우리 모두에게 영향을 준다. 어떤 분야에서든 의사결정을 할 때는 이 모든 것을 고려해야 한다.
- **단순히 상승을 꾀하기보다 분산을 통해 수익을 극대화하라.** 목표는 복리의 힘을 활용해 꾸준히 장기적인 수익을 창출하는 것이다. 다시 말해 가장 수익률이 높을 것이라 생각되는 곳에 모든 자본을 집중하기보다 서로 다른 투

자 대상에 분산투자해야 한다.

- **돈을 시간을 교환하는 수단으로 여기라.** 시간은 우리에게 주어진 기본 자산이며 우리는 시간을 돈과 교환하며 그 돈을 사용해 다른 사람의 시간이 만든 열매를 산다. 투자할 때는 투입한 돈뿐 아니라 사용한 시간도 중요하게 여겨야 한다. 매수 결정을 할 때는 그 돈을 벌기 위해 들인 시간을 고려해 비용을 계산해야 한다.

- **위험은 수익을 얻는 대가다.** 위험은 돈을 얻거나 잃을 가능성을 나타내는 척도다. 위험 없는 투자는 없다. 따라서 잠재 수익은 위험에 걸맞아야 한다.

- **확률과 시간을 근거로 수익을 평가하라.** 오늘 수중에 있는 돈은 내일 받기로 약속된 돈보다 더 가치 있다. 내일 받기로 약속된 돈은 1년 후 받기로 약속된 돈보다 더 가치 있다. 신뢰할 수 있는 곳에서 받기로 한 돈은 불확실한 곳이나 알려지지 않은 곳에서 받기로 한 돈보다 가치 있다.

- **주로 분산돼 있으며 비용이 낮은 수동적 증권에 투자하라.** ETF는 개인 투자자의 가장 좋은 친구다. ETF에 투자하면 수동적 분산투자가 가능하며 수반되는 위험 역시 투명하게 공개된다.

- **저축의 일부를 직접 고른 대상에 투자하라.** 1만 달러를 모았다면 그중 20퍼센트를 액티브 투자에 할애하길 바란다. 개별 주식을 사고팔고 상품을 거래하고 시장에서 활발하게 움직여야 한다. 시장에서 직접 거래하며 교훈을 얻고 승패에 대한 감각을 익히자. 투자, 수수료, 이익, 손실, 세금을 정확하게 기록하자.

- **인생의 적기에 집을 매수하라.** 부동산은 모든 자산군의 왕이며 주택 보유는

대다수의 사람이 부동산에 투자하는 방법이다. 집을 소유하면 강제로 저축을 하고 가치를 매일 얻을 수 있다. 뿐만 아니라 집은 포트폴리오의 닻 역할을 한다. 하지만 항해를 원할 때는 닻이 걸림돌이 된다. 주택 소유는 첫 번째로 인생에 관한 결정이며 두 번째로는 투자 결정이다.

- **수수료를 주의하라.** 금융시장은 수수료를 바탕으로 운영된다. 자본이 이동할 때마다 소액의 수수료가 차감된다. 수수료는 작은 글씨로 적혀 있어 눈에 띄지 않는 경우가 많을 뿐 아니라 오해할 정도로 작은 숫자로 표시돼 있다. 하지만 소액의 수수료라도 모두 모이면 수익이 줄어든다.

- **세금에 주의하라.** 가장 큰 비중을 차지하는 것은 결국 세금이다. 세금은 투자수익률을 상당히 바꿔놓을 수 있다. 세금의 영향을 이해하지 못하면 투자를 이해할 수 없다.

- **세금을 납부하는 시기를 조율하라.** 전통 IRA나 401(k)로 투자하면 세금을 내는 시기를 최대 수십 년까지 늦춰 수익을 늘릴 수 있다. 반면 로스 IRA나 로스 401(k)로 투자하면 당장 세금을 내는 대신 미래 세금을 피할 수 있다. 현재 상황과 미래 상황을 고려해 올바른 선택을 해야 한다.

- **감정에 휘둘리지 말라.** 의사결정을 제대로 내리려면 감정이 무엇보다 중요하다. 하지만 투자는 강한 감정을 불러일으켜 성공에 필요한 계산을 하는 데 방해가 될 수도 있다.

- **데이트레이딩을 피하라.** 매일 주식을 사고팔고 싶다면 주식거래 자체를 직업으로 삼아야 한다. 재능이 있다면 훌륭한 직업이 될 수 있다. 하지만 취미에 불과하다면 집착을 버려라. 돈뿐 아니라 더 귀중한 자원인 시간까지 잃

게 된다.

- **이사하라.** 부를 축적하는 데 도움이 되는 가장 강력한 도구 중 하나는 가장 중요한 자원인 시간을 더 높은 수익을 제공하는 시장에 할애하는 것이다. 나이가 들면 특정한 지역에 뿌리를 내리게 돼 유연성이 줄어든다. 따라서 젊은 시절에 지리적 유연성을 적극적으로 활용해야 한다. 나이가 몇 살이든 기회를 찾기 위해 주위를 탐색하라.

Epilogue

주변 사람이 기댈 수 있는 사람

인생에서 의미 있는 것은 모두 다른 사람과 관련 있다. 다른 사람을 지지하고 사랑하는 능력과 그들이 당신을 사랑하게 하려는 의지. 혼자서는 그 어떤 일도 이뤄낼 수 없다.

엄마가 세 번째로 암 진단을 받았을 때 우리는 때가 됐음을 깨달았다. 생이 끝나기 전 마지막 한 주 내내 엄마는 온몸을 벌벌 떨며 추워했다. 아무리 난방 온도를 올리고 아무리 많은 이불을 뒤집어써도 엄마는 계속 떨었다. 마지막으로 나는 저녁 식사를 앞두고 곯아떨어진 아이를 끌어안는 아버지처럼 본능적으로 엄마를 끌어안았다. 엄마의 떨림이 잦아들었다. 암과 싸우느라 36킬로그램도 안 되게 가냘파진 엄마는 식은땀에 흠뻑 젖어 아들인 내 팔 안에서만 온기를 찾을 수 있었다. 내 인생 처음으로 그토록 오랫동안 쫓아온 성공과 노력이 의미를 발하는 듯한 느낌이 들었다. 나는 든든한 사람이었다. 주변 사람이 기댈 수 있는 사람.

지난 주말은 아들에게 모두 내줬다. "원하는 건 뭐든 해줄게." 다시 말해 첼시 축구 경기를 보고 런던 배터시 발전소Battersea Power Station와 콜 드롭스 야드Coal Drop Yard 쇼핑몰에 갔다는 뜻이다. 쇼핑몰은 이해하기 힘든 곳이다. 나이키 운동화를 사고 줄을 서서 젤라토를 사고 배터시 파워스테이션 꼭대기까지 올라가는 '굴뚝 엘리베이터'를 탔다. 스포 하나만 하겠다. 모든 아이는 어딜 가든 '꼭대기'에 올라가 주위를 둘러보고 싶어 한다.

내가 엄마를 돌보고 아들(미들네임이 엄마 이름이다)에게 아낌없이 사랑을 베풀 수 있었던 건 인류애와 부성애 덕이었다. 그리고 이런 본능을 잘 발휘할 수 있었던 건 경제적 안정 덕분이었다. 엄마가 밝은 조명 밑에서 낯선 사람에게 둘러싸인 채 숨을 거두지 않고 집에서 임종을 맞이할 수 있도록 상당한 자원을 할애하고 직장에 휴가를 낼 수도 있었다. 물론 돈이 많지 않아도 당신이 상상하는 자식이나 부모가 될 수 있다. 하지만 경제적 안정이 있으면 자본주의 사회에서 엄청난 스트레스를 받지 않고 온전히 집중할 수 있다.

당신이 잘하는 일 중 사람들이 기꺼이 돈을 낼 만한 것을 찾고 전력을 다하자. 지출을 줄여 밑천을 만든 다음 당신이 자는 동안 당신과 사랑하는 사람을 위해 열심히 일하게 하자. 우리를 둘러싼 알 수 없는 상황에 대비할 수 있도록 자산은 분산하자. 그리고 장기적 관점을 가져야 한다. 시간이 생각보다 빨리 흐른다는 사실을 인식하는 지혜를 가져라.

이 모두가 당신을 최종 목적지에 더 일찍 도착하게 하고 소중한 사람과 함께하는 시간, 순간에 있게 할 것이다. 이것이 인생의 전부다.

삶은 정말 풍요롭다.

스콧 갤러웨이

감사의 글

부와 마찬가지로 책은 혼자 만들 수 없다.

혼자만의 힘으로는 위대해질 수 없다는 사실을 이해하고 주변 사람이나 관계자와 건강한 관계를 만들고 유지하는 데 자본(시간과 돈)을 쓰는 것은 정말 멋진 일이다.

G교수 미디어 전 직원의 노력 덕에 이 책이 탄생할 수 있었다. 이 책과 직접 관련된 분만 아래에 간략하게 소개할 생각이다.

제작 책임자   제이슨 스테이버스

캐서린 딜런Katherine Dillon

조사 및 1차 검수   에드 엘슨Ed Elson

클레어 밀러Claire Miller

캐롤라인 샤그린Caroline Schagrin

미아 실베리오Mia Silverio

<u>그래픽 디자인</u> 올리비아 리니홀Olivia Reaney-Hall

몇 년 전《4대 기업의 숨겨진 DNA》(The Four)를 처음 홍보할 때부터 줄곧 함께해온 에이전트와 출판사, 편집자를 소개한다.

짐 레빈Jim Levine

에이드리언 잭하임Adrian Zackheim

니키 파파도풀로스Niki Papadopoulos

이 책을 쓰는 내내 사려 깊은 제안을 해준 훌륭한 친구 토드 벤슨, 뉴욕대학교 스턴경영대학원의 동료 교수 사브리나 하월, 베어마운틴캐피털Bear Mountain Capital의 조 데이Joe Day에게도 감사를 전한다. 책 표지를 만든 타일러 콤리Tyler Comrie에게도 감사의 말씀을 드린다.

파트 4에서 열세 살이던 내게 관심을 보여준 주식 중개인 사이 코드너 이야기를 했다. 멘토는 말할 수 없이 소중한 존재다. 실질적인 조언과 도움을 주기도 하지만 그들과의 인간적인 교류도 매우 소중하다. 사이 아저씨의 도움으로 생애 첫 주식을 매수한 지 40년이 지난 지금도 아저씨와 다른 사람이 심은 나무 그늘에서 매일 한층 더 풍요로운 삶을 누리고 있다. 내가 누린 모든 축복 중 가장 감사한 것은 많은 멘토가 있었다는 것이다. 사이 아저씨가 첫 번째 멘토였다.

부의 공식

데이비드 아커David Aaker 교수는 브랜드 전략 회사를 차리도록 영감을 불어넣었고 회사의 성공에도 중요한 영향을 미쳤다. 워런 헬먼Warren Hellman은 처음으로 나를 기업 이사회 회의에 데려가 언제 말을 하고 언제 들어야 하는지 가르쳐줬다. 팻 코널리Pat Connolly는 1990년대에 나와 갓 생겨난 우리 회사 프라핏을 믿어주고 윌리엄소노마Williams-Sonoma와 함께 일할 수 있도록 도와줬다. 오늘날까지도 많은 사람이 도움을 주고 있다. 경제적 안정을 이뤄내고 좋은 시민이자 아버지가 되는 데 집중할 수 있도록 도와준 그들에게 경의를 표하며 이 책을 바친다.

미주

Prologue | 부자가 되는 방법

1. Sheryl Crow and Jeff Trott, "Soak Up the Sun," *C'mon, C'mon*, A&M Records, 2002.

2. Bob Dylan, "It's Alright, Ma (I'm Only Bleeding)," *Bringing It All Back Home*, Columbia Records, 1965.

3. Eylul Tekin, "A Timeline of Affordability: How Have Home Prices and Household Incomes Changed Since 1960?" Clever, August 7, 2022, listwithclever.com/research/home-price-v-income-historical- study.

4. Ronda Kaysen, "'It's Never Our Time': First- Time Home Buyers Face a Brutal Market," *New York Times*, November 11, 2022, www.nytimes.com/2022/11/11/realestate/first-time-buyers-housing-market.html.

5. Erika Giovanetti, "Medical Debt Is the Leading Cause of Bankruptcy, Data Shows: How to Reduce Your Hospital Bills," Fox Business, October 25, 2021, www.foxbusiness .com/personal-finance/medical-debt-bankruptcy-hospital-bill-forgiveness.

6. Janet Adamy and Paul Overberg, "Affluent Americans Still Say 'I Do.' More

in the Middle Class Don't," *Wall Street Journal*, March 8, 2020, www.wsj.
com/articles/affluent-americans-still- say-i-do-its-the-middle-class-that-does-
not-11583691336.

7. "The American Dream Is Fading," Opportunity Insights, Harvard University,
opportunityinsights.org/national_trends, accessed August 31, 2023.

8. "How the Young Spend Their Money," *Economist*, January 16, 2023, www.
economist.com/business/2023/01/16/how-the-young-spend-their-money.

9. Gary W. Evans, "Childhood Poverty and Blood Pressure Reactivity to and
Recovery from an Acute Stressor in Late Adolescence: The Mediating Role of
Family Conflict," *Psychosomatic Medicine* 75, no. 7 (2013): 691–700.

Part 1 | 금욕

1. John Gathergood, "Self-Control, Financial Literacy and Consumer Over-
Indebtedness," *Journal of Economic Psychology* 33, no. 3 (June 2012): 590–602,
doi.org/10.1016/j.joep.2011.11.006.

2. Stephen R. Covey, *The 7 Habits of Highly Effective People: Powerful Lessons in
Personal Change*, 30th anniversary edition (New York: Simon & Schuster, 2020),
18–19.

3. Long Ge et al., "Comparison of Dietary Macronutrient Patterns of 14 Popular
Named Dietary Programmes for Weight and Cardiovascular Risk Factor
Reduction in Adults: Systematic Review and Network Meta- Analysis of
Randomised Trials," *BMJ* (April 1, 2020): 696, doi.org/10.1136/bmj.m696.

4. James Clear, *Atomic Habits: An Easy & Proven Way to Build Good Habits & Break
Bad Ones* (New York: Avery, 2018), 36.

5. Philip Brickman et al., "Lottery Winners and Accident Victims: Is Happiness
Relative?" *Journal of Personality and Social Psychology* 36, no. 8 (August 1978):
917–27, doi.org/10.1037/0022- 3514.36.8.917.

6. Erik Lindqvist et al., "Long- Run Effects of Lottery Wealth on Psychological
Well- Being," *Review of Economic Studies* 87, no. 6 (November 2020): 2703–26,
doi.org/10.1093/restud/rdaa006.

7. Daniel Kahneman and Angus Deaton, "High Income Improves Evaluation of Life but Not Emotional Well- Being," *Proceedings of the National Academy of Sciences of the United States of America* 107, no. 38 (September 2010): 16489–93, www.pnas.org/doi/full/10.1073/pnas.1011492107; Matthew A. Killingsworth, "Experienced Well- Being Rises with Income, Even Above $75,000 Per Year," *Proceedings of the National Academy of Sciences of the United States of America* 118, no. 4 (2021): e2016976118, www.pnas.org /doi/full/10.1073/pnas.2016976118; Matthew A. Killingsworth, Daniel Kahneman, and Barbara Mellers, "Income and Emotional Well-Being: A Conflict Resolved," *Proceedings of the National Academy of Sciences of the United States of America* 120, no. 10 (March 2023): e2208661120, www.pnas.org/doi/full/10.1073/pnas.2208661120. 참조. Aimee Picchi, "One Study Said Happiness Peaked at $75,000 in Income. Now, Economists Say It's Higher—by a Lot," CBS News Money Watch, March 10, 2023, www.cbsnews.com/news/money- happiness-study-daniel-kahneman-500000-versus-75000 (summarizing 2023 paper).

8. Espen Røysamb et al., "Genetics, Personality and Wellbeing: A Twin Study of Traits, Facets, and Life Satisfaction," *Scientific Reports* 8, no. 1 (August 17, 2018): doi.org/10.1038/s41598-018-29881-x.

9. Karl Pillemer, "The Most Surprising Regret of the Very Old—and How You Can Avoid It," *HuffPost*, April 4, 2013, huffpost.com/entry/how-to-stop-worrying-reduce-stress_b_2989589.

10. Ryan Holiday, *The Obstacle Is the Way* (New York: Portfolio, 2014), 22.

11. Maryam Etemadi et al., "A Review of the Importance of Physical Fitness to Company Performance and Productivity," *American Journal of Applied Sciences* 13, no. 11 (November 2016): 1104– 18, doi.org/10.3844/ajassp.2016.1104.1118.

12. Ayse Yemiscigil and Ivo Vlaev, "The Bidirectional Relationship between Sense of Purpose in Life and Physical Activity: A Longitudinal Study," *Journal of Behavioral Medicine* 44, no. 5 (April 23, 2021): 715– 25, doi.org/10.1007/s10865-021-00220-2.

13. Ben Singh et al., "Effectiveness of Physical Activity Interventions for Improving Depression, Anxiety and Distress: An Overview of Systematic

Reviews," *British Journal of Sports Medicine* 57 (February 16, 2023): 1203–09, doi.org/10.1136/bjsports-2022-106195.

14. Steven Kotler, *The Art of Impossible: A Peak Performance Primer* (New York: Harper Wave, 2023), 47.

15. 유연성에 관한 연구 결과는 다음에서 확인할 수 있다. Thalita B. Leite et al., "Effects of Different Number of Sets of Resistance Training on Flexibility," *International Journal of Exercise Science* 10, no. 3 (September 1, 2017): 354–64. 다른 효능에 관한 연구는 다음에서 확인할 수 있다. Suzette Lohmeyer, "Weight Training Isn't Such a Heavy Lift. Here Are 7 Reasons Why You Should Try It," NPR, September 26, 2021, www.npr.org/sections/health-shots/2021/09/26/1040577137/how-to-weight-training-getting- started-tips.

16. Rollin McCraty et al., "The Impact of a New Emotional Self-Management Program on Stress, Emotions, Heart Rate Variability, DHEA and Cortisol," *Integrative Physiological and Behavioral Science* 33, no. 2 (April 1998): 151–70, doi.org/10.1007/bf02688660; Kathryn E. Buchanan and Anat Bardi, "Acts of Kindness and Acts of Novelty Affect Life Satisfaction," Journal of Social Psychology 150, no. 3 (May–June 2010): 235–37, doi. org/10.1080/00224540903365554; Ashley V. Whillans et al., "Is Spending Money on Others Good for Your Heart?" *Health Psychology* 35, no. 6 (June 2016), 574–83, doi.org/10.1037/hea0000332.

17. Yao-Hua Law, "Why You Eat More When You're in Company," BBC Future, May 16, 2018, www.bbc.com/future/article/20180430-why-you-eat- more-when-youre-in-company.

18. Nicola McGuigan, J. Mackinson, and A. Whiten, "From Over- Imitation to Super-Copying: Adults Imitate Causally Irrelevant Aspects of Tool Use with Higher Fidelity than Young Children," *British Journal of Psychology* 102, no. 1 (February 2011): 1–18, doi.org/10.1348/000712610x493115.

19. Ad Council, "New Survey Finds Millennials Rely on Friends' Financial Habits to Determine Their Own," PR Newswire, October 30, 2013, www.prnewswire.com/news-releases/new-survey-finds-millennials-rely-on-friends-financial-habits-to-determine-their-own-229841261.html.

20. Jay L. Zagorsky, "Marriage and Divorce's Impact on Wealth," *Journal of Sociology* 41, no. 4 (December 2005): 406–24, doi.org/10.1177/1440783305058478.

21. Life expectancy: Haomiao Jia and Erica I. Lubetkin, "Life Expectancy and Active Life Expectancy by Marital Status Among Older U.S. Adults: Results from the U.S. Medicare Health Outcome Survey (HOS)," *SSM—Population Health* 12 (August 2020): 100642, doi.org/10.1016/j.ssmph.2020.100642; Lyman Stone, "Does Getting Married Really Make You Happier?" Institute for Family Studies (February 7, 2022), ifstudies.org/blog/does-getting- married-really-make-you-happier.

22. Zagorsky, "Marriage and Divorce's Impact on Wealth."

23. Taylor Orth, "How and Why Do American Couples Argue?" YouGov, June 1, 2022, today.yougov.com/society/articles/42707-how-and-why-do-american-couples-argue?.

24. "Relationship Intimacy Being Crushed by Financial Tension: AICPA Survey," AICPA & CIMA, February 4, 2021, www.aicpa-cima.com/news/article/relationship-intimacy-being- crushed-by-financial-tension-aicpa-survey.

25. Nathan Yau, "Divorce Rates and Income," FlowingData, May 4, 2021, flowingdata.com/2021/05/04/divorce-rates-and-income.

Part 2 | 집중력
·

1. Thomas C. Corley, "I Spent 5 Years Analyzing How Rich People Get Rich—and Found There Are Generally 4 Paths to Wealth," *Business Insider*, September 3, 2019, www.businessinsider.com/personal-finance/how-people-get-rich-paths-to-wealth.

2. Bill Burnett and Dave Evans, *Designing Your Life: How to Build a Well-Lived, Joyful Life* (New York: Alfred A. Knopf, 2016), xxiv–iv.

3. Sapna Cheryan and Therese Anne Mortejo, "The Most Common Graduation Advice Tends to Backfire," *New York Times*, May 22, 2023, nytimes.com/2023/05/22/opinion/stem-women-gender-disparity.html.

4. Oliver E. Williams, L. Lacasa, and V. Latora, "Quantifying and Predicting

Success in Show Business," *Nature Communications* 10, no. 2256 (June 2019): doi.org/10.1038/s41467-019-10213-0; Mark Mulligan, "The Death of the Long Tail: The Superstar Music Economy," July 14, 2014, www.midiaresearch.com/reports/the-death-of-the- long- tail; "Survey Report: A Study on the Financial State of Visual Artists Today," The Creative Independent, 2018, thecreativeindependent.com/artist- survey; Mathias Bärtl, "YouTube Channels, Uploads and Views," *Convergence: The International Journal of Research into New Media Technologies* 24, no. 1 (January 2018): 16–32, doi.org/10.1177/1354856517736979; Todd C. Frankel, "Why Almost No One Is Making a Living on YouTube," *Washington Post*, March 2, 2018, www.washingtonpost.com/news/the- switch/wp/2018/03/02/why-almost-no-one-is-making-a-living-on-youtube.

5. Yi Zhang, M. Salm, and A. V. Soest, "The Effect of Training on Workers' Perceived Job Match Quality," *Empirical Economics* 60, no. 3 (May 2021), 2477– 98, doi.org/10.1007/s00181-020-01833-3.

6. Steven Kotler, *The Art of Impossible: A Peak Performance Primer* (New York: HarperCollins, 2021), 157.

7. Adam Grant, "MBTI, If You Want Me Back, You Need to Change Too," Medium, November 17, 2015, medium .com/@AdamMGrant/mbti-if-you-want-me-back-you-need-to-change-too- c7f1a7b6970; Tomas Chamorro-Premuzic, "Strengths-Based Coaching Can Actually Weaken You," *Harvard Business Review*, January 4, 2016, hbr.org/2016/01/strengths-based-coaching-can-actually-weaken-you.

8. Bostjan Antoncic et al., "The Big Five Personality–Entrepreneurship Relationship: Evidence from Slovenia," *Journal of Small Business Management* 53, no. 3 (2015): 819–41,doi.org/10.1111/jsbm.12089.

9. C. Nieß and T. Biemann, "The Role of Risk Propensity in Predicting Self-Employment," *Journal of Applied Psychology* 99, no. 5 (September 2014): 1000–9, doi.org/10.1037/a0035992.

10. Nicos Nicolaou et al., "Is the Tendency to Engage in Entrepreneurship Genetic?" *Management Science* 54, no. 1 (January 1, 2008): 167–79, doi.

org/10.1287/mnsc.1070.0761.

11. Bill Burnett, "Bill Burnett on Transforming Your Work Life," *Literary Hub*, November 1, 2021, YouTube video, 37:11, www.youtube.com/watch?v= af8adeD9uMM.

12. Mariana Mazzucato, *The Entrepreneurial State: Debunking Public vs. Private Sector Myths* (London: Anthem Press, 2013).

13. U.S. Bureau of Labor Statistics, Business Employment Dynamics, www.bls. gov/bdm/us_age_naics_00_table7.txt.

14. Joshua Young, "Journalism Is 'Most Regretted' Major for College Grads," Post Millennial, November 14, 2022, thepostmillennial.com/journalism-is-most-regretted-major-for-college-grads.

15. Derrick Bryson Taylor, "A Cobra Appeared Mid- Flight. The Pilot's Quick Thinking Saved Lives," *New York Times*, April 7, 2023, www.nytimes. com/2023/04/07/world/africa/snake-plane-cobra-pilot.html.

16. Kathryn Kobe and Richard Schwinn, "Small Businesses Generate 44 Percent of U.S. Economic Activity," U.S. Small Business Administration Office of Advocacy, January 30, 2019, advocacy.sba.gov/2019/01/30/small-businesses-generate-44-percent-of-u-s-economic-activity.

17. Anthony Breitzman and Patrick Thomas, "Analysis of Small Business Innovation in Green Technologies," U.S. Small Business Administration Office of Advocacy, October 1, 2011, advocacy.sba.gov/2011/10/01/analysis-of-small-business-innovation-in-green-technologies.

18. "Electricians: Occupational Outlook Handbook," U.S. Bureau of Labor Statistics, May 15, 2023, www.bls.gov/ooh/construction-and- extraction/ electricians.htm.

19. Judy Wohlt, "Plumber Shortage Costing Economy Billions of Dollars," *Ripple Effect: The Voice of Plumbing Manufacturers International* 25, no. 8 (August 2, 2022), issuu.com/pmi-news/docs/2022-august-ripple- effect/s/16499947.

20. Ryan Golden, "Construction's Career Crisis: Recruiters Target Young Workers Driving the Great Resignation," Construction Dive, October 25, 2021, www. constructiondive.com/news/construction-recruiters- aim-to-capitalize-on-

young-workers-driving-great-resignation/608507.

21. Pierre-Alexandre Balland et al., "Complex Economic Activities Concentrate in Large Cities," *Nature Human Behavior* 4 (January 2020), doi.org10.1038/s41562-019-0803-3.

22. "Urban Development," World Bank, October 6, 2022, www.worldbank.org/en/topic/urbandevelopment/overview, accessed August 2023.

23. Aaron Drapkin, "41% of Execs Say Remote Employees Less Likely to Be Promoted," Tech.Co, April 13, 2022, tech.co/news/41-execs-remote-employees-less-likely-promoted; "Homeworking Hours, Rewards and Opportunities in the UK: 2011 to 2020," Office for National Statistics, April 19, 2021, www.ons.gov.uk/employmentandlabourmarket/peopleinwork/labourproductivity/articles/homeworkinghoursrewardsandopportunitiesintheuk2011to2020/2021-04-19.

24. Dave Ramsey, *The Total Money Makeover Journal* (Nashville, TN: Nelson Books, 2013), 93.

25. James Clear, *Atomic Habits* (New York: Avery, 2018), 24.

26. Jennifer Bashant, "Developing Grit in Our Students: Why Grit Is Such a Desirable Trait, and Practical Strategies for Teachers and Schools," *Journal for Leadership and Instruction* 13, no. 2 (Fall 2014): 14–17, eric.ed.gov/?id=EJ1081394.

27. Steven Kotler, *The Art of Impossible: A Peak Performance Primer* (New York: HarperCollins, 2023), 72; 참조. Mae-Hyang Hwang and JeeEun Karin Nam, "Enhancing Grit: Possibility and Intervention Strategies," in *Multidisciplinary Perspectives on Grit*, eds: Llewellyn Ellardus van Zyl, Chantal Olckers, and Leoni van der Vaart (New York: Springer Nature, 2021), 77–93, link.springer.com/chapter/10.1007/978-3-030-57389-8_5.

28. Don Reid, "The Gambler," by Don Schlitz, performed by Kenny Rogers, United Artists, 1978.

29. Annie Duke, *Quit: The Power of Knowing When to Walk Away* (New York: Portfolio, 2022).

30. David J. Epstein, *Range: Why Generalists Triumph in a Specialized World* (New

York: Riverhead Books, 2021).

31. "Wage Growth Tracker," Federal Reserve Bank of Atlanta, www.atlantafed. org/chcs/wage-growth-tracker, accessed June 2023.

32. Craig Copeland, "Trends in Employee Tenure, 1983– 2018," *Issue Brief* no. 474, Employee Benefit Research Institute, February 28, 2019, www.ebri.org/ content/trends-in-employee-tenure-1983-2018.

33. Bureau of Labor Statistics, "Employee Tenure in 2022," U.S. Department of Labor, September 22, 2022, www.bls.gov/news.release/tenure.nr0.htm.

34. Cate Chapman, "Job Hopping Is the Gen Z Way," LinkedIn News, March 29, 2022, www.linkedin.com/news/story/job-hopping-is-the- gen-z-way-5743786.

35. Sang Eun Woo, "A Study of Ghiselli's Hobo Syndrome," *Journal of Vocational Behavior* 79, no. 2 (2011): 461–69, doi.org/10.1016/j.jvb.2011.02.003.

36. Lisa Quast, "How Becoming a Mentor Can Boost Your Career," *Forbes*, October 31, 2012, www.forbes.com/sites/lisaquast/2011/10/31/how-becoming-a-mentor-can-boost-your-career.

37. James Bennet, "The Bloomberg Way," *Atlantic*, November 2012, www. theatlantic.com/magazine/archive/2012/11/the-bloomberg- way/309136.

38. Ilana Kowarski and Cole Claybourn, "Find MBAs That Lead to Employment, High Salaries," *US News & World Report*, April 25, 2023, www.usnews.com/ education/best-graduate-schools/top-business- schools/articles/mba-salary-jobs.

39. Ramsey, *Total Money Makeover*, 107.

Part 3 | 시간

1. Delmore Schwartz, "Calmly We Walk Through This April's Day," *Selected Poems (1938–1958): Summer Knowledge* (New York: New Directions Publishing Corporation, 1967).

2. Brittany Tausen, "Thinking About Time: Identifying Prospective Temporal Illusions and Their Consequences," *Cognitive Research: Principles and Implications* 7, no. 16 (February 2022), doi.org/10.1186/s41235-022-00368-8.

3. Tausen, "Thinking About Time."

4. Daniel J. Walters and Philip Fernbach, "Investor Memory of Past Performance Is Positively Biased and Predicts Overconfidence," *PNAS* 118, no. 36 (September 2, 2021), www.pnas.org/doi/10.1073/pnas.2026680118.

5. Alex Bryson and George MacKerron, "Are You Happy While You Work?" *Economic Journal* 127, no. 599 (February 2017), doi.org/10.1111/ecoj.12269.

6. (드러커가 결과 측정을 매우 중요하게 여기긴 했지만 실제로 이런 말을 했다는 근거는 없다.) 참조. Paul Zak, "Measurement Myopia," Drucker Institute, September 4, 2013, www.drucker.institute/thedx/measurement-myopia.

7. Ray Charles Howard et al., "Understanding and Neutralizing the Expense Prediction Bias: The Role of Accessibility, Typicality, and Skewness," *Journal of Marketing Research* 59, no. 2 (December 6, 2021), doi.org/10.1177/00222437211068025.

8. Adam Alter and Abigail Sussman, "The Exception Is the Rule: Underestimating and Overspending on Exceptional Expenses," *Journal of Consumer Research* 39, no. 4 (December 1, 2012), doi.org/10.1086/665833.

9. Leona Tam and Utpal M. Dholakia, "The Effects of Time Frames on Personal Savings Estimates, Saving Behavior, and Financial Decision Making," SSRN (August 2008), doi.org/10.2139/ssrn.1265095.

10. Carmen Reinicke, "56% of Americans Can't Cover a $1,000 Emergency Expense with Savings," CNBC.com, January 19, 2022, www.cnbc.com/2022/01/19/56percent-of-americans-cant-cover-a-1000-emergency-expense-with-savings.html.

11. "What Is Credit Counseling," Consumer Financial Protection Bureau, www.consumerfinance.gov/ask- cfpb/what-is-credit-counseling-en-1451.

12. George Loewenstein, T. Donoghue, and M. Rabin, "Projection Bias in Predicting Future Utility," *Quarterly Journal of Economics* 118, no. 4 (November 2003): 1209-48, doi.org/10.1162/003355303322552784.

13. Brent Orwell, "The Age of Re-retirement: Retirees and the Gig Economy," American Enterprise Institute, August 3, 2021, www.aei.org/poverty-studies/workforce/the-age-of-re-retirement- retirees-and-the-gig-economy.

14. "The Nation's Retirement System: A Comprehensive Re-Evaluation Is Needed to Better Promote Future Retirement Security," U.S. Government Accountability Office, October 18, 2017, www.gao.gov/products/gao-18-111sp.

15. Morgan Housel, *The Psychology of Money* (Hampshire, UK: Harriman House, 2020), 127–28.

Part 4 | 분산

1. Warren Buffett, Berkshire Hathaway Letter to Shareholders 2017, www.berkshirehathaway.com/letters/2017ltr.pdf.

2. Mark Perry, "The SP 500 Index Out-Performed Hedge Funds over the Last 10 Years. And It Wasn't Even Close," American Enterprise Institute, January 7, 2021, www.aei.org/carpe-diem/the-sp-500-index-out- performed-hedge-funds-over-the-last-10-years-and-it-wasnt-even-close.

3. Raphael Auer et al., "Crypto Trading and Bitcoin Prices: Evidence from a New Database of Retail Adoption," BIS Working Papers, No. 1049, November 2022, www.bis.org/publ/work1049.htm.

4. Burton Malkiel, A Random Walk Down Wall Street (New York: W. W. Norton & Company, 2023), 180.

5. Malkiel, A Random Walk Down Wall Street, 176.

6. Brian Wimmer et al., "The Bumpy Road to Outperformance," Vanguard Research, July 2013, static.vgcontent.info/crp/intl/auw/docs/literature/research/bumpy-road-to-outperformance-TLRV.pdf.

7. Robert L. Heilbroner, "The Wealth of Nations," *Encyclopedia Britannica*, www.britannica.com/topic/the-Wealth-of-Nations, accessed June 2023.

8. Fabrizio Romano, "Cristiano RonaldoCompletes Deal to Join Saudi Arabian Club Al Nassr," *Guardian*, December 30, 2022, www.theguardian.com/football/2022/dec/30/cristiano-ronaldo-al-nassr- saudi-arabia.

9. "Debt to the Penny," FiscalData.Treasury.Gov, fiscaldata.treasury.gov/datasets/debt-to-the-penny/debt-to-the-penny, accessed April 7, 2023.

10. "Did Benjamin Graham Ever Say That 'The Market Is a Weighing

Machine'?" *Investing.Ideas' Blog*, Seeking Alpha, July 14, 2020, seekingalpha. com/instablog/50345280-investing-ideas/5471002-benjamin-graham-ever-say-market-is-weighing-machine.

11. Dina Gachman, "Andy Warhol on Business, Celebrity and Life," *Forbes*, August 6, 2013, www.forbes.com/sites/dinagachman/2013/08/06/andy-warhol-on-business-celebrity-and- life.

12. Warren Buffett, Chairman's Letter, February 28, 2001, www. berkshirehathaway.com/2000ar/2000letter.html.

13. Ben Casselman and Jim Tankersley, "As MortgageInterest Deduction Vanishes, Housing Market Offers a Shrug," *New York Times*, August 4, 2019, www.nytimes.com/2019/08/04/business/economy/mortgage-interest-deduction-tax.html.

14. J. B. Maverick, "S&P500 Average Return," Investopedia, May 24, 2023, www. investopedia.com/ask/answers/042415/what-average-annual- return-sp-500. asp.

15. Robert J. Schiller, "The Life-CyclePersonal Accounts Proposal for Social Security: An Evaluation," National Bureau of Economic Research, May 2005, www.nber.org/papers/w11300. 참조. Dale Kintzel, "Portfolio Theory, Life-Cycle Investing, and Retirement Income," Social Security Administration Policy Brief No. 2007-02.

16. Laura Saunders and Richard Rubin, "Standard Deduction 2020 – 2021: What It Is and How It Affects Your Taxes," Wall Street Journal, April 8, 2021, www.wsj.com/articles/standard-deduction-2020-2021-what-it-is-and- how-it-affects-your-taxes-11617911161.

17. Chris Isidore, "Buffett Says He's Still Paying Lower Tax Rate Than His Secretary," CNN Business, March 4, 2013, https:// money.cnn. com/2013/03/04/news/economy/buffett-secretary-taxes/index.html.

18. Ray Dalio, *Principles* (New York: Simon and Schuster, 2017).

19. Fernando Chague, R. De-Losso, and B. Giovannetti, "Day Trading for a Living?" June 11, 2020, papers.ssrn.com/sol3/papers.cfm?abstract_id=3423101.

20. "Day Trader Demographics and Statistics in the US," *Zippia*, www.zippia.

com/day-trader-jobs/demographics, accessed June 2023.

21. Gloria Wong et al., "Examining Gender Differences for Gambling Engagement and Gambling Problems Among Emerging Adults," *Journal of Gambling Studies* 29, no. 2 (June 2013): 171–89, doi.org/10.1007/s10899-012-9305-1.

참고 문헌

우리 팀이 이 책을 통해 이루려는 목표 중 하나는 부를 쌓는 데 필요한 모든 내용을 총망라해 설명하는 것이다. 이 책은 수학 문제나 인생의 '꿀팁'을 소개하는 책이 아니라 전인적인 프로젝트다. 이 책의 모든 주제와 관련해 들려주고 싶은 이야기가 많다. 우리 생각을 정리하는 데 도움이 된 책을 아래에 적어뒀다. 좀 더 깊이 알고 싶은 독자에게 추천한다. 더 깊이 탐구해보길.

(번역 출간된 도서는 우리말 제목을 함께 표기했다 — 편집자)

스토아철학과 삶의 기술

Carlo M. Cipolla, *The Basic Laws of Human Stupidity*(New York: Doubleday, 2021); 카를로 마리아 치폴라, 장문석 옮김, 《인간의 어리석음에 관한 법칙》(미지북스, 2019)

Charles Duhigg, *The Power of Habit*(New York: Random House, 2012); 찰스 두히그, 강주헌 옮김, 《습관의 힘》(갤리온, 2012)

David Allen, *Getting Things Done*, revised edition(New York: Penguin Books, 2015); 데이비드 앨런, 김경섭·김선준 옮김, 《쏟아지는 일 완벽하게 해내는 법》(김영사, 2016)

James Clear, *Atomic Habits*(New York: Avery, 2018); 제임스 클리어, 이한이 옮김, 《아주 작은 습관의 힘》(비즈니스북스, 2019)

Ray Dalio, *Principles*(New York: Simon & Schuster, 2017); 레이 달리오, 고영태 옮김, 《원칙》(한빛비즈, 2018)

Ryan Holiday, *The Obstacle Is the Way*(New York: Portfolio, 2014); 라이언 홀리데이, 안종설 옮김, 《돌파력》(심플라이프, 2017)

Stephen R. Covey, *The 7 Habits of Highly Effective People*(New York, Free Press, 1989); 스티븐 코비, 김경섭 옮김, 《성공하는 사람들의 7가지 습관》(김영사, 2017)

Steven Kotler, *The Art of Impossible*(New York: Harper Wave, 2021); 스티븐 코틀러, 이경식 옮김, 《멘탈이 무기다》(세종서적, 2021)

집중력과 경력 계획

Bill Burnett and Dave Evans, *Designing Your Life*(New York: Knopf, 2016); 빌 버넷·데이브 에번스, 김정혜 옮김, 《디자인 유어 라이프》(와이즈베리, 2017)

Cal Newport, *So Good They Can't Ignore You*(New York: Grand Central Publishing, 2012); 칼 뉴포트, 김준수 옮김, 《열정의 배신》(부키, 2019)

Diane Mulcahy, *The Gig Economy*(New York: AMACOM, 2016); 다이앤 멀케이, 이지민 옮김, 《긱 이코노미》(더난출판사, 2017)

Paul D. Tieger, Barbara Barron-Tieger and Kelly Tieger. *Do What You Are*(New York: Little, Brown and Company, 1992); 폴 D. 티거·바버라 배런·켈리 티거, 이민철·백영미 옮김, 《나에게 꼭 맞는 직업을 찾는 책》(민음인, 2016)

Richard N. Bolles, *What Color Is Your Parachute? 2022*(New York: Ten Speed Press, 2021); 리처드 볼스, 조병주 옮김, 《파라슈트》(한국경제신문사, 2013)

자산 관리 계획 및 투자

Aswath Damodaran, *Narrative and Numbers*(New York: Columbia University Press, 2017); 애스워드 다모다란, 조성숙 옮김, 강병욱 감수, 《내러티브 & 넘버스》(한빛비즈, 2020)

Benjamin Graham, *The Intelligent Investor*(New York: Harper & Row, 1949); 벤저민 그

레이엄, 이건 옮김, 신진오 감수, 《현명한 투자자》(국일증권경제연구소, 2020)

Burton G. Malkiel, *A Random Walk Down Wall Street, 13th edition*(New York: W. W. Norton & Company, 2023); 버튼 G. 멜키엘, 김헌 옮김, 《월가에서 배우는 랜덤 워크 투자전략》(국일증권경제연구소, 2001)

Dave Ramsey, *The Total Money Makeover: A Proven Plan for Financial Fitness*(Nashville, TN: Thomas Nelson, 2003); 데이브 램지, 고영훈 옮김, 《돈의 연금술》(다산북스, 2021)

David Moss, *A Concise Guide to Macroeconomics*(Boston: Harvard Business School Press, 2007)

Joel Greenblatt, *You Can Be a Stock Market Genius*(New York: Simon & Schuster, 1997); 조엘 그린블라트, 서지원 옮김, 하상주 감수, 《주식시장의 영원한 고수익 테마들》(돈키호테, 2006)

Morgan Housel, *The Psychology of Money*(Hampshire, UK: Harriman House, 2020); 모건 하우절, 이지연 옮김, 《돈의 심리학》(인플루엔셜, 2021)

Suze Orman, *The 9 Steps to Financial Freedom*(New York: Crown Publishers, 1997); 수즈 오만, 진회숙 옮김, 《돈, 당신이 알고 있는 모든 것은 틀렸다》(청년정신, 2005)

Tiffany Aliche, *Get Good with Money*(New York: Rodale Books, 2021)

Tony Robbins, *Money, Master the Game*(New York: Simon & Schuster, 2014); 토니 로빈스, 조성숙 옮김, 정철진 감수, 《Money 머니》(알에이치코리아, 2015)

부의 공식

초판 1쇄 인쇄 2025년 1월 31일
초판 1쇄 발행 2025년 2월 12일

지은이 스콧 갤러웨이
옮긴이 김현정
펴낸이 최순영

출판2 본부장 박태근
경제경영 팀장 류혜정
편집 임경은
디자인 studio forb

펴낸곳 ㈜위즈덤하우스　**출판등록** 2000년 5월 23일 제13-1071호
주소 서울특별시 마포구 양화로 19 합정오피스빌딩 17층
전화 02) 2179-5600　**홈페이지** www.wisdomhouse.co.kr

ISBN 979-11-7171-323-3 03320